## 《汉文化研究丛书》编辑委员会

**主　任**　黄荣杰　王利亚
**副主任**　卢志文　刘明阁
**委　员**　李文安　邵书峰　谢冰松　曹天杰　阚云超　马良泉
　　　　　孟静雅　刘太祥　张保同　苏新留　何　军　徐永斌
　　　　　刘剑利
**主　编**　郑先兴

汉文化研究丛书

HANHUAXIANG DE SHEHUIXUE YANJIU

# 汉画像的社会学研究

郑先兴　著

河南大学出版社
中国·郑州

## 图书在版编目(CIP)数据

汉画像的社会学研究/郑先兴著. —2版. —郑州：河南大学出版社，2016.12
（汉文化研究丛书）
ISBN 978-7-5649-2641-0

Ⅰ.①汉… Ⅱ.①郑… Ⅲ.①画像石－研究－中国－汉代 ②婚姻问题－研究－中国－汉代 Ⅳ.①K879.424 ②D691.91

中国版本图书馆 CIP 数据核字（2016）第 320637 号

| | |
|---|---|
| 责任编辑 | 纪庆芳 |
| 责任校对 | 辛　媛 |
| 封面设计 | 马　龙 |

| | |
|---|---|
| 出　版 | 河南大学出版社 |
| | 地址：郑州市郑东新区商务外环中华大厦 2401 号　邮编：450046 |
| | 电话：0371－86059701（营销部）　网址：www.hupress.com |
| 排　版 | 郑州市今日文教印制有限公司 |
| 印　刷 | 开封智圣印务有限公司 |
| 版　次 | 2016 年 12 月第 2 版　　　　　印　次　2016 年 12 月第 2 次印刷 |
| 开　本 | 690mm×960mm　1/16　　　　　印　张　18.5 |
| 字　数 | 293 千字　　　　　　　　　　　定　价　46.00 元 |

（本书如有印装质量问题，请与河南大学出版社营销部联系调换）

# 目　录

序　一 ································································ 朱绍侯（ 1 ）
序　二 ································································ 郑先兴（ 1 ）
序　三 ································································ 顾　森（ 1 ）
绪论 ·········································································（ 1 ）
一、汉画的神树信仰 ·················································（ 12 ）
二、汉画的嫘女神话 ·················································（ 39 ）
三、汉画的弓弩信仰 ·················································（ 61 ）
四、汉画伏羲、女娲神话 ············································（ 88 ）
五、汉画夸父追日神话 ··············································（ 124 ）
六、汉画"后羿射日"神话 ···········································（ 137 ）
七、汉画西王母神话 ·················································（ 153 ）
八、汉画西王母戴胜与配神鸟儿 ···································（ 181 ）
九、汉画捣药兔与蟾蜍 ··············································（ 195 ）
十、汉画九尾狐、东王公与龙虎座图像 ·························（ 207 ）
十一、汉画牛郎织女神话 ···········································（ 225 ）
十二、汉画的傩戏 ····················································（ 250 ）
参考文献 ·································································（ 272 ）
缘：汉画像与我 ························································（ 279 ）

# 序 一

朱绍侯

南阳师范学院汉文化研究中心要推出一套"汉文化研究丛书",郑先兴同志请我作序,我非常高兴。因为,作为专门从事秦汉史研究的学者,最高兴的就是看到新人新著的涌现;而且,这一套丛书的作者,大多是我的学生,或者是多年来一直跟随我学习研究秦汉史的教师;更何况,这套丛书的三审都是由我来进行的。我想谈以下三个问题。

第一,关于汉文化研究的学科性质。

如果把汉文化研究作为学科来看,大概有两个层面的含义。从一个层面来说,汉文化研究属于断代史,即属于汉史的研究范畴。汉代是中国统一集权制国家形成后,出现的第一个文化高峰。汉代人所创造的政治、经济、军事、教育、科学等方面的成就,可谓博大精深,永远是中国历史、中国文化史研究中的重点问题。但汉文化研究也有地域广狭的区分,有南阳汉文化、河南汉文化、中国汉文化,当然也由江苏汉文化、四川汉文化等等。本书的重点是研究南阳汉文化、河南汉文化。从另一个层面说,汉文化又属于专门史的性质,如汉人、汉族、汉语、汉字、汉经济、汉政治等都有极其重要的研究价值。无论是作为断代史、专门史或地域史来研究,汉文化都具有永久定性的特点和永远传承的特点,都是永远不变的定性文化,也是被中国与世界华人、华裔和国际学术界永远关注的问题。

第二,南阳汉文化研究的优势。

南阳学者所进行的汉文化研究,可谓是占尽了天时、地利、人和。所谓天时,有两个重要的含义。一是在"文化大革命"之后,在学术界普遍兴起了历史文化的研究热潮。如中华文化、长江文化、黄河文化、姓氏文化以及各地区的区域文化和各种专题文化等等,不论是什么文化,汉文化都必然是它研究的主要内容之一。二是在进入新世纪之后,党和政府日益重视传统文化在现代化中的作用,提倡人文社科的研究,希望从传统中吸取优秀的文化精神。河南省教育厅为推进这一方针的实施,在全省高校先后建立"河南省人文社会科学重点研究基地"。南阳师范学院汉文化研究中心就是在这样的环境中建立起来的。中心的建立,凝聚了研究方向,整合了全校的研究力量,为全面扎实地研究提供了组织和财力的保证。所谓"地利",就是南阳是汉代经济、文化最发达的区域,特别是在东汉,南阳是开国皇帝刘秀的故乡,向有"帝乡""南都"之美称,皇亲国戚不可胜数,名人辈出,文物古迹遍布城乡,汉冶铁遗址就有6处,汉画像石、画像砖无论从数量、质量来看,都居全国之最。由此,南阳的汉文化研究资源异常丰富。所谓"人和",是说这里的文化研究人气很浓。经过长期的积累和传承,南阳师范学院已经拥有着一批在学术界颇具影响的汉文化研究者,而且学校的历届领导班子都把汉文化研究作为学科建设的重点来扶持;通过《南都学坛》"汉代文化研究"专栏,与全国的汉文化研究者经常保持着十分密切的学缘关系,使得全国著名的秦汉史学者都非常关注汉文化研究中心的发展;通过秦汉史和汉画研讨会,增进了学术交流,提升了南阳师范学院的学术地位和影响。

第三,汉文化研究的意义。

汉文化研究所拥有的巨大的学术和文化建设的意义,自是非常繁富。这里我只谈三点。

从历史发展来说。如前所述,汉代是中国统一中央集权制国家形成后所出现的第一个文化高峰。依照德国著名的历史哲学家雅斯贝尔斯的轴心期理论,汉代应属于后轴心时代,即相对于春秋战国的文化经典诞生的轴心时代,汉代则是将之前的文化经典加以实践并予以整理传承,使之得以定型流传。因此,要充分了解中国文化,汉文化可以说是最基本的切入点。最近,年轻的秦汉史研究学者彭卫先生又提出,中国历史研究的"根节"在于"文明的起源、王制向帝制的转变和近代化","而王制向帝制的转变正是挑起历史两头的那根扁担"。可以说,这一说法非常形象地说明了汉文化研究的重要性。在我看来,王制向帝制转变的关键就是秦汉之际所推行的军功爵制,它用功绩的大小重组社会关系,改变了原来的只以血缘纽带建构社会关系的现象,从而推进了社会由王制向帝制的转变。这用唯物史观来表述,就是阶级的变化推进了社会制度的变革。因此,无论是从学术史或者政治制度史的角度,汉文化研究都是了解中国历史的必不可少的环节。

从地域文化观念来说。回顾5000年的中国文明辉煌史,其中近4000年都有河南的主体参与,只是在南宋之后的近1000年以来,河南才逐渐被边缘化。检讨边缘化的原因,查漏补缺,固然是很有必要的。但检讨文明辉煌的因子,将其发扬光大,更是再造辉煌的乐观途径。中原文化作为中国传统文化的主体,其辉煌的因子非常之多。但就其整体性和完整性而言,汉文化则更具有吸收和汲取的价值。因为第一,汉文化是中原文化中比较重要的一个阶段。汉代是继承夏、商、周、秦之后的又一个统一时期,是汉民族形成的最为关键的时期。她所形成的政治体制、思想精神和文化传统,相沿成习,至今不变。第二,汉文化是中原文化中比较重要的一个环节。中原文化对中国文化的贡献主要体现在河南省许多地方,都有自己的特色文化,如周口的伏羲文化、新郑的炎黄故里、洛阳的河洛文化、安阳的殷墟文化、开封的宋都文化等等,而南阳则因汉光武发祥于此,即以"帝乡""帝都"等名义而著称于世;同时又因东汉建都于洛阳,与中原文化的关系更为密切。第三,汉文化在中原文化中占有重要的地位。汉文化的开辟疆土、驰骋沙场的开拓情怀、包容一切的恢弘气势、研习经传的探索精神以及献身国家匹夫有责的爱国思想等等,都构成了中原文化的丰富内涵。由此,全面深入细致地研究汉文化,是实现思想解放、发展跨越和当今中原文化崛起的基本途径。

从大学办学特色来说。大学教育的目的就是传承文明、修性养德和培育科学探索的精神和理念,然而具体到如何办好一所大学,中外教育家的共识就是特色办学。所谓特色办学就是在学科建设上能够有自己独到之处。而我们知道,构成特色学科的因素主要是研究的对象、研究的理念和研究的方法。一般来说,研究理念和方法固然非常重要,但它毕竟要受到研究对象的制约。可以说,只有研究对象是经常主导学科特色从而决定学校的地位的。就此而言,南阳师范学院以其地域文化优势,选择汉文化研究作为自己的特色学科来加以建设,而且屡经几代领导坚持不改,终于形成了涵盖全校诸如历史、中文、美术、音乐、体育、政治、经济等文科教师在内的强大的研究队伍,并在全国秦汉史学界和汉画学界占有重要的席位,成为一支不可忽视的力量。这种以学科优势所造就的办学特色,其他一些高校是难以企及的。

综上所述,可以想见,"汉文化研究丛书"的问世,其学术价值和实际功用以及所展示的南阳师范学院的科研实力和办学特色,将是多么有意义的事情。让我们表示衷心的祝贺吧。

是为序。

2008年8月26日

# 序 二

郑先兴

　　河南省普通高校人文社会科学重点研究基地南阳师范学院汉文化研究中心于2005年8月得到河南省教育厅的正式下文成立，到今天已经整整十个年头了。十年来，中心同仁坚持学术至上的信念，潜心研究，以"汉文化研究丛书"为标志性的成果，先后推出了十三部专著。为纪念中心的十年庆典，河南大学出版社准备将其修订后整体推出。作为中心的负责人，丛书的策划者，其内心的喜悦和兴奋，可以说是无以言表的。考虑到该套丛书的专业研究性质，其学术价值自有业内学者评判，而其文化建设功用则可通过社会实践予以验证，在这里，我只想从学术管理方面谈几点意见，谨向丛书的出版表示诚挚的祝贺！

　　丛书的出版问世，可以说是党中央弘扬优秀传统文化、提高国家文化软实力发展战略的贯彻和落实。全面挖掘民族传统文化的精华，总结中华民族的文明发展经验，可以说是中国共产党人一直的追求和努力。毛泽东曾经指出："从孔夫子到孙中山，我们应当给以总结。承继这一份珍贵的遗产。"新近以来，中共中央总书记习近平同志两次谈到总结历史文化遗产的重要性。

　　在第十八届中央政治局的第12次集体学习会议上，习近平总书记指出：

"提高国家文化软实力,要努力展示中华文化独特魅力。在5000多年文明发展进程中,中华民族创造了博大精深的灿烂文化,要使中华民族最基本的文化基因与当代文化相适应、与现代社会相协调,以人们喜闻乐见、具有广泛参与性的方式推广开来,把跨越时空、超越国度、富有永恒魅力、具有当代价值的文化精神弘扬起来,把继承传统优秀文化又弘扬时代精神、立足本国又面向世界的当代中国文化创新成果传播出去。要系统梳理传统文化资源,让收藏在禁宫里的文物、陈列在广阔大地上的遗产、书写在古籍里的文字都活起来。要以理服人,以文服人,以德服人,提高对外文化交流水平,完善人文交流机制,创新人文交流方式,综合运用大众传播、群体传播、人际传播等多种方式展示中华文化魅力。"

在第十八届中央政治局的第13次集体学习会议上,习近平总书记再次指出:

"要讲清楚中华优秀传统文化的历史渊源、发展脉络、基本走向,讲清楚中华文化的独特创造、价值理念、鲜明特色,增强文化自信和价值观自信。要认真汲取中华优秀传统文化的思想精华和道德精髓,大力弘扬以爱国主义为核心的民族精神和以改革创新为核心的时代精神,深入挖掘和阐发中华优秀传统文化讲仁爱、重民本、守诚信、崇正义、尚和合、求大同的时代价值,使中华优秀传统文化成为涵养社会主义核心价值观的重要源泉。要处理好继承和创造性发展的关系,重点做好创造性转化和创新性发展。"

在这里,"要努力展示中华文化独特魅力","要讲清楚中华优秀传统文化的历史渊源、发展脉络、基本走向,讲清楚中华文化的独特创造、价值理念、鲜明特色",必须深入探究中国历史,尤其是中国历史上的秦汉时期。因为秦汉时期是中华文明的后轴心时期,它不仅承继、凝聚了远古以来中华文明的精华,而且也开启了之后中华文明的发展道路。据此,汉文化研究中心依托南阳区域文化和汉画像的历史资源,广纳贤才,凝神聚力,全面展开汉文化的研究,不断推出研究性的成果,为中华文化魅力的展现和优秀文化传统渊源的揭示,仅露尖尖一角,略展学术之风采。

丛书的出版问世,可以说是打造特色学术平台的必然结果。高校的存在和发展,除了狠抓学科建设、人才培养以及日常的教学、科研管理与机制之外，别无他途。为此，校党委和行政制定了"质量提升，内涵带动"的发展战略，并根据所在地域的文化特点与经济社会建设的需要，设置相应的科研与教学平台。一方面促进科学研究与课堂教学紧密结合，另一方面也促进高校的教学科研与本地社会经济文化建设紧密结合。南阳的地域文化优势在于汉代历史文化，东汉光武帝刘秀生长、起事于南阳，其军功大臣二十八宿也大多出生在南阳；即使此前西汉刘邦政权的建立，也得益于南阳地方豪绅的鼎力支持，才有了可靠的根据地而取得政权；汉代南阳的冶铁、水利、中医药与天文地理等科学技术跻身于世界文化最先进的水平；还有现在依然大量存在的汉画像，作为中国美术史上瑰丽的宝藏，珍藏着汉代民众真实而又平凡的社会生活和精神风貌。为充分挖掘南阳文化的精髓，实验、训练并提升教师的科研能力，打造学术品牌，我们凝聚全校文科的学术研究方向，以汉画像为主题，成立了汉文化研究中心。中心的成立，既为教师的学术研究指明了方向，也得到了省教育厅的大力支持，成为河南省人文社会科学重点研究基地。几年来，中心在项目申报、论文论著的撰写与发表、重点学科建设等等方面，都取得了卓越的成绩；尤其是在学术交流和为社会经济文化建设服务方面，中心成功承办了大型的国际学术会议，如"中国汉画学会第十届年会暨学术研讨会（2006）"、"东汉史研究国际论坛（2009）"、"中国秦汉史研究会第十三届年会暨国际学术研讨会（2011）"等。这些会议的成功举办，不仅加强了我校与学术界的交流，提升了我校的知名度，更重要的是展示了我校教师的研究实力和学术风貌。中心研究人员积极参加了南阳卧龙岗文化产业聚集区建设、南阳相关的企事业文化建设、南阳农运会端午节龙舟竞赛高峰论坛、南阳刘秀研究会以及诸葛亮躬耕地问题讨论，等等，这些活动，既促进了教学与科研的紧密结合，又为教学和研究提供了更广阔的视野。总之，我校的汉文化研究中心已经成为秦汉史学界、汉画学界国内外知名的学术研究重镇，成为南阳社会经济文化建设领域内有关汉代历史文化方面不可忽视的咨询机构。本次出版的十三种汉文化研究专著，就是这个学术研究平台十年研究计划的重要的学术成果之一。当然，我们期望着更高层次的研究成果的继续涌现。

丛书的出版问世和项目的完成，也是汉文化研究中心的研究人员的长期辛勤、扎实治学的结晶。孔子说："人能弘道，非道弘人。"再好的理念和政策,再好的平台和基地,如果没有人们踏踏实实地践行,予以付诸实践,是很难切实收到实效,取得成绩的。令人骄傲的是,我们南阳师范学院的广大教职员工,确实有一批求真务实的人。在这样一个比较浮躁的年代,他们能够沉下气来,专心地教书育人,精心地做学术研究,实属难能可贵,非常令人敬佩。以汉文化研究为例,从上个世纪改革开放以来,就已经形成了一支专业的研究队伍。他们身处教学和科研一线,在完成自己的教学任务的同时,选择南阳的区域文化尤其是秦汉史和汉画像作为自己的研究对象,互相切磋,互相鼓励,在研究课题、撰写论文和申报项目方面,互相支持,在秦汉史学界和汉画像学界已经形成了自己的学科特色和学术优势。汉文化研究中心成立之后,又以中心为平台,制定了编著"汉文化研究丛书"的十年计划,试图打造自己的学术优势,占据汉画像研究和秦汉史尤其是东汉史学研究的制高点。从已经出版的论著的影响看,其原始的意愿已经基本实现了。可以说,前期的成果为后来的研究提供了基础和方向,但自然地也增加了难度。如何超越自己,如何将汉文化研究提升到更高的层次?我想,这是汉文化研究中心的同志们可能要花费很长时间予以思考和践行的问题。至于能否实现超越,就需要学术界的专家同仁予以引领和雅正了。

  本丛书的十三种专著中,可以分为两个系列。

  一是汉文化研究系列,共八本,主要探究秦汉时期社会历史的发展及其本质特征。郑先兴教授完成了《汉代思想史专题论稿》与《汉代史学思想史》,前者是其阅读汉代元典的心得,以礼治思想、经济思想、王充思想以及其他思想(包括谶纬、汉文化精神、荀悦政治思想)等四个专题,揭示并阐述了汉代的政治思想、经济思想与社会思想;后者则是其长期的历史教学与研究成果的积淀和积累,是对汉代优秀的学术思想文化遗产的发掘和梳理。刘太祥编审完成的《张仲景中医药文化研究》与《汉代政治文明》,前者是其对医圣张仲景在中医药药理、诊治、用方、医德等方面贡献的挖掘和阐释;后者则是其对汉代政治文明的成就比如治国理念、方略、机制的梳理和阐述,寻绎汉代政治文化中的进步和积极因素。冯建志教授等人完成的《汉代音乐文化研究》,主要描述了汉代音乐的内容、类型、发展及其美学思想。曾祥旭教授完成了《西汉后期的文学和儒学》,是其博士论文《论西汉前期的文学和儒学》的延续,阐述了西汉后期文学的发展及其与儒学的关系。杨运秀教授完成了《南阳汉画像与汉代经济研究》，以南阳区域为研究对象，分为两个部分，第一部分是以南阳汉画像为主题，从经济学的角度阐释了汉画像中的经济因素；第二部分是以汉代南阳区域经济为主题，叙述了南阳的农业、水利、手工业、货币、商业等经济状况。高二旺博士完成的《两汉魏晋南北朝人质现象研究》，是以其学位论文修订增补的，以古代人质现象为话题揭示汉代到南北朝时期所普遍存在的人伦和法制真相。

二是汉画像系列，共五种，主要是挖掘和阐释汉画像的内容及其社会意象。其中郑先兴教授完成了《汉画像的社会学研究》和《民间信仰与汉代生肖图像研究》，前者是以远古婚姻进程为线索，透视汉画像中神树、螺女、弓弩、伏羲女娲、西王母、傩等画面的社会历史内涵，后者则是以生肖为线索，阐释汉画像中生肖图像的社会历史意蕴。牛天伟、金爱秀二位完成的《汉代神灵图像考述》，则是从考古学、民俗学的角度，对汉画像中的伏羲女娲、西王母、气象天文、镇宅守墓、祥禽瑞兽以及传说的蚩尤、桑蚕农神等图像予以了阐释。季伟教授完成的《汉代乐舞百戏考述》，是以乐舞百戏为话题揭示汉画像中大量存在的乐舞图像的社会历史内涵，挖掘古代历史中优秀的乐舞文化遗产。徐永斌教授等人完成的《南阳汉画装饰艺术》，描述了南阳汉画像装饰艺术的题材内容、构成风格、技法类型、审美特征，及其在中国传统装饰艺术上的价值等。

毋庸讳言，"汉文化研究丛书"虽然推出了十三种，但与原本的初衷和社会的要求还是有距离的。希望汉文化研究中心的同志们更加努力，拿出更多的成果，拿出更丰富更深刻更具有影响力的汉文化研究论著。

让我们期待着吧！

2015年5月

# 序 三

顾 森

汉画是两汉四百多年的岁月留给我们的一笔重要遗产。不算文献记载,仅存世可见的汉画材料(画像石、画像砖、壁画、帛画、漆画、各种器绘等),就是一个数量惊人的图像宝库。

汉画具有汉代艺术所特有的强悍与大气自不待言,它最特殊之处,并非如一般人所理解的仅仅为一种艺术,而实实在在是一种与文字等同功能的语言——特殊的艺术语言。所谓特殊,主要体现在汉代人对绘画的两个认识上。一是绘画乃一种特殊的表述形式。这种特殊,甚至圣人也不可能越俎代庖。所谓"宋画吴冶……其为微妙,尧、舜之圣不能及";"蔡之幼女,卫之稚质,杂奇彩,抑墨质,扬赤文,禹、汤之智不能逮"(《淮南子·修务训》)。二是竹帛丹青等同论。史载李陵送苏武,"置酒贺武曰:'今足下还归,扬名于匈奴,功显于汉室,虽古竹帛所载,丹青所画,何以过子卿!'"(《汉书·苏武传》)可见丹青与竹帛,在汉代人眼中,均有载典籍、存信史之功用。从有关汉代的文献中,可看到整个汉代"丹青"的重要作用。如从汉初文帝于未央宫承明殿画屈轶草、进善旌、诽谤木、敢谏鼓、獬豸,到武帝画周公辅成王图,宣帝麒麟阁画功臣,东汉明帝云台画二十八将,宫中画经史故事,灵帝画乐松等三十二人像,以及各州郡画大儒、名贤、孝女等等,都充分将绘画这一形式用以成人伦、助教化、辅政和、宣皇恩。正是汉代人这些对绘画的基本认识，才使得图画在汉代大行其道，才为我们今天留下如此多的图像材料。如前所论，汉画具有非艺术唯一性，这一特性，决定了汉画研究的多角度、多学科特色。这正是汉画吸引古今中外众多学者投身研究的原因所在。

今天我们所见汉画，绝大多数是来自于墓葬，是一种墓葬艺术。汉代人为什么在墓葬中如此大量地使用图像？庞杂的图像到底象征、代表了什么？这些正是今天汉画研究要解决的问题。最迟从宋代以来，对汉画的探究所得出的结论林林总总，至今未有穷尽。在众多的回答中，《汉画像的社会学研究》一书的作者以一种新视角来探讨而成一家之言。以婚姻为切入点对汉画像作社会学的研究，并非始于斯。但用大量的篇幅，旁征博引，同时借助近现代学术上一些新方法、新立场来集中讨论汉代社会中的婚姻现象，则是《汉画像的社会学研究》一书学术价值的主要之处。尽管此书中所引材料有的还不够确切，有的观点也有待商榷，但瑕不掩瑜，此书在学术上开先河的作用依然可喜可贺。相信此书的出版，将对汉画研究起到一种良性的、推波助澜的作用。

2007 年 10 月 31 日
于北京惠新北里寓所

# 绪　　论

## 呼唤新范式：汉画像的研究理论及其实践

　　汉画像是指汉代人雕绘在砖、石、壁、帛、瓦当、铜镜和漆器等材质上的图像。汉画像的分布区域十分广泛，大体上，学术界将之划分为四个区域，即南阳为中心的河南区域，山东、江苏、安徽和浙江区域，陕山区域，巴蜀区域。汉画像的题材十分丰富，包括狩猎生产、生活宴饮、宗教信仰、建筑、神怪精灵，等等。汉画像绘制形式非常复杂，以汉石为例，就有线刻、阴刻、阳刻、剔地浅浮雕、透雕等等手法；原本雕刻之后，上面还要上彩，只是保存下来的彩色汉画像极少。汉画像的艺术价值和学术价值极其重大，用冯其庸先生的话说，它是"敦煌前的敦煌"，又说是印度佛教文化传入之前中国纯净的本土文化之精华。

　　汉画像的研究从两个方面展开。一方面是现有画像的著录，另一方面是对于已经著录的画像蕴意的阐释。前者的研究，从汉代之后已经多多少少得到历代学者特别是宋之后金石学家的关注；进入 20 世纪之后，随着现代科学观念和西方考古学的输入，汉画像的著录日益受到文史学者的关注，如鲁迅、董作宾、孙文清等等，都对汉画像的收藏作出了巨大的贡献；新中国成立以来，四大区域的文物考古和博物部门对汉画像的考古发掘和收藏、展出以及整理出版,更是不遗余力。迄今为止,各地都有专门的汉画像册问世,特别是编辑出版的《中国画像石全集》、《中国画像砖全集》都是能够比较全面提供各地汉画像基本情况的大型工具书。可以说,这是汉画像学界也是文史学界的幸事。后者的研究,主要是从20世纪西方科学思想尤其是文化人类学传入中国之后开始的,而其实际的研究,则应归功于1980年之后的学术发展。按照其理论之所皈依,我们可以大致归纳为科学理论指导下的汉画像研究、艺术象征理论指导下的汉画像研究两种范式。

## 汉画像研究的科学理论及其实践

所谓科学理论指导下的汉画像研究,也就是运用科学理论来研究汉画像。这是20世纪尤其是五四运动之后西方科学观念和现代考古学传入中国之后的产物。可以说,正是唯科学主义思潮所泛起的波澜和现代考古学学科的建立与发展,才使得汉画像研究在20世纪的中国学术界日益昌盛和繁荣。其时,科学在学者的心目中,主要有三个含义。[①]第一,科学就是"求是"的学问。毛子水说:科学"大旨就是从前人所说的'求是'";科学讲究的是客观的实事和主观的"择善而从";"科学精神就是言必有据,客观公允","凡立一说,须有证据,证据完备,才可以下判断。对于一种事实,有严格精确的、公平的解析,不盲从他人的说话,不固守自己的意思,择善而从"。[②] 第二,科学是"为学问而求学问,为真理而求真理",其特征在于"可以叫人求得有系统之真智识的方法",具体说就是"知道事物和事物互相关系,而因此推彼,得从所已知求出所未知"。[③] 第三,科学就是分科之学。朱希祖说:今天学术研究的任务就是"用科学的方法,立于客观的整理""国故","抽寻"西方学术中的"历史的、哲学的,以及各项政治、法律、礼教、风俗,与夫建筑、制造等

---

① 郑先兴:《文化史研究的理论与实践(1900—2000)》,中央编译出版社2004年版,第74页。

② 毛子水:《国故和科学精神》,《新潮》第1卷第5号,1919年5月。

③ 梁启超:《科学精神与东西文化》,《时事新报》副刊《学灯》,1922年8月。

事"。①

科学观念运用到汉画像研究之中,从其研究对象及汉代画像来说,它既属于考古学的范畴,其研究需要大量田野的调查和发掘;同时它又属于艺术史学的范畴,需要用历史的观点、方法来分析和研究。而从其学科属性上来说,汉画像研究可以如自然科学一样进行研究,即首先占有大量的汉画像资料,通过类比排列,找出其异同,求其规则,然后再用所抽绎出的规则去认识新的汉画像。从其研究方法来说,汉画像的研究需要的是考古学的研究方法,诸如类型学、地质学和人类学等方法,同时也需要艺术学的研究方法,诸如雕刻学、透视学和色彩学等方法。

在实践中,运用科学理论研究汉画像,是符合学术潮流的,所以其研究成果相对比较丰富。有代表性的论著主要有:(1)信立祥的《汉代画像石综合研究》。该书将汉画像分成墓祠、墓内、阙和岩画四个方面,然后分别予以论述。(2)王建中的《汉代画像石通论》。该书以时间为经,以空间为纬,按照西东两汉自然时间将汉画像各分成早中晚三个时期,又观照四大区域汉画像的特征,予以分别论述,属于比较典型的汉画像考古学专著。(3)李淞的《论汉代艺术中的西王母图像》。该书选择汉画像中的西王母图像,专门予以探究,分析四大区域中西王母汉石图像以及铜镜、摇钱树上西王母图像的特色,总结西王母图像的艺术特征。(4)罗二虎的《西南汉代画像与画像墓研究》。该书则是针对四川地区汉画像石棺作详细的考察。此外,在以《中原文物》、《四川文物》和《南都学坛》为主的学术刊物上也有大量散见的研究性论文。这些研究论著,大多是基于科学理念基础之上的考古学研究,其对画面的考释有余,而对内涵的解释则显不足。

## 汉画像研究的艺术象征理论及其实践

同科学观念一样,汉画像研究的艺术象征理论也是来源于西方,其时间则主要是在 20 世纪的后半期。艺术象征理论的思想渊源相对比较复杂。恩斯特·卡西尔、潘诺夫斯基、福柯、荣格等等西方学者都对

---

① 朱希祖:《整理中国最古书籍之方法论》,《北京大学月刊》第 1 卷第 3 号,1919 年 3 月。

此作出了贡献。在艺术象征者(恩斯特·卡西尔)看来,人类除了面对现实的自然世界之外,还要面对人类自身所创造的文化世界。文化世界不是对自然的简单对等地模仿,而是人所创造的符号。而所谓"符号"就是象征,即指人为了表达自己的意旨而所凭借的自然物。人类的文化活动就是寻找"符号",所以它不是纯理性的、纯认识性的,而是"神话思维"和"隐喻思维"(metaphorical thinking)。由此,可以说,人类的全部文化及其知识体系都不是建立在逻辑概念和逻辑思维基础上的,而是建立在"隐喻思维"这种"先于逻辑"的概念和表达之上。这样,人、"符号"(象征)和文化世界是三位一体的。因此,人的本质与其说是"理性的动物",不如说是"符号的动物"。人的语言、记号,甚至图画、图表、图案,都是符号,不仅有其自然本身的含义,还都承担着人们所要赋予的意义。可见,"符号主要表现为一种征象及象征上"①。

在艺术象征研究者的心目中,"汉画像创造的是一个符号象征世界",所以汉画像学的研究应该把汉画像作为一个象征符号来看待,而其任务"就是要通过图像去发现形成这种图像的民族精神的根源和个人心理的特征,指示图像的深层意义世界"。从学科性质来看,艺术象征理论的汉画像研究被认为属于"图像学"或文化艺术学。前者属于西方学者的观点。根据潘诺夫斯基的意见,图像研究分为三个层次:"前图像志描述",即简单辨认图像中的画面如人物、对象和母题;"图像志(Iconography)分析",即"对各种形象的描绘和分类","是一种有局限性的、辅助性的研究,它能够告诉我们一些特定的题材是在什么时候、什么地方通过特殊的母体被形象地表现出来的";"图像学(Iconology)阐释",即在图像志的基础上,进一层挖掘图像的内涵,"以求达到对其隐蔽的深层世界的领悟"。可见,图像学属于图像研究的最高层次。后者属于中国学者的观点,根据他们的意见,潘诺夫斯基所说的图像研究三层次正好相对于中国汉画像研究的三个阶段或范式:金石学范式、考古学范式和文化艺术学范式。艺术象征理论的汉画像研究之方法,主要是采用符号学和阐释学,即通过对符号的理解来阐释图像的内涵,包括图像制作的本意,图像题材的原意,图像画面的蕴意,图像传承者的寓意,以及观赏者的感悟,等等。图像阐释学的特征就是借助于语言来描

---

① 朱存明:《汉画像的象征世界》,人民文学出版社2005年版,第23—26页。

述直观的观感。"图像诉诸人的总是视觉的、直觉的,而观者在面对整体的视觉的反映总是直接的、完整的,甚至一目了然的",同时所"产生的意义也是一种直观的印象"。这种"直观的印象"不仅取决于图像画面,也取决于观赏者本人的兴趣爱好与知识结构、话语方式等等。由此,"图像的意义空间并非自足的、封闭的和有限的,而是多向度的、开放的甚至是无限的"。①

也许是新观念的接受和运用需要一个过程的缘故,在实践中,运用艺术象征理论来研究汉画像的成果,就没有如科学观念指导下的汉画像研究数量多。目前所能够归属于此一流派的论著主要有:(1)巫鸿的《武梁祠——中国古代画像艺术的思想性》,据武梁祠汉画像所处位置的不同,指出其象征着天堂、仙界和人世三个世界。(2)陈江风的《汉画与民俗——汉画像研究的历史与方法》,认为汉画像存在着三个世界:神祇所居住的天国世界、墓主人生活的阴间世界和魑魅魍魉与打鬼辟邪的形象世界。正是这三者构成了汉画像的绮丽的艺术世界,艺术地再现了人的本质力量和时代精神。(3)朱存明的《汉画像的象征世界》,全面深刻地分析汉(墓室、祠堂与棺椁)画像中的宇宙象征主义。与科学理念的汉画像研究相比较,艺术象征的汉画像研究弥补了解释欠缺的不足,但解释的现代化往往忽略其历史特性,可以说是类比解释有余,探源实证不足。

综上所述,汉画像研究的著录和阐释是互相关联的。著录是阐释的基础,阐释则是著录的延伸和拓展。著录期待着进入阐释。而在阐释的研究实践中,科学理论指导下的汉画像研究长于画面的考辨,而疏于解释;而艺术象征理论指导下的汉画像虽长于解释,却又疏于实证。因此,汉画像的研究需要新的突破,呼唤着新的研究思路和范式。

## 原型分析:分析心理学的研究理论及其实践

在汉画像研究的实践中,如何使基于图像辨识基础之上的阐释既能

---

① 朱存明:《汉画像的象征世界》,人民文学出版社2005年版,第18—21页。

揭示其时代精神,又能探究其历史渊源?依笔者之愚见,采用分析心理学的艺术研究理论即原型分析,可能是比较合适的一种选择。

分析心理学是对精神分析学的发展。精神分析学的创始人弗洛伊德和分析心理学的创始人荣格是师生关系,他们都把艺术创作纳入到心理学研究的范围,并且认为创作心理是单独存在的。用荣格的话说就是所谓的"自主情结(autonomous complex)",就是说,在创作过程中,作者的心理情绪和心理体验是超然独立于意识之外的,是一种不被作者所预料和控制的,但又能支配作者完成创作的心理活动。弗洛伊德的要义在于:(1)注重个体无意识,"将艺术作品的某些特征同作者隐秘的私人生活联系在一起","将揭示出艺术家有意识无意识地编织到其作品中去的私人线索";(2)注重作者生活经验,尤其是"婴儿时期的并对艺术创作起重要作用的影响";(3)将艺术成就和风格简化为"幼儿和父母的关系"和神经官能症与病态心理。弗洛伊德的特点是偏离艺术作品,迷失到心理决定论的迷宫中。深谙弗洛伊德精神分析理论的荣格针砭其弊,指出:(1)支配"自主情结"的不是个体无意识,而是集体无意识;(2)集体无意识作为"从原始时代流传下来的潜能",通过"附着于大脑的组织结构"而得以遗传,并"以记忆的意象所特有的形式"即神话来影响艺术作品;(3)将基于集体无意识基础上的艺术成就和风格升华为"原始意象(primordial images)"、"优势遗传物(dominants)",亦即"原型(archetypes)"。原型是"创造性幻想得以自由表现的地方","谁讲到了原始意象谁就道出了一千个人的声音,可以使人心醉神迷,为之倾倒"。荣格的特点是透视艺术作品的历史文化因素,将艺术的源泉与人类文明的起源与发展结合起来,有点宿命的味道,也更显现出历史的厚重和文化的积淀。比其老师确实更能揭示艺术创作的一般规则。[①]

作为一种指导研究的理论,分析心理学强调阐释的作用,"我们必须解释,必须发现事物中的意义,否则就简直无法讨论问题了"。在荣格看来,艺术作品的意义,一是作者的,一是文化的。作者的意义是时代精神,我们可以理解,"从不会超越理解的界限";文化的意义属于历史精神,具有"超个人的东西","它超出我们理解的程度正像作者在创作

---

[①] [瑞士]C.G.荣格:《论分析心理学与诗的关系》,载叶舒宪编:《神话——原型批评》,陕西师范大学出版社1987年版。

过程中意识中止作用的程度"。① 研究的宗旨就在于透过时代的精神挖掘其所蕴含的历史精神。应该说,这就是荣格的原型分析要旨。在神话研究中,弗莱说,"神话则是一种不明显的隐喻的艺术","神话意象的世界常常由宗教的天或天堂概念来代表",但实际上"是对以欲望为限度或近乎这个限度的动作模仿",而神话研究的任务就是要通过其表象的形式以揭示其所隐含的"人类欲望"。②

分析心理学不仅提出了艺术研究的理论,而且予以实践验证。在研究的事例中,与我们的汉画像研究比较接近的,当属伊藤清司的研究。伊藤清司从两个层面分析"难题求婚"故事的原型。在第一个层面,伊藤清司主要揭示民间传说中的故事本质。在 A 型故事(姑娘或姑娘的父亲向求婚的小伙子出难题类型)中,难题不仅让求婚者从肉体和精神上受到极大的痛苦,而且几乎让求婚者死掉,"实际上是一种确定求婚者有无求婚资格的审查方式","一种在实际生活中对求婚者的智力与胆量进行考验的反映";而"死亡"、"再生"的考验,则意味着"未成年阶段已经死去,然后则在成年人社会中复活",是"成人仪式"的考验;在日本的民间传说中,甚至还是"一种就任王位之前的考验"。在第二个层面,伊藤清司分析中国古典文献记载中关于舜受迫害传说的本质是获取帝王资格的考验,舜从尧那里所得到的琴、弓等等都是帝王的徽记;并对比分析说,尧舜禅让传说中的"难题求解"与民间传说中的"难题求婚"是一致的。如出身低微的年轻男子,求偶于天神或帝王之女,经过百般努力克服解决了3个难题(舜的难题是焚廪、填井和醉死),得到了心爱的女子,其间曾经得到所钟爱的女子的帮助,女子的帮助形式是咒语,等等。由此,在伊藤清司看来,尧舜禅让的传说是可信的,它构成了民间传说中的"难题求婚"故事的渊源。③

由上所述,阐释意义和溯本求源,可以说构成分析心理学的主要特征。这与艺术象征研究理论的长于解释而短于探源相较,正可以说是

---

① [瑞士]C.G.荣格:《论分析心理学与诗的关系》,载叶舒宪编:《神话——原型批评》,陕西师范大学出版社1987年版。
② [加]N.弗莱:《原型批评:神话理论》,载叶舒宪编:《神话——原型批评》,陕西师范大学出版社1987年版。
③ [日]伊藤清司:《难题求婚型故事、成人仪式与尧舜禅让传说》,载叶舒宪编:《神话——原型批评》,陕西师范大学出版社1987年版。

互为补充,相得益彰。由此,我们采用其理论、借鉴其经验研究汉画像,果然别有洞天。

# 婚姻进程:贯穿汉画像社会学研究的脉络

运用分析心理学的原型分析理论研究汉画像,对于心理学、文艺学和汉画像学,都应该说是比较新的尝试。依照原型分析理论的特点,汉画像的研究当考虑三个递进层次的问题:(1)汉画像的画面题材及形式;(2)此题材象征的时代意义;(3)此题材象征时代意义之历史渊源。如前所述,汉画像的题材十分丰富,所以汉画像的原型分析前景十分广阔。在此初次的尝试研究中,我们仅仅从社会学的角度来探究汉画像的内涵;又因社会学本身的广泛,涉及社会生活、社会组织、社会信仰和宗教等等;而就社会生活而言,又涉及衣食住行等等方面。由此限于学识,我们拈轻讨巧,仅仅拘囿于社会生活的最基点"财"、"色"两个方面探究汉画像。

"财"、"色"既是构成人生和社会生活的基础,也是社会的基本价值趋向;它沉积在社会观念中,是构成时代精神的基本内核。汉代的时代精神——"沉雄博大"和"强悍",在汉画像中得以充分体现。而在汉代图像艺术的外表,自然也蕴含着"财"、"色"的内核。场面宏大的车马出行所体现的富有豪奢、雕绘细微的春宫画面所体现的愉悦幸福,自毋庸言表,而其诸如以神树和摇钱树所象征的财富观念、以螺女和蹶张所象征的靓女俊男以及伏羲女娲蛇身交尾所隐喻的性爱观念、以追日和射日所象征的性爱伦理、以西王母信仰和傩仪所象征的外遇与乱伦的企盼与禁忌,等等,都是汉代人生活中的"色"的观念的映射。由此,透过汉画像艺术的面纱,汉人生活现状及其诉求即可活生生、赤裸裸地一览无余,虽然显得粗野,但其直白和坦诚,却令人叹为观止。

不仅如此,透过汉画像,观照汉人的时代精神,追究其原型,我们惊喜地发现了原始婚姻的进程。

"原始初民过着群交的性生活。……而其群交的场所,当是部落或氏族比较固定的某一树林之中。显然,随着人类自我意识的逐渐萌生,那种妙不可言的性生活,不仅成为人类文明进一步提升的动力源泉,而且群交中那种尽情可意的性的宣泄,作为一种集体的记忆牢牢地镶嵌在人类的记忆之中,幻化为对初民群交场所中林木的影像。"

"螺女神话所透露的远古婚俗"在于"由群婚向对偶婚的过渡中,首先是女性发情期的丢失"和"女子性的觉醒。由于本氏族内一起生活的男子过于熟悉和熟视无睹,加之过去非发情期期间所自然形成的内部禁忌,女子出于性的满足和生育后代的要求,自然地要寻求其他氏族的男子以交媾。于是就出现了女子率先走婚的情况。"

"弓箭是原始初民走婚的基本条件。当弓箭在生活中越来越扮演着重要角色时,人类生活结构和婚姻状况也逐渐发生着翻天覆地的变化。此前人类过着群居生活,以女子为核心组成氏族,其婚姻则是发情期的乱交,属于内婚制。伴随着男子出外猎取动物以及性意识的觉醒,由内婚制的群婚走向外婚制的走婚。由螺女神话和天鹅处女传说,证明走婚制一开始是由女子进行。伴随着女子的走婚很快开始了男子的走婚。因为最先进的狩猎武器——弓箭的使用需要力气,于是男子的地位逐渐显赫。好色男子在获取猎物之后,为赢得一夜情,会把猎物奉献给钟爱的女子。如此,走婚制推行过程中,男子的主动权越来越大。其进一步的发展,就是痴情男子或者带走女子,或者留下来成为女子家庭的成员,渐渐演化为对偶婚,形成一夫一妻制的家庭。"

"如果从人类性生活和婚姻发展史上讲,夫妻交媾画面和伏羲女娲交尾画像,都是对于两性婚姻关系的肯定和确认。它标志着对偶婚或相对稳定的男女关系的形成。这对于人类自身的发展来说,无疑是一个重大的进步。因为,男女的稳定性生活即夫妻关系的确定可以排除因群婚或走婚的性紊乱所造成的疾病。群婚的血族性生活给人类带来的疾病自毋庸待言,即使走婚的外婚制性生活因其身体发育的成熟和性意识的增强,较为容易造成群交的情况发生。加之生物本能的独占排异机能,使得处于走婚的男女尤其是女性容易感染性病。远古先民在性生活实践中,逐渐意识到相对固定的男女性生活即可避免性病的发生。于是由对偶婚逐步演变为固定的夫妻婚姻制度。另外,就走婚而言,由于男子挽弓射猎要奉献给女子食物和衣饰,成本相对过高;加之随着人口的增长,捕猎也越来越困难,年轻男子于是不再随意地交出猎物给不相识的女子以获得一夜情;而女子出于生物繁殖后代的本能,也会顾虑到今后哺育小孩之艰辛，也不会轻易接纳陌生男子。这样，男女性关系愈趋稳定，最终形成了夫妻婚姻制度。"

"夸父追日实际上是描述了生活在华山地区部族的一名男子因过于纵欲而横死的事情。……当男子取代女子逐渐在走婚中占据主动之后……其结果不仅仅是女子地位的下降，同时也是对超强男子提出更高的要求，这就是要常常与自己的诸多妻妾交媾。……夸父追日神话，其本意叙述夸父纵欲肆情，其宗旨则是警告男子勿要纵欲过度。"

"多日神话的意蕴当是体现群交或群奸现象"，而"射日神话暗喻着男子走婚的合理进行和夫妻婚姻制度的形成，而后羿则是这一过程中的推进者和保护者"，即对于"群奸和群交的惩处"。

"寻求西王母是男性为冲破夫妻婚制的束缚而对性自由的企盼，或者说是对于远古那种来去自由的走婚制的记忆和怀念。文明进展的轨迹，实际上是婚姻制度的渐趋严密。由群聚的血缘杂交，到走婚的可意媾和，再到夫妻婚的媒介牵合，人类的性关系日渐得到限制，社会也逐渐得到进步。但是这种进步显然是以牺牲自由为代价的。在人们的内心深处，每个人都在期盼着自由媾和。……这样，渴望外遇，渴望到陌生的社区闯荡，就成为成年男子的普遍志向。……由此，远古走婚的情景在每代男子的记忆里时常被唤醒。而经过洗刷和筛选过的记忆，已经忘却了实际走婚过程中的辛劳和艰苦，回想起来的，都是美好的、幸福的情景。《穆天子传》中所描述的西王母就是那么多情和温柔……可见，寻求西王母，蕴含着文化的躁动。"

而西王母配神图像也都与性和婚姻有关系。如戴胜"蕴含着崇拜男根的意向"；捣药兔"说明中医药的发明，首先源自于女性"；蟾蜍"源自于性的崇拜，从而对于女子胴体的信仰"；狐狸精"可以说是由母系社会所走出的走婚女性"；凤鸟"是走婚的男子的象征"；东王公"则来自于夫妻婚制确立之后家庭观念的作用"；"龙虎座""就是视西王母为大母神，而左右的龙虎则象征着饮食男女的交合创世"；"牛女神话所折射的，是西王母的走婚制与中原地区的夫妻婚制之间的矛盾和冲突……而所谓的每年七月七日的相会，则可以说是传统走婚制与新的夫妻婚制之间的一种妥协"。

"随着性意识的觉醒和佩戴面具的借助，修饰和伪装就成为人们发泄和满足情欲的经常状态。所谓世为巫师，家为巫师，即人人都可以借助于所谓'敬神'实现血缘婚交。这样,人类的婚姻制度从血缘内婚制的杂交过渡到族外婚制的过程中,因为性意识的觉醒和面具的佩戴,则出现反复的趋向。于是,尧明令民众不得借助于假面祭祀的名义实施乱伦杂交之实。《尚书注疏》卷18:'乃命重、黎,绝地天通,罔有降格。'《传》解释说:'重,即羲。黎,即和。尧命羲和,世掌天地四时之官,使人神不扰,各得其序,是谓绝地天通。'这里所谓的'人神不扰,各得其序',表面是说民众不能随便以巫师的角色祭祀上天,实际则是禁止随时随地借助于祭祀乱伦交合,是对内婚制血缘乱交的限制。由此可见,傩的原始意蕴则是借助于戴假面具乱伦狂欢。"

当然,伴随着婚姻制的进程,社会宗教信仰也随之而产生:光明与太阳崇拜、社祭及族类认同以及财富与升仙的向往,女神及女娲的崇拜,男神及伏羲的崇拜,祖先及创世神的崇拜,等等。

综上所述,我们可以将原型分析视野下的汉画像社会学研究之层次列表如下。当然,汉画像的社会学研究之范围远不止这些,更广泛且深入的研究期待着我们努力并继续进行。

《汉画像的社会学研究》基本内容一览表

| 寓意\类别 | 题材 | 神树 | 螺女 | 弓弩 | 伏羲女娲 | 追日射日 | 西王母(配神像) | 傩 |
|---|---|---|---|---|---|---|---|---|
| 财色 | | 财富 | 靓女 | 俊男 | 性欢爱 | | 救世主 | 打鬼逐疫 |
| 婚姻进程 | | 血缘群婚 | 女子走婚 | 男子走婚 | 夫妻婚制及其规范 | | 走婚和血缘群婚的遗绪 | |
| | | | 走婚 | | | | | |
| 宗教信仰 | | 太阳崇拜社神祭祀 | 女神崇拜(女娲) | 男神崇拜(伏羲) | 祖先崇拜 | 自由向往 | | |

# 一、汉画的神树信仰

南海之外,黑水、青水之间……有木,青叶紫茎,玄华黄实,名曰建木,百仞无枝。上有九欘,下有九枸,其实如麻,其叶如芒。大皞爰过,黄帝所为。

(《山海经·海内经》)

建木在都广,众帝所自上下。日中无景,呼而无响。盖天地之中也。

(《淮南子·地形训》)

林木作为人类生活主要的场景、资源和财富,不仅受到今人的重视,就是在古代也引起人们的高度注意。在汉砖石画像中,就有大量的树木画面,体现了当时的社会生活和民间的宗教信仰,尤其是折射着远古血缘群婚杂交的状态。

## 汉画神树的基本特征及其相关研究

神树的类型可以划分为神树雕刻和绘刻在石、砖、陶、帛等上面的神树画像两种。

就神树雕刻来说，考古发现很多。如图 1-1 为绵阳石塘乡的摇钱树，图 1-2 为绵阳何家山 2 号墓的摇钱树。仅从已经发表论文篇中所谈到的神树统计可知，神树雕刻大约有 70 多株，其主要特征在于：

1. 神树雕刻以四川地区发现最多。

2. 时间多在东汉及东汉中后期。

3. 质料或为陶器，或为青铜器，或两者合一，根部为陶器，枝叶则为青铜器。

4. 神树上的饰物，多缀饰钱币，所以大多被后人称作"摇钱树"，此外的饰物多是神话中的西王母、仙人、神灵，或者是佛像。

5. 神树雕刻的体量巨大，当为汉代人现实生活中实际祭拜的圣物，主人身后方放置于墓中作为陪葬品。

图 1-1　绵阳石塘乡的摇钱树　　图 1-2　绵阳何家山 2 号墓的摇钱树

就画像中的神树来说，极其繁杂。

1. 以南阳为核心的河南区域的汉画神树的总体特征　多出现在画像砖上；时间多在西汉和两汉之际；以柏树即常青树作为庙阙的配景，次以山林狩猎。

2. 山东、江苏和淮北等地的汉画神树主要特征　大多是在墓壁或祠壁上，是以生活、劳动为主配景形式出现；时间大约从汉画像石出现的西汉早期开始到东汉末年；早期以常青树为主，配以楼阙，后期多以扶桑为主，配以车马出行、马、羊、人、鸟、猴、熊、西王母、东王公等等。

3. 秦晋地区汉画神树特征　多出现在门柱上;时间多在东汉;大量以树座形式出现,树顶部配以东王公、西王母以及附属的捣药兔、九尾狐,树干上配以正在攀缘的狗、鸡,体现了神树是升天的阶梯的意蕴。

4. 四川地区汉画神树特征　以墓壁为主;时间多在东汉晚期;神树类型比较复杂,既有常青树,也有扶桑,既有单株,也有树林;神树的内容有现实生产、生活、狩猎的场面。

在研究实践中,可能是神树雕刻的精美工艺、丰富的内涵以及直观的效果,更能引起学者的关注,因此,获得了更多的青睐。1998年,在四川德阳召开"汉画钱树货币文化学术讨论会",专门研讨神树雕刻中的"摇钱树"。比较而言,专门研究汉砖石神树画像的就少得多。综合这些研究,主要探究的问题涉及神树的性质、起源和意蕴等。

关于神树的性质。学者大都认为神树与民间信仰有关,属于神祇类的物件。"汉画像所画之树,殆属某类神祇类的摹画。"①"神树崇拜是自然崇拜中最典型的形态之一,是众多信仰习俗的几种体现。""'树崇拜'是早期人类所信奉的原始崇拜习俗之一。"②根据"摇钱树"形制特征,有学者认为神树雕刻有两种性质:在墓主生前是祭器,死后才陪葬变成明器。"汉墓中出土的铜摇钱树(金花树)本是墓主生前当作偶像崇拜的一种祭器,其功能是公设在堂中,随时祭祀,保佑家人(或族人)长命富贵。其次的用途才是作为明器,供墓主在阴间继续享受富贵,'有钱可使鬼',以便灵魂进入天国。"③也有学者把神树雕刻与神话传说相联系,"'摇钱树'图案,实为我国先秦古籍《山海经》等书中所记叙的各种神树(扶桑、若木、建木、柜格松)的综合造型,可简称为'神树'。树与座可统称为:'西王母所居之昆仑神山及神树'。"④

关于神树的根源。有学者认为神树画像源自于古代的社祭。"这类图像或与我国古代的社神崇拜、社神祭祀有关","画像石、画像砖上刻画常青树一类树木,多栽植于坛台之上","与现实生活中的普通树木已殊不同","与我国

---

① 郑同修:《汉画像中"常青树"类刻画与汉代社祭》,《东南文化》1997年第4期。

② 赵殿增、袁曙光:《从"神树"到"钱树"——兼谈"树崇拜"观念的发展与演变》,《四川文物》2001年第3期;《汉画钱树货币文化——中国汉画及摇钱树货币文化学术讨论会论文集》,四川德阳1998年5月。

③ 江玉祥:《关于考古出土的"摇钱树"研究中的几个问题》,《汉画钱树货币文化——中国汉画及摇钱树货币文化学术讨论会论文集》,四川德阳1998年5月。

④ 钟坚:《试谈汉代摇钱树的赋形与内涵》,《四川文物》1989年第1期。

古代立社、祭社这一历史事实密切相关"。① 四川籍学者认为出土于巴蜀地区的摇钱树来源于三星堆的神树崇拜。"东汉时期的钱树正是三星堆时期神树的延续与发展。"②有的进一步说是来源于中原地区:"'摇钱树'应该是中原地区西汉墓中出土的神树传入四川之后,吸收了本地土著宗教神话成分融合发展而来。"③也有学者认为神树就是"中国远古神话传说中的宇宙树、生命树,实目前所发现的中国宇宙树、生命树的最早形态"④。

关于神树的意蕴。多数学者认为神树的含义在于"长生不死"和"富贵荣华"⑤。或者说是"汉代仙化思想的具体表征"和"对金钱即财富的追求"⑥。又说,"钱树的出现标志着两汉神仙思想的发展演变,标志着升仙思想与现实利益的调和"⑦。也有学者认为对神树的崇拜体现着汉代人的生态意识。"'树神'崇拜及其相关意识,是在特定的生态条件下发生的",即"是在与自然亲近的观念背景下产生的",它"体现为有关林木的种种禁忌"。⑧

应该说,上述神树的讨论已经非常到位,论述也相当深刻。但是汉画神树与古代社会民众的生活和信仰究竟有什么关系,显然尚需进一步的探讨。

## 汉代生活中的树及其相关的记忆

汉画神树在南阳、鲁苏皖、秦晋和四川等地的大量出现,说明了现实生活中林木占据着重要的地位。一方面,汉代人在社会生活中越来越需要林木。举凡房屋建筑、雕梁画栋、棺椁墓室,要用林木自不必说;冶铁炼铜、取暖庖厨,更少不了林木;甚至撰写书记也要用简牍。由此,林木是汉代社会的重要财

---

① 郑同修:《汉画像中"常青树"类刻画与汉代社祭》,《东南文化》1997年第4期。
② 赵殿增、袁曙光:《从"神树"到"钱树"——兼谈"树崇拜"观念的发展与演变》。
③ 张茂华:《"摇钱树"的定名、起源和类型问题探讨》,《四川文物》2002年第1期。
④ 贺西林:《东汉钱树的图像及意义——兼论秦汉神仙思想的发展流变》,《故宫博物院院刊》1998年第3期。
⑤⑦ 江玉祥:《关于考古出土的"摇钱树"研究中的几个问题》。
⑥ 巴家云:《关于摇钱树起源及内涵的研究》,《汉画钱树货币文化——中国汉画及摇钱树货币文化学术讨论会论文集》,四川德阳1998年5月。
⑧ 王子今:《秦汉民间信仰体系中的"树神"和"木妖"》,《周秦汉唐文化》第3辑,三秦出版社。

富。司马迁说,只要拥有相当的林木,就如同有秩禄。《史记·货殖列传》:"衣食之欲,恣所好美矣。故曰陆地牧马二百蹄,牛蹄角千,千足羊,泽中千足彘,水居千石鱼陂,山居千章之材。安邑千树枣;燕、秦千树栗;蜀、汉、江陵千树橘;淮北、常山已南,河济之间千树萩;陈、夏千亩漆;齐、鲁千亩桑麻;渭川千亩竹;及名国万家之城,带郭千亩亩钟之田,若千亩卮茜,千畦姜韭:此其人皆与千户侯等。"班固《汉书·货殖传·巴寡妇清传》又重复地记载了这段话。由此,植树种桑成为当时政府的重要政策。《汉书·景帝纪》:"三年春正月,诏曰……其令郡国务劝农桑,益种树,可得衣食物。"据《汉书·艺文志》著录,汉代有专门讲解种树的书籍"《种树臧果相蚕》十三卷"。《后汉书·酷吏传·樊晔传》说樊晔"迁扬州牧,教民耕田种树理家之术"。而保护林木也成为当时政府的一项重要政策。《后汉书·肃宗孝章帝纪》载:"乙丑,敕侍御史、司空曰:'方春,所过无得有所伐杀。车可以引避,引避之。骓马可辍解,辍解之(注:夹辕者为服马,服马外为骓马)。'《诗》云:'敦彼行苇,牛羊勿践履。'《礼》云:'人君伐一草木不时,谓之不孝。'俗知顺人,莫知顺天。其明称朕意。"

另一方面,因为森林再生之缓慢,其破坏也越来越严重。这有来自于自然的破坏因素,比如全球气候的突然寒冷,以及大火、地震等灾害。如《汉书》卷9《元帝纪》:"冬十一月,齐楚地震,大雨雪,树折屋坏。"但主要还是来自于人类自身掠夺性的开采和使用。如《史记·秦始皇本纪》记载:秦始皇曾经"使刑徒三千人皆伐湘山树,赭其山"。《项羽本纪》则说为驱逐北方的戎人,伐榆树做要塞:"蒙恬为秦将,北逐戎人,开榆中地数千里。"《孝景本纪》说景帝六年砍树填池,"伐驰道树,殖兰池"。为了生产粮食,要求砍伐田中的树。《汉书》卷24《食货志上》:"种谷必杂五种,以备灾害。田中不得有树,用妨五谷。"而厚葬更是森林毁灭的最大杀手。《后汉书·王符传》:"古之葬者,厚衣之以薪,葬之中野,不封不树,丧期无数。后世圣人易之以棺椁,桐木为棺,葛采为缄,下不及泉,上不泄臭。中世以后,转用楸梓槐柏杶樗之属,各因方土,裁用胶漆,使其坚足恃,其用足任,如此而已。今者京师贵戚,必欲江南檽梓豫章之木。边远下土,亦竞相仿效。夫檽梓豫章,所出殊远,伐之高山,引之穷谷,入海乘淮,逆河溯洛,工匠雕刻,连累日月,会众而后动,多牛而后致,重且千斤,功将万夫,而东至乐浪,西达敦煌,费力伤农于万里之地。……今京师贵戚,郡县豪家,生不极养,死乃崇丧。或至金缕玉匣,檽梓楩楠,多埋珍宝偶人车马,造起大冢,广种松柏,庐舍祠堂,务崇华侈。"墓葬开始就是给死者穿上衣服,掩埋到田野中,不做任何标志。后来圣人(即黄帝)才使用棺椁,其用木料是易于雕琢的桐木。春秋战国之后,开始使用坚硬耐腐的木料如楸梓槐柏杶樗等,但是这些木料的产地为高山偏远之地,砍伐运输十分不易,加之更豪华的陪葬有珍宝、偶人、车马等,坟墓也更凸出。至于"黄肠题凑",更是大量使用木材。"以柏木黄心致累棺外,故曰黄肠;木头皆向内,故云题凑。黄肠代表木头质地,巧妙地将柏木黄心比作黄肠;题凑是堆垒方式,层层垒筑的高墙,黄肠题凑这四个字,精炼,精彩,概括简洁,有联想,有比喻,字面优雅精深,恐怕现代人都起不出这么有文化意味的名字来。"目前所发现的北京大堡台汉墓、老山汉墓、扬州高邮汉墓、长沙王汉墓、象鼻嘴汉墓都发现有"黄肠题凑",详见下《全国已发掘西汉黄肠题凑墓一览表》,以及图1-3北京老山汉墓黄肠题凑和图1-4、图1-5北京大堡台汉墓黄肠题凑。其中大堡台汉墓十分典型,拥有梓宫、便房、黄肠题凑。高邮神居山1号墓的题凑并非黄肠,而是楠木,长与宽比大堡台稍小,但墙高至4.1~4.5米,大堡台是2.7米。规模最小的是长沙陡壁山汉墓,长8.5米,宽7米,高仅有1.2米,题凑逼仄狭小,高不及人。① 正是由于林木来之不易,墓葬制度开始发生变化。西汉前期,关中地区和郑州等地的庶民阶层开始使用砖椁墓,逐渐出现石棺石椁墓。这"应与战国、秦和西汉前期这一地区森林资源的衰竭在全国出现最早所导致的木材匮乏有直接关系"。而伴随着冶铁技术的发展,"为凿刻攻石提供了一批锐利坚韧的工具"②,再加之石墓更易于长久的保存,砖石墓葬方流行开来。

**全国已发掘西汉黄肠题凑墓一览表**

| 墓 名 | 墓主人 | 时代 | 黄肠题凑尺寸（米） | 黄肠木尺寸(米) | | | 木材种类 |
| --- | --- | --- | --- | --- | --- | --- | --- |
| | | | | 总计 | 长 | 断面 | |
| 北京大堡台1号墓 | 刘建 | 宣元 | 15.7×10.8×2.7 | 14000根 | 0.9 | 0.1×0.1 (0.1×0.2) (0.2×0.2) | 柏木 |
| 高邮神居山1号墓 | 刘胥 | 武昭 | 13.5×11.2×4.1—4.5 | 857根 | 0.94 | 0.4×0.4 | 楠木 |

---

① 于卓:《黄肠题凑:一个精深典雅的称谓,别出心裁的创造古代文化的结晶》,《科技日报》2000年5月20日。

② 萧亢达、萧眉燕:《汉画像石墓产生根源补论》,韩玉祥等:《汉画学术文集》,河南美术出版社1996年版。

| 长沙象鼻嘴1号墓 | 吴著(刘发) | 文景 | 14.4×13.2×1.85 | 908根 | 1.8 | 0.25×0.3 | 柏木 |
| 长沙陡壁山汉墓 | 曹斌 | 武昭宣 | 8.5×7×1.2 | 179根 | 0.7—0.9 1.8—1.17 | 0.4×0.4 (0.3×0.4) | 柏木 |

因为越来越稀少，林木成为汉代人生活中不可多得的财富。于是原始葱郁茂密的森林中的生活场景，亦即其深厚的文化价值，作为集体记忆，就时时被唤醒在汉代人的脑海之中，成为一种集体无意识，反映在汉画像中。如图1-6郑州汉砖画像中被称为"变形树纹"的树林。

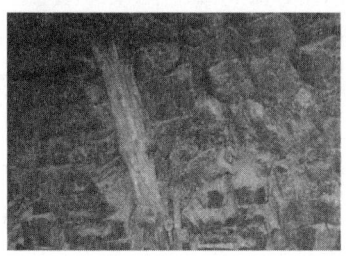

图1-3　北京老山汉墓黄肠题凑

图1-4、图1-5　北京大堡台汉墓黄肠题凑

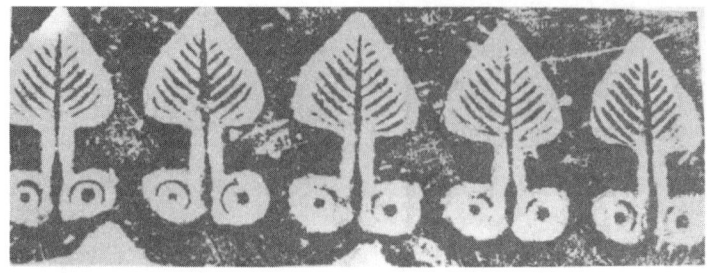

图1-6　郑州汉砖"变形树纹"

林木的果实曾经是原始人的主要食物。人类社会生活中,最为基础的事情当是食物的获取。而在人类伊始,人类自身并没能够主动地获取或生产食物,他们或者是本能地捡拾自然的果实,或者是本能地猎获其他种类的动物。显然,采集林木的果实应该是最省力、最易得的。由此,可以说,林木的果实应是初民社会的主要食品。随着人类获取食物能力的提升,就由本能地采集自然果实发展到主动地种植植物以生产粮食,以及蓄养动物如狗、猪、牛、马、鸡以满足生活的食物需求。如此,树木作为植物的重要门类,也得到相应的关注。"树桑种麻"成为社会生活中的大事。《史记·周本纪》记载周族始祖儿时就有大志,喜欢读有关种树植谷方面的书籍:"弃为儿时,屹如巨人之志。其游戏,好种树麻、菽,麻、菽美。"据《史记·秦始皇本纪》记载,秦始皇焚书,"所不去者,医药、卜筮、种树之书"。由此可见,树木的种植很早就得到古人的重视,而当其他植物如黍、粟、谷、稻等粮食日渐丰硕之后,加之容易保管和贮藏,而树木果实出产的季节性及其不容易贮藏的特点,终于使前者逐渐取代后者成为生活的主要食品。孔子的食品观可以说就体现了这一食物品种地位的变化。韩非子说:"孔子侍坐于鲁哀公。哀公赐之桃与黍。仲尼先饭黍而后啖桃。哀公曰:黍以雪桃也。对曰:丘知之矣。夫黍五谷之长,而桃为下。君子以贱雪贵,不闻以贵雪贱也。"①孔子先吃主食黍,而后吃副食桃,以今天的营养学看当然是对的。但是就他和鲁哀公的对话看,是孔子看重黍而看轻桃,因为黍是"五谷之长"。这种看法显然是春秋时期林木日益减少,而粮食逐渐增多的结果,体现了先秦社会食品结构逐渐由自然的果实衍变为人为的粮食。虽然粮食成为社会生活的主要食品,但树木的果实以其产出的稀少反而在生活中越发尊贵。《西京杂记》:"梁孝王苑中有落猿岩、栖龙岫、雁池、鹤洲、凫岛。诸宫观相连,奇果佳树,瑰禽异兽,靡不毕备。"又:"汉武初修上林苑,群臣远方各献名果。"东汉"明帝时,常山献巨桃核。其桃霜下花,至暑方熟,使植园林"。《后汉书》卷4《孝和帝纪》载,和帝执政以前,广州等地为贡献水果非常艰辛:"旧南海献龙眼、荔枝,十里一置,五里一候,奔腾阻险,死者继路。"

林木是原始人类居住的第一所房屋和第一件工具。原始初民以其

---

① 欧阳询:《艺文类聚》卷86《果部上·桃》,上海古籍出版社1965年版。

自然状态与群兽为伍,猎杀比自己弱小的动物为食物,同时也是比自己强大的动物的口中美味。因此,为躲避其他动物的伤害,原始人攀缘树木,并过着树居生活。爱德华·泰勒说:"对于许多部落来说,它是第一个神圣的处所","唯一的庙宇"。① 同时,林木的易折和相对坚硬,也使得人类很自然地拿来作为工具使用。所以,林木也是人类最早所使用的工具。只是由于林木容易腐朽消逝,才没有如石器那样保存下来。但是在远古人类遗存中都曾经发现过木炭灰烬。如元谋猿人的遗存发现"有大量的碳屑",其"分布的上下范围约有三米左右"②;北京猿人遗址中有13米厚的木炭灰烬层③。这些灰烬的成因,除了用火之外,还有植物的自然炭化,如木制工具的自然炭化等。据考古发现,远古人类使用的木制工具大约有:生产工具如铲(耜)、耒(点种棒);器柄如锛柄、斧柄、铲柄、玉钺柄;狩猎武器如矛头、镞;加工工具如木杵、木榔头;水上交通工具如橹、木浆;纺织工具如纺轮、齿状梳纱器、卷布棍;日常生活工具如漆碗、嵌玉漆杯、木桶、木槽、梳、陀螺、木鱼、棺椁,等等。④ 如果说工具的使用和发明是人类文化诞生的标记的话,那么,可以说,林木的使用就是人类文明史的开端。

林木下常常是原始人欢聚的场所。原始人的事情比较单纯,推测最主要的就是采获食物和种族的延续。无疑,自然状态下初民食物的采获是比天还要大的事情,而种族的延续则完全是在自然状态下进行的,即当如其他种类的动物一样,经历着循环往复的周期。也就是说,只有在食物成熟的前后才进行生育。俗而言之,原始初民过着群交的性生活。而其群交的时间,则是依着生育时间和自然果实成熟的时间相互交合,否则就不利于后代的生长(原始人早期的性生活是与动物一样具有发情期的,这是人类婚姻的最初的形态,至于后来配偶婚的出现,则另当别论,此不赘言);而其群交的场所,当是部落或氏族比较固定的某一树林之中。显然,随着人类自我意识的逐渐萌生,那种妙不可言的性

---

① 爱德华·泰勒:《原始文化》,上海文艺出版社1992年版,第662—672页。
② 贾兰波:《中国大陆上的远古居民》,天津人民出版社1978年版,第19、20页。
③ 赵资奎、李炎贤:《中国猿人化石产地》,《古脊椎动物与古人类》1960年第2卷第1期。
④ 谢仲礼:《江南地区史前木器初探》,《东南文化》1993年第6期。

生活,不仅成为人类文明进一步提升的动力源泉,而且群交中那种尽情可意的性的宣泄,作为一种集体的记忆牢牢地镶嵌在人类的记忆之中,幻化为初民群交场所中林木的影像。由此,如果说人类婚姻史确实有过群婚的阶段,那么,林木就是这一阶段重要的见证。如1977年四川新都县新繁镇收集的汉砖画像,在一株茂密的桑树下,一对男女正进行交媾。衣服挂在树枝上,采桑的竹筐被抛在一旁;两只猴子挂在树梢欢喜雀跃,两只鸟儿也在对着唱和。一个男子男根高高翘起,跪在性交的男子身后,双手推其臀部;桑树后边另一男子正捧其长翘的男根,观望着媾和的男女,见图1-7。① 又如1977年四川新都县新繁镇收集的另一块汉砖画像,在一株茂密的桑树下,一对男女正进行交媾,衣服挂在树枝上。桑树后边一赤裸男子半蹲,双臂撑开,左手支在左大腿上,右手支在右膝盖上,男根微翘,疲惫的样子似已交媾过,见图1-8。② 再如1995年山东安丘董家庄出土汉墓前、中室立柱画像,高浮雕、透雕,雕有熊、异兽8只,人物43个,可称为"人柱画像",见图1-9、图1-10、图1-11。人物形象大小不一,神态各异,互相叠压,互相拥抱、抚摸,多呈跪姿。时间为东汉晚期。③ 有人认为这"当与性有关","此种在树下或与树有关的性题材,是原始人树崇拜和生殖崇拜的遗孑"。④ 应该说,这个认识还是正确的。

林木的种类和式样是原始人类各个部落及其划分活动区域的主要标志。处于自然状态的原始人类由于采集食物的困难,各个部落为争夺食物会起冲突,冲突的加深和胶着状态使得部落之间划分不同的活动区域。各个区域之间的标志当然是地面上的附着物,这就是一些具有屏障性的山川河流,再就是具有一定标志性的林木等等。而各个部落的标志也自然地选择其所居住地的突出东西如花、鸟、兽、林木等作为标志。这样,林木的式样也就成为部落或氏族的标志。《论语·八

---

① 高文、王锦生编著:《中国巴蜀汉代画像砖大全》图版第65,国际港澳出版社2002年版,第67页。
② 高文、王锦生编著:《中国巴蜀汉代画像砖大全》图版第66,国际港澳出版社2002年版,第68页。
③ 《中国画像石全集》第1卷《山东汉画像石》图版第171-173,山东美术出版社2000年版。
④ 何志国等:《绵阳市出土摇钱树述考》,《四川文物》1999年第2期。

图 1-7　四川新都县新繁镇汉砖画像及其临摹画

图 1-8　四川新都县新繁镇汉砖画像及其临摹画

图 1-9、图 1-10、图 1-11　山东安丘董家庄的"人柱画像"

俏》:"哀公问社于宰我,宰我对曰:'夏后氏以松,殷人以柏,周人以栗。'"《周礼·地官》:"设其社稷之壝,而树之田主,各以其野之所宜非木,遂以名其社与其野。"朱熹注说:"三代之社不同者。古者立社,各树其土所宜木以为主也。"这里说根据当地的水土所适宜的树来取材为祭祀的对象,只讲对了一半;另一半含义则是一旦确定下所祭祀的树木,就不可再变化了。因为这棵树已经成为该族类认同的标志。爱德华·泰勒所说的树神必是"家族名字的来源",其实也是这个意思。

总之,远古人类在挺拔茂密的森林中居住、生活和嬉戏;采食着果实,用树棒作为武器狩猎动物或与其他部落进行争夺地盘和食物的斗争。对于此时的人类来说,林木太重要了;甚至对于今天的人类来说,林木仍然是必不可缺的材料和能源。而在远古人类采用外界事物的能力非常低下的时代,林木的价值当然是更为重要了。一些学者在谈到人类社会发展的历史阶段时,曾经指出,在石器时代和青铜时代来临之前,"处于'以采集天然现成产品为主'偶尔从事狩猎的采集经济时期,从群婚逐步发展到血缘家族婚姻。当时在一切领域里(尤其是在智能方面)都带有动物界的'遗风'。时间大约在360万—60万年前的漫长时期,称为人类原始群时期","是人类的童年或此前的幼年时代",是"木器时代,即以木器工具为主的时代"。① 尽管有学者不太同意此一提法,认为人类社会的第一阶段应该还是"石器时代"。② 但我们认为,说石器时代之前有一个木器时代,应该说,这种提法还是很有道理的。

对森林的渴望,不仅使众多的无名工匠艺人在绘画雕刻中留下了众多的树木画像,同时也使得一些文人雅士特别关注林木,描写林木。司马相如的《上林赋》和班固的《两都赋》都描绘了林木苍郁的景观。

《史记·司马相如列传》:

> (云梦)其北则有阴林巨树,楩柟豫章,桂椒木兰,蘖离朱杨,樝梨梬栗,桔柚芬芳。其上则有赤猿蠷蝚,鹓雏孔鸾,腾远射干。其下则有白虎玄豹,蟃蜒䝠犴,咒象野犀,穷奇獌狿。
>
> 于是乎卢桔夏孰,黄甘橙楱,枇杷橪柿,樗枣厚朴,樗枣杨梅,樱桃蒲陶,隐夫郁棣,榙樑荔枝,罗乎后宫,列乎北园。陁丘陵,下平原,扬翠叶,杌紫茎,发红华,秀朱荣,煌煌扈扈,照曜巨野。沙棠栎槠,华泛檗枦,留落胥余,仁频并闾,欃檀木兰,豫章女贞,长千仞,大连抱,夸条直畅,实叶葰茂,攒立丛倚,连卷累佹,崔错癹骫,阬衡闾砢,垂条扶於,落英幡纚。纷容萧蓡,旖旎从风,浏莅芔吸,盖象金石之声,管籥之音。柴池茈虒,旋环后宫,杂遝累辑,被山缘谷,循

---

① 张鸿奎:《人类原始社会有一个木器时代》,《社会科学》1980年第4期;张鸿奎:《木器时代是人类社会史的第一章——答陈哲英同志》,《社会科学》1981年第3期。

② 陈哲英:《石器时代是人类社会历史的第一章——与张鸿奎同志商榷》,《社会科学》1981年第1期。

阪下隈,视之无端,究之无穷。

《后汉书·班彪传附子固传》:

> 其阳则崇山隐天,幽林穹谷,陆海珍藏,蓝田美玉,商、洛缘其隈,鄠、杜滨其足,源泉灌注,陂池交属,竹林果园,芳草甘木,郊野之富,号曰近蜀。

根据专家考证,今天潼关古代就称为"桃林塞地",又说"函谷关和潼关之间历史上是个谷深林茂、白日成昏的地方"。[①] 证明司马相如和班固的描述是真实的。

## 神树信仰与宗教意识的孳生

自然的树被雕塑或绘画,或置入到汉墓,或放置在祠堂,因而具有了神性,同时也体现着人们的宗教意识。若仔细分析,可以发现,这种宗教意识又是极为复杂的。

林木作为神物得到崇奉,与原始人对于树的认识分不开。远古时代,当黎明的曙光照亮大地,一些人已经在大地上捡拾食物,他们可以看到那些晚起的人从树上下来;而夕阳西下,那些行动稍缓的人可以看到快捷的人已经爬上树。这样,树的伟岸挺拔与高耸云端,使站在树下的人感觉到上树的人可以直通上天。神话传说中的建木可以说就是这样的通天之树。《山海经·海内经》:"南海之内,黑水、青水之间……有木,青叶紫茎,玄华黄实,名曰建木,百仞无枝。上有九欘,下有九枸,其实如麻,其叶如芒。大皞爰过,黄帝所为。"《淮南子·地形训》:"建木在都广,众帝所自上下。日中无景,呼而无响。盖天地之中也。"在这里,吴泽顺认为建木"在神山昆仑之上","《淮南子》谓建木在都广山。都广山即昆仑山"。但邱登成则认为"都广即广都,今成都平原一带",并认为"三星堆遗址出土的形体高大的神树,当为传说中的建木"。但他们都认为建木是通天的阶梯。吴泽顺分析说:"古代所谓天门,即在昆仑

---

① 邵德超:《潼关城》,《地域研究与开发》1982年第2期。

山上,升天必经昆仑。"而"建木为通天贯地、连接阴阳之具,同时也就是开启天门之键"。① 邱登成说:"树乃祭祀之器,又具祭祖功能,这是因其具有'天梯'的特殊性。"② 陕北榆林汉墓门右立柱画像,画面中上层树顶刻绘东王公打坐,玉兔捣药;树干的曲折之处,还有正在攀缘升天的狗或其他的灵物,见图 1-12。

图 1-12　陕北榆林汉墓门右立柱画像

通天在原始人那里意味着通向光明。而光明对于原始人的意义太重大了。自然状态下的原始人,豺狼虎豹的追赶吞食,蚊虫蛇蝎的偷袭嗜血,疾病饥饿的痛苦困扰,部族之间的征战杀伐,等等,都还不是最可怕的,最可怕的是夜幕的降临。当黑暗吞没了夕阳的余晖,万籁俱寂,偶尔传来豺狼的嚎叫,或者夜鸟的鸣叫,四周不时闪烁着寻找食物的野兽的眼睛,那种恐惧和无奈,使原始人惊恐万分。而当晨曦微露,凶猛的野兽都蛰居起来,一切归于宁静,原始人才有了安全感。实际上,即使在猛兽出没的黑夜,巢居树上的原始人相对来说也是安全的。由此,树上树下的攀援所感觉到的通天光明,以及树居的安全感,就成为原始人崇拜树的原因之一。由此,树既是通天的阶梯,也是天界的标志,又

---

① 吴泽顺:《建木考》,《求索》1993 年第 2 期。
② 邱登成:《金杖神树与古蜀祖先崇拜》,《四川文物》1992 年第 1 期。

是光明和太阳的象征。《山海经》："汤谷上有扶桑，十日所浴。"汉许慎《说文·木部》："榑桑，神木，日所出也。"又《叒部》"叒"字条："日出东方，汤谷所登榑桑。叒，木也。象形。"《山海经·大荒南经》："羲和者，帝俊之妻，生十日。"郭璞注《山海经》引《启筮》："空桑之苍苍，八极之既张，乃有夫羲和，是主日月，职出入以为晦明。"①这种情形在汉画像中多有体现，如图1-13②淮北汉画像就体现着树与太阳的亲密关系。

图 1-13　淮北市时村汉画像

　　由于对光明和太阳的信奉与崇拜，加之如上所述的发情期树下交媾所给予人的快乐，以及由于追逐快乐而对交媾场地——固定的树下——的思念和向往，不仅逐渐诞生了不同的族类，同时也产生了族类的认同和标志。这样，原始人很自然地崇拜着树。古文献则表征了族类认同与太阳崇拜的现象。《帝王世纪》："生少昊，是为玄嚣，降居江水，有圣德，邑于穷桑，以登帝位，都曲阜，故或谓之穷桑帝。以金承土，《图谶》所谓：白帝，朱宣者也。故称少昊，号金天氏。"《尸子·君治》："少昊金天氏，邑于穷桑，日五色，互照穷桑。"显然，少昊出生于"穷桑"以及自命为太阳，就是少昊族凝聚团结的理由。有人认为"扶桑"之地就在今天的山东曲阜及其周围，也就是考古学上所说的鲁南苏北的青莲岗—大汶口文化区，而少昊是生活在这里的黄帝族日族的成员之一。③ 可见，树

---

　　① 在这里，"榑桑"就是"扶桑"。而其"榑"、"扶"和"空"，都是形容词，用以夸张"桑"；而"桑"字，指桑林；"榑桑"、"扶桑"或"空桑"古代都是指今山东曲阜。翟振业：《东君"扶桑"为地名》，《玉溪师专学报》1988年第5期。
　　② 高书林：《淮北汉画像石》，天津人民美术出版社2002年版，第86页。
　　③ 刘夫德："《扶桑考》"，《社会科学战线》1985年第3期。

木成为古代各种氏族认同的标志。在后来不断的迁徙生活中,即使是居住到天涯海角,那棵标志着共同族类的树,仍被神圣地保存着,传承着。如殷商就是以"桑"为其族类标志的。丁山先生在其《商周史料考证》中说:"凡是殷商民族居留过的地方总要留下一个亳字";凡是有"亳"字的地方,总有一片桑林。《史记·殷本纪》:"亳有祥,桑、谷并生于朝。"鲁地有亳社,即有桑林;郑国有亳社,位于"桑山之林";宋国也有亳社,也在"桑山之林";卫国为商朝朝歌旧地,也有"桑中、上宫"。所以有学者说:"总而言之,但凡商人留下足迹的地方,总可以发现桑林的绿阴。"甚至说"商丘之得名当亦因桑,古代山丘之名多得于山丘所生植物,商丘本为桑丘。"① 三星堆殷商遗址所发掘出的青铜神树,众多的学者予以考究,提出那么多的意见。其实,青铜神树的意蕴,正是青铜神树使用者族类认同的工具和族类凝聚的准绳。这些使用者由中原迁移至蜀地,千里迢迢,致使他们克服重重困难,最终达到目的地,应该说就是那棵令他们非常神往的神树,即桑树。《墨子》:"建国必择木之修茂者以为丛位。"《史记·陈涉世家》注中所引墨子的这段话,可以说很清楚地说明了神树的族类认同意义。《艺文类聚》卷86《果部》上"李":"东方朔占曰:朔与弟子俱行。朔渴,令弟子叩道边家门。不知室主姓名,呼不应。朔复往,见博劳飞集其家李树上。朔谓弟子曰:主人当姓李名博,汝呼当应。室中人果有姓李名博出。与朔相见。即入,取饮与之。"主人因姓李,就植李树于院内。虽属个别,但说明当时人们很注重房前院内的环境绿化,并且把绿化与神树的族类标志相结合。后世"山西洪桐大槐树下"的传说,虽然说的是明初朱元璋的移民活动,意指是由此迁徙而去的人共同的族地族源,但也可以说是远古如殷商中原移民到蜀的"集体记忆"的重现。

正是天界或通天阶梯的象征、快乐的源泉或族类认同的标志,树成为原始自然崇拜的偶像,一直得到人们的信奉和祭祀。据《史记·陈涉世家》所载,秦末还有专门祭祀树的场所:"二世元年七月,发闾左適戍渔阳……吴广之次所旁丛祠中。"高诱注《战国策》云:"丛祠,神祠也。丛,树也。"《汉书·郊祀志上》:"汉兴","及高祖祷丰枌榆社,徇沛,为沛公,则祀蚩尤,衅鼓旗。遂以十月至霸上,立为汉王。因以十月为年首,

---

① 吴郁芳:《说"商"与"桑"》,《东南文化》1989年第2期。

色上赤。"郑氏曰:"枌榆,乡名也。社在枌榆。"晋灼曰:"枌,白榆也。社在丰东北十五里。"师古曰:"以此树为社神,因立名也。枌音符云反。"也许树的祭祀过程中带有原始野合亦即群交的特征,或者带有聚众闹事或谋反的嫌疑(陈胜吴广就是借此揭竿而起的),所以遭到汉代政府的明令禁止。《汉书·五行志中之下》:"建昭五年,兖州刺史浩赏禁民私所自立社。(张晏曰:'民间三月九月又社,号曰私社。'臣瓒曰:'旧制二十五家为一社,而民或十家五家共为田社,是私社。'师古曰:'瓒说是。')"这样,关于神树的社祭也就日渐消失。值得注意的是,这种对神树的祭祀在我国的西南地区少数民族中尚有遗存。如苦聪人在自己村寨后面的树林中,选择一棵高大粗壮的松树或黄栗树作为"竜"树,并用篱笆围起来,作为圣地。苦聪人之所以这样,是因为传说大树曾经在大雪纷飞的日子,救出兄妹两个,使得他们在树下生儿育女,创造了苦聪人。彝族的撒眯支系认为"神树是通天的桥梁",只要爬到大树上祈祷,天神即可听到。① 又如哈尼族崇拜树,是传说一棵巨树曾经将哈尼族的祖先从洪水和猛兽的攻击之下救出。而被救出的12个哈尼人则在树上结为夫妻,组成了六个家庭生育了六群儿女。后来由于人口太多,树上不够居住,他们才从树上迁居树下。②

如果说天界或通天阶梯,以及想望快乐或族类认同,是汉画神树对原始人的树居生活和发情期交媾的快乐的"集体无意识"的记忆,因而就是原始宗教的体现的话,那么,汉画神树上所增加的其他内容如钱币、佛像,以及有关树的传说,则是一种有意识的画作,因而可以说是一种人为的宗教。

神树上面挂钱币,即"摇钱树",得到众多学者的探讨。从表面上来看,因树是作为升入天界的圣物,钱则意味着富有,可以说,树上挂钱即"摇钱树"的意蕴,就是寄托着人身后在天界或阴间享有富贵。但有的学者则认为,钱体现着汉代人的"天圆地方"的宇宙观,树上挂钱,就意味着借助于钱升天,因此,这里的"钱"应该像树本身一样是升天的工具。"'钱'是'钱树'上的主要纹饰,在此,它不应是财富的象征,而是取其外圆内方之形以示天圆地方之意,是天与地的象征,同时代表天与

---

① 张福:《我国西南民族的祭"竜"仪式》,《贵州民族研究》1992年第1期。
② 施荣华:《论西双版纳哈尼族神话》,《云南民族学院学报》1992年第2期。

地。圆璧只是天的象征,'钱'之外还要同时加上璧,是为了强调天的气氛。'摇钱树'在随葬时放置于棺顶等位置,表示墓主死后以'摇钱树'为媒介从地上升天成仙,与西王母等天上神仙共处。如果'钱树'上的'钱'代表财富供死者在死后使用,便不会再有在墓中另外葬入实用钱币的必要,事实上在随葬'钱树'的墓内,仍然有不少通行的五株钱发现,这就是很好的证据。"①这样解释似乎也有道理。但是笔者认为摇钱树上的钱与陪葬所用的实物的钱,其意蕴都是财富应该没错,其区别在于实物的钱是有数的,而摇钱树的钱是可以再生的,是无数的。这种无数正与祭祀时所祈求灵魂和富贵的永恒是一致的。因此,摇钱树与"经济因素"十分相关。各地出土的摇钱树上无一例外均有圆形方孔钱图像挂饰,甚至有的树座还浮雕有摇钱、击钱、挑钱的场面,如1980年宜宾市山谷祠汉代崖墓中出土的两件摇钱树座的下座两面即刻有不同题材的摇钱树活动场面。图1-14为该树座一面:中间一棵摇钱树,其右一人作左手握挑扁担、右手提钱的行走状,其下一人在以手接树上掉下之钱,其左一人左手执挑扁担、右手置于胸前,作走动状。图1-15为树座的另一面:摇钱树一棵居中,其右一人作右手摘钱,左手叉腰状,腰间系有搂钱的工具"耙子儿";其下一人左手摘钱,右手提钱;其左边一人双手所做动作与树下一人正好相反。此外,反映求财求富思想的动物图像也屡次出现在摇钱树中,如羊,或浮雕于树座,或悬挂于树枝。"从中可以看出,汉代人货币崇拜的气息与追求财富的想法是多么强烈!"②有学者指出:"汉魏的钱树便是晚于三星堆神树一千多年的相同祭祀用品,摇钱树即是神树的延续。摇钱树不仅是象征财富、表现古人金钱欲望的明器或民俗工艺品,还具有祭祀天地、鬼神、祖先的性质和功能,其文化的地方性、传统性是显而易见的。直到现代,在西南地区的云南省内的不少寺庙中仍可看到朝拜者常以纸扎之钱树供奉于佛前,问僧人何意,庙僧说这不是求财,而是敬神。"③这里的"敬神"应该说就是祈求永恒。

---

① 张茂华:《"摇钱树"的定名、起源和类型问题探讨》,《四川文物》2002年第1期。
② 周克林:《摇钱树为早期道教遗物说质疑》,《四川文物》1998年第4期。
③ 史占扬:《四川古代摇钱树及其一般性文化内涵》,《四川文物》1999年第6期。

图 1-14、图 1-15　宜宾市山谷祠汉代崖墓的摇钱树座两面

神树的传说,如吃枣可以长寿,甚至修道成仙,体现着本土宗教即道教的成长。出土于河南偃师县南蔡乡南蔡庄村的建宁二年(公元169年)汉墓,有《肥致碑》文,记载肥致在家乡"隐居养老。君常舍止枣树上,三年不下,与道逍遥",修成仙道,能瞬间千里取物。① 传世文献中这方面记载更多。《艺文类聚》卷67《果部下·枣》条记载:"《史记》曰:李少君以却老方见上。少君曰:臣尝游海上,见安期生,食巨枣,大如瓠。"又:"《真人关令尹喜内传》曰:尹喜共老子西游。省太真王母,共食玉门之枣。其实如瓶。"而《后汉书·方术传》也记载:"孟节能含枣核,不食可至五年十年。"所以有学者总结说:"在汉代,吃枣也是具有成仙功能的,是一种成仙的办法";"食枣,就是服长生不死之药";"住在树上是当时道士的一个标志"。② 笔者读明朝凌濛初的《二刻拍案惊奇》,注意到这样的事情:元朝年间山东的元自实在地下井中吃了芙蓉真人所赠送的"大梨一颗,大枣数枚",即顿悟前生,捐弃前嫌,一心向道,终于安享生活。③ 可见,枣与树是与道教修行分不开的道具。有学者甚至推测神树与道教的关系说:汉武帝杀掉方士五利之后,五利的后人辗转到成

---

① 河南省偃师县文物管理委员会:《偃师县南蔡庄乡肥致墓发掘简报》,《文物》1992年第9期。
② 汪小洋:《汉画像石宗教思想研究》,南京艺术学院2004年博士论文。
③ 凌濛初:《二刻拍案惊奇》24卷《井中谈前因后果》,太白文艺出版社1995年版,第433页。

都。其间或许在魏郡内黄停留,又追随张道陵入川。当张道陵父子创立道教时,五利的后代栾巴的侄子始终追随张道陵传道布经,并把它铸成铭文"五利后"。这就是今天所见到新津宝子山出土摇钱树上"五利后"的由来。就道教方面说,因其"以长生不死为追求的目标,而秦汉时的方仙道为道教之前身,故西王母、五利等神仙及得道者,都是信道者所尊崇的偶像"。又,1993年秋,成都北郊天回山(二十四治之首治——阳平治所在地)东汉砖室墓出土一件摇钱树(残),上铸有十分明显的星斗图。这些星斗图铸在摇钱树的方孔圆钱上。"这正是五斗米道所崇奉的五斗星图"。由此可见,神树当是道教的遗物。① 在这里,说神树与道教有关,打上了道家的烙印,当是没有疑义,但说是道教的遗物,则有点太过。因为道教之前,神树在人们的信仰中已经存在了。

神树上佛像的出现,则无疑是佛教传入中国之后,外来宗教和本土宗教相融合的结果。过去学者认为佛像传入很晚,佛像是取代原来的西王母位置而被画或雕入汉画像中的。由此认为西王母与早期佛像包括摇钱树佛像的关系,"是一种置换式的演变关系,即位于主尊位置的西王母,在一定的时空范围内,被置换成了佛像"。就是说,佛像一定晚于西王母。在四川东部丰都县镇江镇槽房沟9号墓出土一件覆斗形陶座,该座侧面所刻"延光四年五月四日作"的铭文,结合墓葬形制和伴出器物的时代特征可看出,出土佛像的9号砖室墓的年代是东汉延光四年(公元125年),证明该墓出土佛像是我国最早有确切纪年的铜佛像。由此可知,安县和城固枝叶佛像的年代当为东汉中期即2世纪初叶,是我国最早的佛像之一。②

有学者在谈到摇钱树及其上面的佛像等饰物时指出,这是与当时人们的"趋吉思想、吉祥观念"相关。这种观念从信仰"将万事万物加以区别,即相信一些物事能获得吉庆祥瑞,另一些物事则可以躲避灾祸邪祟。二者又是对立统一的,其终极思想目的则是趋吉避邪。摇钱树上的图像如西王母、羿、凤(朱雀)、辟邪、蟾蜍、玉兔、龙、虎、龟、蛇、鱼、象、狮、熊、犬、鹿以及灵芝、花叶、仙山等等,无不与吉祥观念有关"。当

---

① 鲜明:《再论早期道教遗物摇钱树》,《四川文物》1998年第4期。
② 何志国:《安县与城固摇钱树佛像的比较研究》,《敦煌研究》2004年第4期。

然,这些图像进而可划分为两类:"出于趋吉心理所致"的"积极的",即"有利于人的事物",如羿可求不死之药,凤凰的吉祥、富贵、安宁和昌盛意义,灵芝仙草的起死回生、延年益寿等等;"抵御、驱除、镇避"的"消极的",即"不利于人的物事",如西王母掌管瘟疫刑罚的"压胜",辟邪的"拔除不祥"、"承绥百禄",怪兽狰狞怪异驱除不祥之物。①

在这里,无论是趋吉或是辟邪,其实都是人们有意识的作为,体现着人为宗教的特征。尽管如此,由于古代中国强烈的人文主义气息所导致的宗教意识不浓,神树虽然与世俗所崇拜的金钱结合、与原始的道教相连,甚至与外来的佛教融合,但终其有汉一代,神树在社会上还没有完全成为宗教的教具,也就是说,宗教尚没有真正完全成为整个社会的信仰。因此,神树与世俗、宗教的结合,倒是体现着神树原始宗教信仰的衰竭和人为宗教的兴起。正如学者所指出:"'钱树'的数量和地域范围空前广大,经常性地出现于一般平民的墓葬之中,从而打破了对神树的神圣的畏惧,使之变成可以任意铸造、自由安放的一般性冥器和随葬品。这种世俗化和普遍化趋势,既反映了当时思想观念的解放和发展,也表明一种圣洁的原始宗教观念到这时已经衰落,产生了质变。此后不久,到南北朝以后,'钱树'建造之风迅速消失。以后各代零星存在的'钱树'遗物,已经失去了那些神圣的内涵,变成了单纯的求财意识。'树崇拜'在东汉经过昙花一现式的繁荣之后便走向了衰落。"又说:"东汉前后出现的大量'钱树',正是在原始宗教走向衰落,道教、佛教开始兴起,'树崇拜'观念发生变形转化时期出现的一种特有的文物。它既蕴含有大量的传统文化因素,又出现了许多反映时代特色的内容,在多种思想观念撞击与交锋之中,发展成为一种奇特的文物精华。"②如果这里所说的仅仅是"摇钱树",当属无疑;但若仅仅限于"摇钱树",就显得过于狭窄。因为"摇钱树"源自于远古的神树崇拜。

在民间意识中,神树仍然是原始宗教即巫术的道具。巫术借助于树木的奇特现象来猜测社会政治的发展趋向。一方面,若树木反常生长,则预示着政治的变故。案,《汉书·五行志中之下》:"惠帝五年十月,桃

---

① 高文、王建纬:《摇钱树和摇钱树座考》,《四川文物》1998年第6期。
② 赵殿增、袁曙光:《从"神树"到"钱树"——兼谈"树崇拜"观念的发展与演变》,《四川文物》2001年第3期。

李华,枣实。昭帝时,上林苑中大柳树断仆地,一朝起立,生枝叶,有虫食其叶,成文字,曰'公孙病已立'。又昌邑王国社有枯树复生枝叶。眭孟以为,木阴类,下民象,当有故废之家公孙氏从民间受命为天子者。昭帝富于春秋,霍光秉政,以孟妖言,诛之。后昭帝崩,无子,征昌邑王贺嗣位,狂乱失道,光废之,更立昭帝兄卫太子之孙,是为宣帝。帝本名病已。京房《易传》曰:'枯杨生梯(师古曰:《大过》九二爻辞也。梯,杨秀之始生者,音徒奚反),枯木复生,人君亡子。'"惠帝时的桃李树十月开花和枣树成熟,昭帝时的树叶显字,枯树生叶,都是昭示宣帝的诞生。又,《汉书·五行志中之下》:"成帝永始元年二月,河南街邮樗树生支如人头(师古曰:'邮谓行书之舍。樗树似杶。樗音丑余反。杶音丑伦反'),眉目须皆具,亡发耳。哀帝建平三年十月,汝南西平遂阳乡柱仆地,生支如人形(师古曰:'仆,顿也,音赴'),身青黄色,面白,头有须发,稍长大,凡长六寸一分。京房《易传》曰:'王德衰,下人将起,则有木生为人状。'"成帝时的"樗树生支如人头"预示着政权的旁落。又,《汉书·武五子传·广陵厉王刘胥传》:"胥宫园中枣树生十余茎,茎正赤,叶白如素。池水变赤,鱼死。有鼠昼立舞王后廷中。胥谓姬南等曰:'枣、水、鱼、鼠之怪甚可恶也。'居数月,祝诅事发觉,有司按验,胥惶恐,药杀巫及宫人二十余人以绝口。"枣树的干红叶白宣告汉武帝儿子刘胥谋反的失败。另一方面,若树木超常生长,则预告着吉事的眷顾。《后汉书·显宗孝明帝纪》:"是岁,甘露仍降,树枝内附(仍,频也。内附谓木连理也),芝草生殿前,神雀五色翔集京师。西南夷哀牢、儋耳、僬侥、槃木、白狼、动黏诸种,前后慕义贡献(《山海经》曰:'周侥国在三首国东,为人短小,冠带,一名僬侥。'《国语》曰:'僬侥氏三尺,短之至也。'杨浮《异物志》曰:'儋耳,南方夷,生则镂其颊,皮连耳匡,分为数支,状如鸡肠,累累下垂至肩')。西域诸国遣子入侍。"在这里,树木实际上成为巫术的道具。

## 汉画神树艺术及其影响

林木作为社会财富,在社会生活中日不可缺,而却日渐匮乏。此情此景,人们不仅在现实生活中渴求大量的林木,而且也把这种欲望诉诸理想,这就是在汉代建筑文化上充分运用林木的作用。概而言之,有如下三个方面。

其一,作为社会上的重要财富,树木成为生活中的主要配景。《后汉书》卷27《王丹传》:"王丹字仲回,京兆下邽人也。每岁农时,辄载酒肴于田间,候勤者而劳之。"《东观记》曰:"载酒肴,便于田头大树下饮食劝勉之,因留其余酒肴而去。"可见,在田间地头的树下小憩,吃点喝点,是当时社会生产劳动中的景观。如图1-16为四川渠县浦家湾的无名阙背面画像,雕刻着董永父亲坐在独轮车上,董永站在前面,一手执锄,一手正为其父扇风取凉。独轮车后面一大树,树上挂着两个水罐。① 又如图1-17为淮北田畴汉画像,画像中,左边的柏树上拴着一只犍牛;远处则是一望无际的田畴;地仙双手上举,站立在大地上。②《后汉书》卷7《孝桓帝纪·论曰》:"前史称桓帝好音乐,善琴笙。饰芳林而考濯龙之宫。"薛综注《东京赋》云:"濯龙,殿名。芳林谓两旁边树木兰也。考,成也。既成而祭之。《左传》曰'考仲子之宫也'。"显然,这是说在濯龙宫殿的道路两旁植上树木,当然主要是能够散发着香气的兰花树。图1-18为徐州铜山汉石画像,画面中为一屋宇,内有二人宴饮,屋外有二侍者站立门外,屋顶上有凤鸟,屋宇两侧为两棵树。③ 图1-19为山西离石墓门门楣画像,画面为辎车出行,路道旁边树木成行。④

图1-16 四川渠县浦家湾"董永孝父"　　图1-17 淮北田畴画像

---

① 《中国画像石全集》第7卷《四川汉画像石》图版第68,河南美术出版社2000年版。

② 高书林:《淮北汉画像石》,天津人民美术出版社2002年版,第77页。

③ 《中国画像石全集》第4卷《江苏、安徽、浙江汉画像石》图版第19,山东美术出版社2000年版。

④ 《中国画像石全集》第5卷《陕西汉画像石》图版第290,山东美术出版社2000年版。

一、汉画的神树信仰　35

图 1-18　徐州铜山汉石画像

图 1-19　山西离石墓门门楣画像

其二，作为升天或天界的象征，神树成为房前非常重要的构图，甚至是汉阙的前身。汉阙有城阙、宫阙、宅阙、庙阙和墓阙 5 种。而其中"城阙和宫阙在功能和结构上比较一致，都是作为一种等级标志，具有皇家的风格，既高大，又雄伟"。"城阙、宫阙和第宅阙都已经无实物留存，现存的实物都是祠庙阙和墓阙。"据专家考证，"目前设阙与否，既不受官职大小的限制，也不受官职有无的限制"。由此可见，墓阙的设置主要是体现精神的价值，即升天的愿望；而城阙、宫阙和宅阙是汉代庭院楼阁前的主要设施，其源头当是取自于神树的升天或天界的象征，其取意则是该家的主人生活在天界仙景。当然，源自于神树的汉阙有一个发展的过程。开始大概只有树，随后是树与汉阙并存，而后就只有汉阙了。如图 1-20 为山东枣庄汉墓画像，画面中间一楼房，楼上有鸟儿和小树，楼房两侧各有一树；①图 1-21 为山东平阴双阙画像，单檐双阙，阙两侧为树及墙，树梢上直立着鸟儿；②图 1-22 为济宁师专汉墓画像，重檐

---

　① 《中国画像石全集》第 2 卷《山东汉画像石》图版第 149，山东美术出版社 2000 年版。

　② 《中国画像石全集》第 3 卷《山东汉画像石》图版第 189，山东美术出版社 2000 年版。

双阙,双阙外侧的树木体量小,预示着树木逐渐退出门阙的装饰。① 有学者认为,阙出现于新石器时代。其前身是木栏的出口,以及"围栏缺口两侧修造了供瞭望和守卫的木楼","这种木楼应是阙的雏形"。②

图 1-20　山东枣庄汉墓画像

图 1-21　山东平阴双阙画像

图 1-22　济宁师专汉墓画像

其三,作为祭祀的圣物,神树的种植成为坟墓上的主要景观。《后汉书·虞延传》:"(光武)二十年东巡,路过小黄,高帝母昭灵后园陵在焉,时延为部督邮,诏呼引见,问园陵之事。延进止从容,占拜可观,其陵树株蘖,皆谙其数,俎豆牺牲,颇晓其礼。帝善之。"虞延管理高祖母的陵墓,陵墓上的树木棵数就算得很清楚。又《后汉书·赵咨传》记载赵咨遗书儿子身后薄葬,其中就有不在墓上种树的一项:"但欲制坎,令容棺椁,棺归即葬,平地无坟。勿卜时日,葬无设奠,勿留墓侧,无起封树。於戏小子,其勉之哉,吾蔑复有言矣。"赵咨在遗嘱中专门要求不要在墓上种树,可见当时在坟墓上植树是一种社会风尚。谢承《后汉书》曰:"方储,字圣明。幼丧父,事母。母终,自负土成坟。种奇树千株。鸾鸟止其上,白兔游其下。"《后汉书·王符传》批评当时的厚葬风气:"今京

---

① 《中国画像石全集》第 1 卷《山东汉画像石》图版第 106,山东美术出版社 2000 年版。

② 高文:《中国汉阙》,文物出版社 1994 年版,第 9、10、60 页。

师贵戚,郡县豪家,生不极养,死乃崇丧。或至金缕玉匣,檽梓楩楠,多埋珍宝偶人车马,造起大冢,广种松柏,庐舍祠堂,务崇华侈。"可见,种树于墓,是汉代人的时尚。如图 1-23 为四川雅安高颐阙画像"季札挂剑",描述季札遵守承诺,将剑挂在徐君墓前的树上,表示践徐君生前答应赠剑之约。①

图 1-23　四川雅安高颐阙画像

也许是因为树木在建筑中有着这么重要的作用,所以在画作中神树也就成为重要的内容,甚至已经形成稳定的风格,即使今天看来,也有着十分美丽的装饰效果。

树木在汉代社会中的重要作用以及由此所孕育的精神生活中的神树信仰,应该说,至今仍然有着相当大的影响。

作为社会的财富,林木仍然是社会最重要的、不可多得的、再生十分缓慢的财富。所谓"十年树木,百年树人",是把树与人放在同等重要的地位上看的。而随着对环境科学认识的深入,林木与周围环境的关系所构成的小气候,所形成的水土保护,越来越引起人们的重视。当代中国政府在西部所做的"退耕还林",可以说是这一认识的深化,也是对传统社会环保意识的承继和发扬。

作为信仰崇拜的对象,神树成为修身养性的栖息场所。首先是文人重要的休憩之地。竹林七贤图画所体现的,文人雅士总是与葱郁茂密的森林相交辉。其次也是道教修仙称道的道具。如吃枣食桃,吃仙果或人参等,成为成仙的重要途径。即使佛家,也把林木看做是重要的教仪。在敦煌莫高窟第 285 窟壁画上,画有山林动物。据学者分析,这是

---

① 《中国画像石全集》第 7 卷《四川汉画像石》图版第 88,河南美术出版社 2000 年版。

佛理的"众生世间"、"国土世间"和"五蕴世间"三世说之一的"国土世间","即器世间",就是指"有情所居的国土,如山河大地"。由此,佛家的山水画,"显而易见,直观地描绘着的山河大地、草木动物、禅庐禅僧,可以理解为就是寓意器世间,禅僧和各种动物就是代表居住在器世间的一切有情众生"①。

　　日常生活中,民间仍然有着众多的忌讳和讲究。儿时在家乡栽树,歌谣唱道:"前不栽桑,后不栽柳,迎门不栽鬼拍手。""鬼拍手"指杨树,因其叶片迎风呼啦,被认为是如鬼样拍手。这就是说,门前空地忌讳种桑树和杨树,因为"桑"与"丧"同,杨树与鬼相连;房后空地忌讳种植柳树,大概"柳"与"流"同,概言财富不能从后面走失。此外,关于桃木驱鬼的说法,至今仍然在社会生活中被人们所信奉。

---

①　梁尉英:《十二时兽更次教化——试说莫高窟第285窟等壁画山林动物》,《敦煌研究》1999年第2期。

## 二、汉画的螺女神话

　　晋安帝时,侯官人谢端,少丧父母,无有亲属,为邻人所养。至年十七八,恭谨自守,不履非法。始出居,未有妻,邻人共愍念之,规为娶妇,未得。端夜卧早起,躬耕力作,不舍昼夜。后于邑下得一大螺,如三升壶。以为异物,取以归,贮瓮中。畜之数日。端每早至野还,见其户中有饭饮汤火,如有人为者。端谓邻人为之惠也。数日如此,便往谢邻人。邻人曰:"吾初不为是,何见谢也。"端又以邻人不喻其意,然数尔如此。后更实问,邻人笑曰:"卿已自取妇,密著室中炊爨,而言吾为之炊耶?"端默然心疑,不知其故。后以鸡鸣出去,平早潜归,于篱外窃窥其家中,见一少女,从瓮中出,至灶下燃火。端便入门,径至瓮所视螺,但见女。乃到灶下问之曰:"新妇从何所来,而相为炊?"女大惶惑,欲还瓮中,不能得去,答曰:"我天汉中白水素女也。天帝哀卿少孤,恭慎自守,故使我权为守舍炊烹。十年之中,使卿居富得妇,自当还去。而卿无故窃相窥掩,吾形已见,不宜复留,当相委去。虽然,尔后自当少差。勤于田作,渔采治生。留此壳去,以贮米谷,常不可乏。"端请留,终不肯。时天忽风雨,翕然而去。端为立神座,时节祭祀。居常饶足,不致大富耳。于是乡人以女妻之。后任至令长。云今道中素女祠是也。

(《搜神后记》卷五)

螺女神话在民间得以广泛传播,至今依然脍炙人口。其实,远在汉代的画像中就已经有了螺女的形象,说明此一神话产生时间不会晚于东汉;而其主旨则折射着远古血缘群婚之后,女子走婚的生活情况。

## 螺女神话的类型及原型讨论

螺女神话一直受到民俗学者的重视。1933年,中国民俗学的鼻祖钟敬文先生撰写《中国民间故事型式》时,列出45个常见的类型,其中就有"螺女型"。1937年,德国著名的汉学家艾伯华先生编撰《中国民间故事类型》,也将其列为"第35田螺娘"。1978年,美籍学者丁乃通先生编撰《中国民间故事类型索引》时,将"田螺姑娘"列为AT400C型。

螺女神话的结构,学者虽然有不同的说法,但其基本结构大致上一致,包括如下几个环节:

"(1)有个人见到一只田螺,把她带回了家。

(2)田螺趁他不在家的时候变成了一个少女,又做饭,又打扫屋子。

(3)几天后他窥见这姑娘,上前拥抱她,娶她为妻。

(4)过了若干时间,妻子拿到被丈夫藏起来的田螺壳,便离家而去。"①

各种传说的版本大致雷同,只是在个别细节上,有的从简,有的则更为曲折复杂。但是在研究中,多数学者都同意将螺女神话与"天鹅处女"的传说相提并论,以期探求其原型真相,应该说,这种研究思路是极其正确的。

螺女神话的文献出处,学者们的意见也基本相同。即最早记载螺女神话的是西晋束晳(263~302)的《发蒙记》,晋宋时代的陶渊明(365~427)所撰写的《搜神后记》中的《白水素女》篇、南朝梁任昉(460~508)撰写的《述异记》,都同样记载了谢端与白水素女的故事,只是情节略有增减。这可以说是螺女故事的A系统。南朝宋人刘敬叔撰写《异苑》,讲述吴龛故事,说彩石化美女。任昉《述异记》予以收录。唐皇甫氏撰

---

① [德]艾伯华:《中国民间故事类型》,商务印书馆1999年版,第64页。

写《原化记》,其中收入吴堪(龛)故事,但讲的是螺化美女,其情节更为曲折复杂。宋洪迈(1123~1202)撰《夷坚志》,亦予以转述。明冯梦龙撰《情史》,加以修饰,更名为《白螺天女》。明代类书《说郛》和清代类书《古今图书集成》中也都简略记载吴堪龛的故事。《古今图书集成》并注明说:"按:此与谢端事相仿佛。"可见,吴堪(龛)的故事与谢端的故事同出一源。这可以说是螺女故事的B系统。进入20世纪之后,受西方文化的影响,学者们开始重视传统民俗文化的研究,于是螺女神话得到重视,不仅加以著录,而且对于流传于民间的活话本进行调查整理。据相关学者的统计,仅仅流传于浙江的当代文本A系统有16种,B系统有3种。① 可见,螺女神话流传之广且深。

依据文献所载和民俗学者的调查,螺女神话所产生的时间为公元4~5世纪之间。按照艾伯华的说法,"早期的表现形式是《搜神后记》中的《白水素女》,因此这类型可以追溯到公元5世纪"。而其"流传地区",学者也都一致认为是在南方、东南沿海一带。艾伯华说是"广东、浙江、江苏"②。刘魁立也推测说:"根据几位撰录者的主要活动地区来推断,把这三个文本(即《发蒙记》、《搜神后记》和《述异记》)流传和记录的区域确定为中国的南方,特别是福建以及长江流域的广大地区,或许是不会有什么问题的。"③

而螺女神话的文化意蕴究竟在哪儿?对此,学者们的分析研究可以说是仁者见仁,智者见智。归纳起来,有三种说法。(1)是禁忌说,即围绕着设禁→违禁→惩罚的情节序列展开。这有两种观点。一种认为通过人和异类的故事"隐喻""人与自然的矛盾、对立关系"④;"通过人与自然、男性与女性'二元对立'的结构模式,以禁忌主题的方式形象地呈现了人与自然之间既相互对立又相互依存的关系,包孕了人类应该善

---

① 刘魁立:《论中国螺女型故事的历史发展进程》,《民族文学研究》2003年第2期。
② [德]艾伯华:《中国民间故事类型》,商务印书馆1999年版,第65页。
③ 刘魁立:《论中国螺女型故事的历史发展进程》,《民族文学研究》2003年第2期。
④ 万建中:《一场关于人与自然关系的深刻对话——从禁忌母题角度解读天鹅处女型故事》,《北京师范大学学报》2000年第6期。

待自然的生态诉求"①。一种认为是体现了"性禁忌与偷窥心理"②。(2)是性意识说。有的学者认为"'螺'象征女性","与民间所蕴藏的生殖观念和潜性意识紧密联系在一起,反映出长期以来所积淀下来的民间文化的内涵"③。(3)是贤妻说。有的学者则认为,田螺姑娘形象体现了"社会美":是对"不落夫家"习俗抗争的"艺术体现";与龙女故事相较,同样体现了同社会恶势力的斗争,但更"主要是体现其预见性的智慧,由力的崇拜到智的称颂",因此"较之龙女形象具有更为广阔的社会美意义";是对"爱情的坚贞美"的体现。④ 有的学者认为这是"中国农民几千年来形成的心理愿望积淀而成的一种情结","是一种贤妻情结"。分析其原因,是由于农民的"对美的追求"、"对贤妻的渴望"、"对性的需求和宣泄"和"农民理想的家庭生活模式"等等。⑤ 以上这些探讨都有一定的道理,但显然都是从文学母题的角度讲的。在这里,笔者从历史学的角度,从螺女神话产生的深远社会条件,试做探讨。

## 从汉画螺女看螺女神话产生的时间和地区

学者们界定螺女神话产生的时间和地区,多是依据所记载的文献产生的时间。众所周知,由传说到文献的形成,是需要一个漫长的时期的。甚至历史上有的事件,一直处于口碑相传阶段,至今也没有形成文献。但不能由此而断定该事件就不存在。因此,文献记载的事件,其产生往往要比文献本身早,而其流传的地区也不一定就是产生的地区。由此可以推测,螺女神话所产生的时间一定会更早。2004年,我们在收

---

① 彭松乔:《禁忌藏"天机"——中国天鹅处女型故事意蕴的生态解读》,《民族文学研究》2004年第4期。
② 陈建宪:《〈白水素女〉"偷窥"母题发微》,《华中师范大学学报》1999年第3期。
③ 徐华龙:《中国螺女型故事中"螺"与"蚌"的象征意义》,《广西右江民族师范高等专科学校学报》1999年第4期。
④ 肖远平:《田螺姑娘形象的社会美——兼与龙女形象比较》,《西南民族学院学报》2001年第11期。
⑤ 郑士有:《中国螺女型故事与仙妻情结研究》,《民俗研究》2004年第4期。

二、汉画的螺女神话　43

集整理汉代散存汉画像石时，意外地发现了螺女画像，然后对照南阳汉画馆所收藏的相关汉画像，证明这一推断是正确的。

图 2-1　南阳汉石螺女画像　　图 2-2、2-3　南阳汉石端灯侍女画像

图 2-1 是南阳汉石螺女画像。这是一汉墓石柱上的画像。收集于南阳市宛城区。画面上是一少女，发髻高耸，发带飘扬；眉清目秀，十分秀丽；双手端举，优雅有致；下身蛇尾，弯曲六重，下带一螺壳。

图 2-1 螺女画像与图 2-2、2-3 端灯侍女画像相比，三个少女的面目都是清秀美丽，发髻皆为高耸，丝带飘逸。略有不同的是，螺女的发髻高耸之上为平顶，边缘为彩色的发网网着秀发，而端灯少女的发髻是直接从头升起，顶上为一锥形。此外，图 2-1 螺女与图 2-3 端灯侍女的脖颈纤细，似围有围巾，且手势也基本相同。图 2-4 是手执灵芝的

图 2-4　南阳汉石手执灵芝的女娲画像

女娲，秀丽的面庞和螺女、端灯少女相似，而发髻更为独特，在头顶柱子似的高高耸起，脑后则披着飘带；尤其是脖颈、手势与螺女几乎相同；而其下身之纤细、清俊，云气之缥缈，以及整个构图之质朴、苍劲，完全可与螺女画像媲美。这几幅汉画像不仅充分显示出南阳汉画像的"沉雄博大"的特征，同时也表明汉代艺人的人体艺术图像的制作技艺已经相当娴熟，其水平已经达到相当的高度。

因为图 2-2（征集于南阳县）、图 2-3（1956 年 10 月南阳市七里园画

像石墓发掘出土,西门柱画像)和图 2-4(征集于南阳县)都是有据可考的诞生于东汉时期的南阳画像石,据此可知,螺女神话的产生时间,不会晚于东汉;螺女神话产生的地区,首先是汉代的南阳地区。

根据南阳汉画馆牛天伟研究员的介绍,南阳汉画馆收藏螺女画像石有六幅。其中一幅是螺与三头兽(颛顼),一幅是螺与西王母,三幅是螺与应龙,一幅是螺女与应龙。鲁迅先生生前曾收藏的南阳汉画像中也有一幅螺女与应龙。

图 2-5 画面左为三头兽,下中为女娲伸出双臂走向三头兽,右上为螺,伸头而望,周围云气环绕。图 2-6 画面右边为螺,中隔星象与打坐在龙虎座上的西王母相望,左边为伏羲女娲交尾。这两块石都是墓顶石,说明画面上的三头兽、女娲、螺,都是想象中的天国或仙界的主人。正如学者所指出:"大螺被刻于墓顶,当表明水神大螺与河伯一样均被汉人奉为天界之'神仙'而加以崇拜。"①

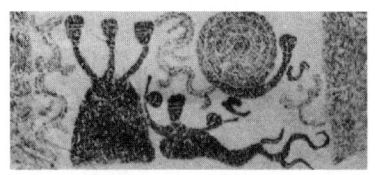 

图 2-5　南阳市邢营汉画像　　　图 2-6　南阳汉石螺与西
　　　"大螺·三头神"　　　　　　　　　王母画像

图 2-7、图 2-8、图 2-9 都是门楣石。三幅画面中前一幅的右边,后两幅的左边都是直立的螺,螺头微伸,头上的触角清晰可见,仿佛观望着什么,螺前右边是应龙,应龙张着嘴对着螺,右脚前伸,似乎触摸螺。所不同的是图 2-7 应龙与螺之间有一株仙草,图 2-8 后边为一神兽和虎,图 2-9 应龙后边则是一羽人拉着应龙的尾巴,似乎在戏耍。

图 2-10 是鲁迅先生生前收藏的南阳汉画像残片,画面中间是螺女,女上身已经化出,双手前倾,似乎迎接着面前的应龙,可惜应龙已残,只露其龙头和两只前脚;画左边则为白虎,也在张望着螺女的化生。图 2-11 是 1994 年南阳邢营魏晋墓出土的"螺女·应龙"画像,应龙为全身,可弥补图 2-10 应龙的残身,只是没有了白虎。这里的两个螺女,虽然是

---

① 牛天伟:《〈大螺·三头神〉画像考释》,河南省博物馆学会编:《博物馆学论丛》,中州古籍出版社 2003 年版。

半身,但是已经楚楚动人,清俊秀丽。

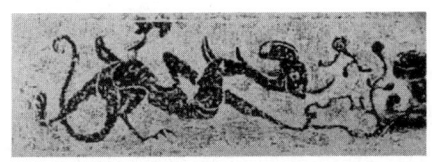

图 2-7　鲁迅先生收藏的南阳汉画像"人首龙·螺"

图 2-8　南阳汉石"大螺·应龙·神兽"

图 2-9　南阳汉石螺·应龙·羽人

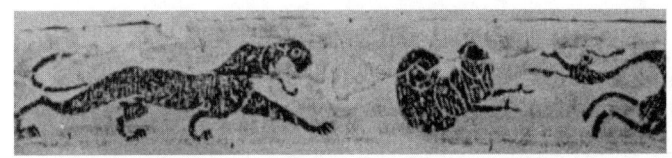

图 2-10　鲁迅先生收藏南阳汉画:"虎·螺女·应龙"

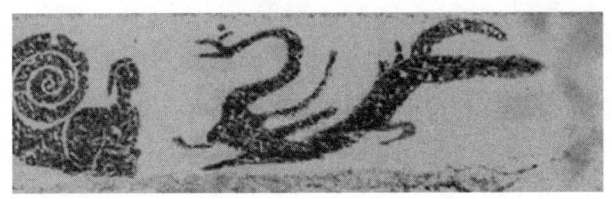

图 2-11　南阳市邢营 1 号魏晋墓"螺女·应龙"

在这里,如果我们把图 2-6、图 2-10、图 2-11、图 2-1 看做一种有机的顺序,那么,就可以看出螺女化生为美女的过程。更巧的是,螺女由天上到人间,在墓室中的位置似乎也经历了由高到低的过程,即墓顶、门楣、门柱。当然,如若反过来看,则又是一幅螺女由人间升入天堂仙界逐渐恢复原形的过程。如此说来,螺女神话的传说,应该诞生在东汉时期的南阳地区,已经是毋庸置疑的事情。其他地区虽然也有螺或螺女的汉石画像,但与神话中的螺女形象相去甚远。如图2-12为山东沂南汉墓中室的八角立柱画像,其中一立柱的最下端画螺手执长枪,似是一武士。① 图2-13为河南密县打虎亭汉墓螺女,左下角刚刚露出头部,一女子正在拉她出来;另一女子则背负大螺,螺女已从螺壳中化出大半身。② 这两个地方的螺女显然与螺女神话有一定的出入。

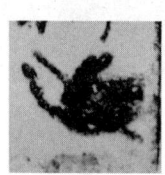 

图2-12　沂南汉墓八角柱螺女　　图2-13　新密市打虎亭汉墓螺女

其实,螺女神话最早的文献记载中,已经透露了此一故事产生于汉代南阳的信息。束皙的《发蒙记》、陶渊明的《搜神后记》和任昉的《述异记》讲到螺女时,都讲到主人公为"侯官谢端",讲到螺女自述为"我乃天汉中白水素女"。这里的"汉"就是汉水,加之以"天",无非是晓之以神圣而已。而"白水"就是指环绕南阳城区而后注入汉水的白河。东晋以前,白河称为淯水。"淯水[yu shui]。东晋为避简文帝司马昱讳改名白水。源出弘农卢氏县攻离山,东南过南阳西鄂西北,又东南过宛县南,又屈南过淯阳县东,又南过新野县西,西过邓县东,南入于沔。"③淯水更名为白河,沿用至今,除避司马昱之讳外,其主要的原因恐怕是因为此河的河床淤积了大量细如面粉的沙子之故:沙子浸水呈黄色,稍稍干燥即雪白雪白;河水因沙子沉淀而清澈透明,可见鱼翔浅底,水藻漂浮。在松软的白沙下面,蕴藏着丰富的水产:螺蛳、鳖、螃蟹、虾、鳝鱼、鲶鱼,等等。因此,生活于白水两岸的勤劳的人民,对于白河有着无限的遐思和期冀。这是诞生螺女神话的丰厚的土壤。2006年9月28日,笔者与

---

① 《中国画像石全集》第1卷《山东汉画像石》图版第221,山东美术出版社2000年版。

② 《中国画像石全集》第6卷《河南汉画像石》图版第100,河南美术出版社2000年版。

③ 南阳地区地名委员会办公室:《南阳地区古今地名图志(修订稿)》打印稿,第309页。

南阳师范学院特聘教授吴金榜先生陪同郑州大学历史学院的韩国河先生到湖北枣阳考察东汉刘秀故里的春陵城，得以了解枣阳也有河流叫白水，始怀疑此前所推测的"白水"为白河可能有错。据《枣阳志》记载，现在枣阳的滚河古称"白水"，"发源于大阜山，向西南流经兴隆。再南与昆河水会流，又西南流经吴店、梁集、琚湾、蔡阳，在楸树井南出境，经襄阳县的张集、孟集，至唐店西注入唐白河"。在今枣阳市吴店镇东五里有村庄叫"皇村"，"为光武故宅基址"，"村后小山拥抱，村前白水（滚河）环绕"；吴店镇西南狮子山上曾建有"白水寺"，为"乡人祀汉光武，明宣德中，僧真隆改以正殿供佛，依西南偏三楹祀汉光武，旁列云台诸将木主"。① 笔者在考察中还发现，在今皇村村头，残存着很多被剥去肉后所留下的螺壳。由此，"白水素女"中的"白水"，也有可能是现在湖北枣阳的滚河。果如是，则可否这样解释：曾经诞生于此而后发祥于南阳的刘秀乡人"素女"，为追求真爱，步着刘皇叔的后尘，来至南阳，在城郊遇到年轻英俊、破落贵族后代的谢端，于是演绎了一段千古佳话。可见，无论"白水"是南阳的白河或是枣阳的滚河，都不能改变"白水素女"神话发源于南阳的事实。②

至于主人公"谢端"，因其冠以"侯官"，所有的学者皆因此以为是福建的侯官，似乎也有道理。但是所谓"侯官"未必是地名。"侯"在汉代是表示职官等级的爵位。汉代封爵分为王、侯两种，侯又分为县侯、乡侯、亭侯三种。主人公"谢端"被冠以"侯官"而没有明确说明是哪一种，有可能是因为主人公是世袭侯位，但家道中落，成为孤儿的缘故。东汉光武帝刘秀是在南阳发家的，东汉时即有"洛阳帝都多近臣，南阳帝乡多贵戚"的说法。这说明我们推测谢端是破落贵族有可能是对的。另外，"谢端"家世的来源，也就是说，"谢"姓的缘起本在南阳。传说黄帝二十五个儿子，有十四人得到姓，其中有"任"姓。《世本·姓氏篇》载："任姓，谢、章、薛、舒、吕、祝、终、泉、毕、过。"孔颖达疏："言此十国，皆

---

① 湖北省枣阳市地方志编纂委员会：《枣阳志》，中国城市经济出版社1990年版，第55、508—509页。

② 《枣阳志》中把李白《游南阳白水登石激作》诗说成是吟咏滚河岸畔的"白水寺"，显然也没有区分清楚"白水"在两地的差异。因为唐代的南阳白河确实已经叫做"白水"。据资深的南阳学者介绍，枣阳市将滚河改名为"白水"，是1978年以后的事情，目的是印证刘秀出生于此。因为南阳诸葛庐有对子曰："真人白水生文叔。"

任姓也。"考谢姓最初就分封在今南阳市宛城区的涧河。涧河先秦迄于元代一直称谢水。可知这里是谢姓的发祥地。"在今南阳、唐河、新野三县毗邻一带。发源于今南阳县（今宛城区）汉冢乡袁营附近。向南穿南阳、唐河、新野三县毗邻地汇入唐河。谢水流域古为黄帝任姓子繁衍10族中谢族生息地，后为奴隶制小国。国因人名谢。金大定二十八年（公元1188年）为邓、唐二州界河，此后，谐音称涧河。"[1]而谢水也是出产螺蛳的重要区域，且距离白水不远。螺女故事产生于此，自毋庸赘言。公元前688年，楚文王二年，谢国最后仍然被楚国所灭，嗣后秦灭楚，东汉末年曹、刘争夺荆州，以及后来东西晋和南北朝之间的杀伐征战，南阳始终是战争的前沿，于是当地居民为避战乱，纷纷逃离故土，迁居南方。谢姓家族由此开始了南下的历程，有的甚至成为隐居山间的少数民族。这样，也就把螺女神话带到了南方、东南的一带，加之水乡泽国，螺蛳多产，螺女的故事自然也就纷纷流传开来。而其原产地的南阳，似乎却被遗忘了。

  南阳地处中原，周围伏牛山、大别山环绕，山势陡峭，群峰高耸；内地则平原辽阔，土壤肥沃。自远古至于汉末，很少征战。这里的人民一直过着和平安宁的生活。奇异的环境和安逸的生活，加之浓郁的传统，正是神话传说滋生的沃土。大约与螺女传说的同时，在这里产生了牛郎织女的故事。据学者考证，牛郎织女故事原型有二。一是流传于汉水附近的襄阳的郑交甫和江妃二女的神话传说。汉刘向《列仙传·江妃二女》记载，郑交甫途经襄阳的汉皋台，与汉水中的两位神女相爱，神女解下佩玉送给他。二是《诗经·周南·汉广》篇所描述的商周时期汉水流域淳朴自然的民风。少女在汉水里沐浴，对面的男子遥遥相望，生出无限的情思："汉有游女，不可求思。汉之广矣，不可泳思；江之永矣，不可方思。"此外，著名的天文学家张衡以及南阳汉画像石中大量的天文画像，都说明当时南阳民间有研习天文现象的传统。天上的银河就是汉人比附汉水，因称"云汉"、"天汉"。加之农桑的发达，盛产丝绸和南阳黄牛，这一系列因素，就构成牛郎织女故事的"历史地理渊源"。[2]

---

  [1] 南阳地区地名委员会办公室：《南阳地区古今地名图志（修订稿）》打印稿，第305页。

  [2] 华汉文：《"牛郎织女"流变考》，《中南民族大学学报》2005年第4期。

笔者生长于白河岸边的钓鱼台村郑小庄。幼年生活在一个其乐融融的大家庭里。其时,每逢饭时,爷爷就给年长的兄长们讲三国,说封神,话西游,品唐讥宋(用我爷爷的话说就是"脏唐乱宋")。可惜我年纪太小,当时是一点也听不懂,只知道那是在说"古经"。而我所能懂的,也是最愿意听的,则是两位叔叔和一位姑姑所讲的"瞎话"。现在明白,那时叔叔和姑姑所讲的"瞎话",就是今天所说的神话、传说、寓言或童话。那其中就有螺蛳姑娘的故事。年纪稍长,堂兄中有一个比较精明的,经常下白河摸螺蛳,然后将螺蛳壳打碎,用螺蛳肉喂鸭子。同龄的伙伴包括我在内为此对这位堂兄非常不满,一边讲着螺蛳姑娘的故事,一边私下嘀咕堂兄太"势利"。现在想来,当时大家对堂兄之所以鄙睨,可能就是他打碎螺蛳喂鸭,不仅仅是那螺蛳痛楚的蜷缩的雪白肉体引起我们的恻隐之心,更主要的是他打碎了我们心中对螺蛳姑娘的美好的企盼。很遗憾的是,这一流传在白河岸边的美丽神话,竟然没有能够引起缙绅先生的注意,所以在南阳民间故事或神话传说的相关著作中,反而没有螺蛳姑娘的消息。1980年以来,随着经济的发展,工程建筑大量使用沙子,家乡东北白河西畔的两个大沙岭早已荡然无存,而且整个白河河床里的沙子业已被挖掘殆尽。即便今天,为修筑郑襄高速公路,还在肆意开采河沙。家乡那段垂柳依依、白沙熠熠、清水涟涟的秀丽的白河现如今已经成了泥河、脏河。而螺蛳姑娘美丽的神话传说也将随着现代文明的侵蚀消逝在采沙机器的隆隆轰鸣声中。

## 螺女神话所透露的远古婚俗

产生于汉代南阳的螺女神话随着谢氏的迁徙而流传江南各地,同样类型的"天鹅处女"故事在世界各地则以不同的版本出现。这就说明,螺女神话所表现的女子私奔的婚俗,可能是远古婚俗变革过程中的一个重要的阶段或环节。这一推测,正符合荣格"集体无意识"的观点。按照荣格的意思,螺女神话也好,天鹅处女传说也好,都应该是远古集体生活所形成的"无意识"在后世的映射。那么,螺女神话体现了远古人类的哪些婚俗呢?

应该说,在人类婚俗形成的初期,女性占据着主导的地位。由群婚向对偶婚的过渡中,首先是女性发情期的丢失。在群婚阶段,只有到春季或秋季果实成熟的季节,女性由于自然的选择,才会发情,形成集体在林木下群交的情形。随着食物索取的艰难,男子在生活中愈来愈重要,男子由于寻求食物而返回的时间也变得扑朔迷离,女子为适应这一变化,只能将原来一年一度或二度的发情期变成随时恭候男子临幸的状态。英国著名的社会学家和心理学家C.R.白德库克指出,"女性性周期的存在""最不适宜于狩猎原始人在实践中避免乱伦"。他分析说,始终有性欲的男子如果狩猎归来,而自己的妻子恰恰发情期过去,那么他势必会寻找其他处于发情期的女子,"当自己的女性(一个或多个)没有情欲来潮时就会把兴趣转向其他女性"。如此不仅提供乱伦的机会,而且还将破坏狩猎男子的"靠平均分配女性才能保持群体的团结"。这样就迫使女性生理的变化,即"尽管她们的荷尔蒙分泌同样也有周期性,但没有任何明显的性感受的高峰,而是始终保持性感受力",就如男子一样,"在整个性周期里都具有性欲",具有"持久不间断的性感受力"。①

女子身体的变化是在不知不觉中进行的。伴随着这一变化的,是女子性的觉醒。由于本氏族内一起生活的男子过于熟悉和熟视无睹,加之过去非发情期期间所自然形成的内部禁忌,女子出于性的满足和生育后代的要求,自然地要寻求其他氏族的男子以交媾。于是就出现了女子率先走婚的情况。可见,被后世传为美谈的"天降仙女"或"仙女下凡"的故事,实际即渊源于此。同样的故事在其他少数民族中也有。如《后汉书·南蛮西南夷列传》记载,"哀牢夷"即氐族、羌族的祖先是少女沙壹捕鱼时,触摸了水中的龙变化的沉木而孕育了后代。"哀牢夷者,其先有妇人名沙壹,居于牢山。尝捕鱼水中,触沉木若有感,因怀妊。十月,产子男十人。"

人类初始,女子不仅在性生活中处于主导地位,在食物获取和生存能力如医药卫生方面,也是最先获取经验和知识的。"如果说在人们熟知已久的'男耕女织'模式背后还潜藏着一个更为古老的'女耕女织'模

---

① [英]C.R.白德库克:《人类文明演进之谜——文化的精神分析》,顾蓓晔、杨在勇译,浙江人民出版社1992年版,第66页。

式,对于不明真相的人来说,或许会以为危言耸听。然而,人类学研究不断证明,施密特、汤姆森等人坚持的女性发明农耕说是不无道理的。"①传统文献中所说的"素女"传授医药、兵法、性知识,都说明女性在人类生活中的决定作用。《列女传》卷1记载说后稷的母亲姜嫄是种植庄稼的能手,后来教会后稷种植百谷:"姜嫄之性,清静专一,好种稼穑。及弃长,而教之种树桑麻。"人类学和民族学的材料也证明了这一点。如现代瑶族妇女多精通中医药,"我们瑶家吃草药就像吃饭一样,女人是烧饭洗衣的人呀,女人就会晓得更多嘛。男人间不说这个话,就不晓得啦,女人个个都晓得一些,她们聚在一起唱歌也会学到的"②。由此,螺女神话中螺女能够带来粮食,并有神奇的法力战胜邪恶,可以说是女性在远古社会生活中主导地位的折射。

至于仙女以何种身份,是"鸟羽",还是"螺女",抑或是"虎女",完全取决于女子所处的氏族的周围环境,一言以蔽之,取决于该女子的氏族标志。一旦这一标志丢失,女子回到本氏族就不被认可,所以在女子没有拿到"羽毛"、"螺壳"或"虎皮"之前,即所谓的"禁忌"没有被打破以前,她只能与所选择的男子过生活,而只要她获取这一标志,即所谓的"禁忌"被打破,她马上就离开,逃回自己的氏族去了。可见,"羽毛"、"螺壳"或"虎皮",就像今天的身份证或护照,是个人身份的体现,是族类认同的共同标志。有的学者认为"天鹅处女"为巫女,而其"羽毛"为巫术的道具。"同女鸟'衣毛为飞鸟'近似,巫也往往用鸟通灵或巫本身即作羽饰鸟形";"女鸟来源于女巫;巫的性别、装束、法术和祭祀是生成女鸟故事的民俗文化本源"。③ 可以说,这种认识已经逼近历史的真相。但把传说中的仙女都看成为巫,显然是把"泛灵论"变成了"泛巫论"。

试想远古的人类生活,各个氏族散布在苍茫的田野或林丛之中,男子外出谋取食物;女子守着草棚或山洞,一边照看着老人和孩子,一边准备着食品;而成熟的少女怀着青春的骚动,悄悄离开家园,寻找着自己的挚爱。当她们一旦受孕,即悄然返回家园,等待着新生命的分娩。然后编造着离奇理由,向族人述说自己受孕是因为吃了天鸟的蛋,《诗

---

① 叶舒宪:《高唐神女与维纳斯》,陕西人民出版社2005年版,第40—41页。
② 吕铁力:《生育人生》,华夏出版社2002年版,第35页。
③ 李道和:《女鸟故事的民俗文化渊源》,《文学遗产》2001年第4期。

经·商颂·玄鸟》："天命玄鸟,降而生商。"《史记·殷本纪》："殷契,母曰简狄,有娀氏之女,为帝喾次妃,三人行浴,见玄鸟堕其卵,简狄取吞之,因孕生契";或者是踏上了大人的足迹,《拾遗记》:"神母游其上,其青虹绕神母,久而方灭,即觉有娠,历十二年而生庖牺。"《路史·后记》注引《宝椟记》:"帝女游华胥之渊,感虹而孕,十三年而生庖牺。"从而讳饰自己曾经与陌生的异族少年私通的欢乐。

当然,也有女子在走婚中付出了沉重的代价。比如《山海经·北山经》记载说炎帝的女儿精卫,就不小心掉入水中溺死,"游于东海,溺而不返,故为精卫,常衔西山之木石,以堙于东海"。

后来的哲人老子深谙远古人类生活,并借以论述世界万物的起源。《老子》第42章:"道生一,一生二,二生三,三生万物。"后世多少学子对"道"的意蕴争论不休,至今没有定论。其实,按照老子的原意,"道"就是路,就是指女子寻求配偶所踏上的幸福路。茫茫大地有了寻求配偶的成熟少女即所谓的"一",才有了他所寻求到的配偶即所谓的"二",男女的结合所生育的儿女即所谓的"三",儿女将继续孕育生产万千的子孙即所谓的"万"。由"近取诸身"到"远比诸物",所以老子说世界上任何事物都有自己的源头和规则。各种事物的源头和规则本性一致,形式各异其趣。所以《老子》第1章说:"道可道,非常道;名可名,非常名。"这就是说,任何事物的产生和发展都有其自身的规则,就像人类的产生和发展是始祖少女寻求配偶而必须奔走在辽阔山野的道路上,然而又不是始祖少女所走的路,而是事物自身所遵循的规则。由此,老子思想深处,有着深刻的女性崇拜意识。"在老子的意识中,宇宙万物的出现不是男性创世神'造'的结果,而是作为'道'的大母神'生'的结果。"①考古发掘证明老子的女性崇拜是远古人类的普遍现象。图2-14为奥地利威林多夫的女神像②,图2-15是印度巴尔湖特堵波出土的站在大象上的药叉女丘拉科卡女神(公元前2世纪),图2-16是印度桑奇大塔东门的药叉女,图2-17则是辽宁红山文化遗址所发掘的裸体孕妇像,这些女神雕像说明远古时代普遍存在着极其浓郁的女神崇拜。

---

① 叶舒宪:《老子与神话》,陕西人民出版社2005年版,第171—172页。
② 邓福星:《艺术前的艺术》附图4,山东文艺出版社1986年版。

二、汉画的螺女神话 53

图 2-14　奥地利威林多　图 2-15　印度药叉女丘　图 2-16　印度桑奇大塔
　　　　夫的女神像　　　　　　　拉科卡女神　　　　　　东门的药叉女

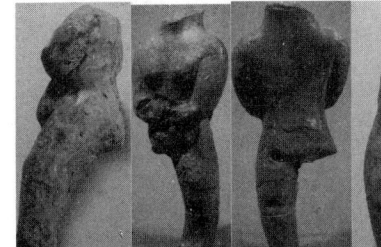

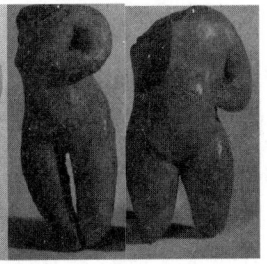

图 2-17　红山文化裸体孕妇像

　　总起来说,螺女神话透露了远古人类婚俗的消息。如果说发情期的群婚是人类婚姻的第一阶段,那么,成熟少女或少妇奔波寻求配偶当是人类婚姻的第二阶段。发情期的群婚应该是一种不分内外的杂交,其间难免血缘交媾;而女子的出走则表明婚姻渐趋合理,即彻底排除血缘内婚,走向外婚制。可以说,这是一个历史的进步。

## 螺女神话所体现的两汉风尚

　　作为远古人类婚俗的记忆,螺女神话在汉代被唤醒,而不是其他的时代,显然是与此时的社会风尚有关。叱咤风云的秦皇汉武,求仙好道,谋求长生,影响所及,修道成仙成为汉人的时尚。汉代政治统治的理论基础儒家思想,也因孔子试图借祭祀祖宗来推行礼治而暧昧于鬼神信仰,加之儒家的思想基础《易》本身又蕴含有神秘的色彩,而春秋战国以来所形成的阴阳五行思想此时也广为流传,深入人心,于是天人合一、天人感应的思想主宰着汉代社会。汉人尊鬼敬神,相信万物有灵,讲究禁忌,动辄祈福。所以,当时指导人们言行的"日书"颇为流行。繁杂的禁忌和对幸福的迫切渴望构成汉人既积极进取又丰富多彩的精神世界。他们探求着宇宙和自身的奥秘,又幻想着天外飞来的幸福。这样,在繁华的都市宛城,有着孜孜不倦观察天体变化和地震动向的张衡和冥思苦想医治百病的张仲景,在城郊,则有着面朝黄土背朝天勤奋耕耘在田野却又有着无限思绪的农民。由此,原始记忆的种子有了温润的土壤,螺女神话因此而诞生。就此而言,郑士有先生所分析得十分精确。他说,"仙女代表天,农夫代表人,他们的成亲有一种完美结合的寓意",即"中国古代天人合一理念的形象化反映";又说:"螺女贤惠、机巧、智慧,帮助丈夫克服贫困,积累财富,战胜各种困难。"这正是"一直生活于社会的最底层,不仅地位低下,生活也没有保障"的"广大农民"的"最大的心理愿望"。①

　　汉代是一个尊崇女性的时代。当时统治阶层中的女性,如吕后、窦太后、梁太后,都是指斥天下、权倾朝野的铁腕人物;儒家礼治思想的贯彻实施,讲究三纲五常,注重夫唱妇随,也相应的提高了女性的地位;谶纬的产生和流行,加深了阴阳五行观念在生活中的影响,更注重阴阳协调。具体到生活中,就是崇拜女性。由此,汉砖石画像中出现了不少的少女形象,如上述的端灯少女和女娲画像,可以看做是这些走婚少女的象征。此外,在螺女神话产生的故乡南阳,尚有诸多这样的少女汉画像。如图2-18是1972年河南南阳卧龙区石桥镇出土汉墓主室门南侧柱画像,画面为少女梳高髻,着细腰深衣,双手捧奁而立。时间为东汉。② 图2-19是1972年河南南阳卧龙区石桥镇出土汉墓主室门中柱画像,画面为少女梳高髻,着长衣,双手合长袖而立。时间为东汉。③ 图2-20是1956年河南南阳卧龙区七里园出土汉墓门柱画像,少女高髻长袍,左手提卣,右手端奁,侧身恭立。时间为东汉。④

---

① 郑士有:《中国螺女型故事与仙妻情结研究》,《民俗研究》2004年第4期。
② 《中国画像石全集》第6卷《河南汉画像石》图版第120。
③ 《中国画像石全集》第6卷《河南汉画像石》图版第121。
④ 《中国画像石全集》第6卷《河南汉画像石》图版第126。

二、汉画的螺女神话 55

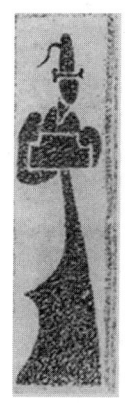  

图2-18 南阳石桥镇汉墓主室门南侧柱画像　　图2-19 南阳石桥镇汉墓主室门中柱画像　　图2-20 南阳七里园汉墓门柱画像

对于女性的崇拜最为明显和突出的是崇拜人首蛇身的女娲形象。由于对传世文献可信度的认识差异,对最早记载女娲的文献很难有一致的意见。多数学者赞同《楚辞·天问》屈原的质疑为较早:"女娲有体,孰将制之?"再就是被认为是汉人著作的《山海经·大荒西经》:"有神十人,名曰女娲之肠,化为神。处栗广之野,横道而处。"这样,女娲的出现当是在战国末年。《说文·女部》:"娲,古之神圣女,化万物者也。从女,咼声。"今人依此提到的《籀文》"娲从㕣",说《史籀篇》是周宣王时太史籀所作,这样,"就完全可以否定女娲神话最早见于《天问》的说法,把记载女娲神话的历史上溯四百年左右"。① 至于女娲名号的来源,也有不同的意见。闻一多先生《伏羲考》认为,女娲是葫芦的化身,女娲之"娲"在许多书中读作"瓜",女娲又称作"包娲,以音求之,实即匏瓠","匏瓠与匏瓜皆一语之转"。王孝廉先生认为女娲是嬴姓氏族的始祖女神。嬴同蠃,通于娲,通于螺,女娲是蜗牛神。也有学者认为"娲"与"蛙"相通,女娲神话源自于蛙崇拜。因为"蛙的叫声和婴儿的哭声有些

---

① 王增永:《女娲神话考释》,载其作:《华夏文化源流考》,中国社会科学出版社2005年版,第66—94页。

相同"①。或因中医界把女阴口称作蛤蟆口。② 以上这些观点在王增永先生看来,都把某种动植物看做是生殖崇拜的象征,"事实却恰恰相反","人对自身的生殖崇拜,是一切生殖崇拜的文化之源"。据此,王先生从女娲的"娲"的声训"呙"着手,指出《说文》"呙,口戾不正也"的"口是女性生殖器的象征";而"冎"的本意是"人架骨","转化成一个略带蹲意、站立着的人体形象";据此,"呙的形体基本上是一个正面站立、双脚稍微叉开,故意显露阴户的女祖神形象。'口戾不正'是其阴户大开,形态略有变异的呈现"。又,"冎是人架骨",原始人存在着祖骨崇拜,"娲由崇拜祖骨而来","女娲是一个因祭神而献身的女祖先"。作为祖先崇拜的偶像,女娲的神性体现在她的人首蛇身形象。所以汉砖石画像中的女娲形象多是人首蛇身。诸如:(1)山东莒南县北园镇东屯村孙氏阙左侧画面下部,雕刻着人首蛇躯图像,似是女娲画像,时间为东汉章帝元和二年(公元85年)。见图2-21。③ (2)1982年山东滕州市岗头镇西古村出土门柱画像,浅浮雕,正面雕有羽人格斗、武士、人物等,左侧面刻有人首蛇尾双手擎举圆球,圆中刻有蟾蜍,时间为东汉晚期(公元147—189年)。编者标题为"羽人格斗、常羲捧月画像",显然是错的,应为"女娲捧月"。见图2-22。④ (3)1972年山东临沂市白庄出土画像石,上面为女娲蛇尾,左手执箫,右手执矩,胸部刻月轮,月轮中有玉兔捣药和蟾蜍;女娲右侧有朱雀和仙人;下部为大树,树上有二鸟争鱼,树左一人执竿捣鸟,树右一人摇树。时间在东汉。见图2-23。⑤ (4)安徽濉溪县古城出土画像,兽面蛇躯,头戴胜饰。编者认为,"此像鲜见,可能是女娲又一种面目像",时间东汉,见图2-24。⑥ (5)1983年河南南阳卧龙区王庄墓出土的墓顶石画像,画面人首蛇尾,双手擎举月轮,月中有

---

① 杨堃:《女娲考——论中国古代的母性崇拜与图腾》,《民间文学论坛》1986年第6期。
② 张自修:《骊山女娲风俗及其渊源》,载《山西民俗学研究资料》第1辑。
③ 《中国画像石全集》第1卷《山东汉画像石》图版第3,山东美术出版社2000年版。
④ 《中国画像石全集》第2卷《山东汉画像石》图版第190,山东美术出版社2000年版。
⑤ 《中国画像石全集》第3卷《山东汉画像石》图版第23,山东美术出版社2000年版。
⑥ 《中国画像石全集》第4卷《江苏、安徽、浙江汉画像石》图版第205。

蟾蜍,周围云气升腾,左上三星相连,右下二星相连。编者题名为"常羲捧月",显然错误,当为"女娲捧月"。时间在东汉。见图 2-25。① 王逸注《楚辞》说"传言女娲人头蛇身,一日七十化"。其因在《说文》中,蛇与它是一个字,与表示女阴的"也",形象一致,可以互通。"在原始人的眼里,吐信的蛇口,特别像女性阴门的形状。光滑如水的蛇躯,近似于人类的裸体",这样,蛇"成为女性生殖器官的象征"。②

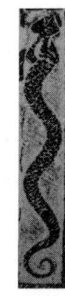
图 2-21　山东莒南县孙氏阙女娲画像

图 2-22　山东滕州市"女娲捧月"画像

图 2-23　山东临沂市白庄女娲画像

图 2-24　安徽濉溪县古城的女娲画像

图 2-25　南阳卧龙区女娲画像

---

① 《中国画像石全集》第 6 卷《河南汉画像石》图版第 154,河南美术出版社 2000 年版。

② 王增永:《女娲神话考释》,载其作:《华夏文化源流考》,中国社会科学出版社 2005 年版,第 66—94 页。

大量的少女和女娲画像说明汉代社会十分流行女性崇拜的风尚。《论衡》："俗图画女娲之像为妇人之形,又其号曰'女'。仲舒之意,殆谓女娲古妇人帝王者也。男阳而女阴,阴气为害,故祭女娲求福佑也。"受此影响,谙熟汉代历史的南朝宋人范晔,虽然在私生活中极其鄙视女性,但在著作《后汉书》时,专列《烈女传》,一味称颂女性是治国安家的栋梁。所谓"贤妃助国君之政,哲妇隆家人之道"为"德尚"、"徽美"。可以说,正是对女性的崇拜,才孕生了螺女、织女的美丽故事。

　　如上所述,在天人感应和谶纬的影响之下,汉人相信万物有灵。甚至不断辩解鬼神为"虚妄"的王充也说,凡是太老的物体就会成精变怪。《论衡·订鬼》："夫物之老者,其精为人;亦有未老,性能变化,象人形。"《后汉书》记载树木成精的事。卷82《方术传下·解奴辜传》："章帝时有寿光侯者,能劾百鬼众魅,令自缚见形。其乡人有妇为魅所病,侯为劾之,得大蛇数丈,死于门外。又有神树,人止者辄死,鸟过者必坠,侯复劾之,树盛夏枯落,见大蛇长七八丈,悬死其间。"卷104《五行志二·草妖条》："中平中,长安城西北六七里空树中,有人面生鬓。"既然万物都有着灵魂,都会向善,那么,老天自然也会关顾心地善良、一穷二白的小伙。于是,被哥嫂赶出家门的牛郎有了天上下凡的仙女做老婆,而孤苦伶仃的谢端当然也就有了漂亮的螺女来烧饭洗衣。

## 螺女神话所折射的男子性幻觉

　　远古成熟少女离开家乡寻求配偶的行为,作为集体无意识的记忆,遭遇到汉代信仰万物有灵、老物成精和崇拜女性的风尚,就被唤醒为螺女神话而重新显现出来。可以说,这是历史与时代融合的结晶。正如学者们所指出的,螺女神话的类似传说,累世迭出,代不绝书。在艾伯华所编著的《中国民间故事类型》中,就有几例与螺女神话类似的故事,而在清朝蒲松龄的《聊斋志异》中,此一类型的故事可说举不胜举。此择几例列表如下。

## 二、汉画的螺女神话

| 名称 | 天鹅仙女 | 画中人 | 虎妻 | 葛巾 | 竹青 |
|---|---|---|---|---|---|
| 故事情节 | (1)一个穷青年在河边见到几个仙女。<br><br>(2)他把其中一个仙女的衣服拿走,她就成了他的妻子。<br><br>(3)若干年后,她找到了她的衣服,跳回天界。<br><br>(4)丈夫去追她。<br><br>(5)天神下令将他俩永远分开,每年只能会一次面。 | (1)一个穷人得到一张美女的画,他诚敬地供奉这幅画。<br><br>(2)有一天他回家时,饭都做好了。<br><br>(3)他暗地窥视从画上下来的美女,把她抱住,娶她为妻。<br><br>(4)过了很久,当生下几个孩子后,妻子又回到画中了。 | (1)一只雌虎到一个孤独的男子处,成为他的妻子。<br><br>(2)另一人(或这男子本人)藏起了虎皮,虎妻遂变成了人。<br><br>(3)过了许久她又得到被藏匿的皮,重又变回原形逃跑了。 | (1)常生偶遇仙女葛巾,相思而病。葛巾送药医治。<br><br>(2)二人私订终身,相携归家。葛巾介绍妹妹玉版嫁其弟。<br><br>(3)葛巾与玉版喝退盗寇。各生一子。<br><br>(4)常生暗地调查,知道葛巾和玉版都是花妖。<br><br>(5)葛巾、玉版弃儿于地,同时消失。二儿落地不见,后生成紫、白两株牡丹。 | (1)鱼客困顿时得乌相助化为黑乌,与乌竹青"雅相爱乐"。<br><br>(2)鱼客思念竹青。竹青化人与之相会,并携鱼客至汉阳。<br><br>(3)鱼客探家而归,竹青生儿。<br><br>(4)鱼客往返于汉阳和洞庭之间,竹青又生儿女。<br><br>(5)竹青为儿娶神女"厄娘"。鱼客妻和氏卒后,携女做神而去。 |
| 时间 | 公元前2世纪 | 19世纪 | 2世纪 | 17世纪末—18世纪初 | |
| 资料 | 艾伯华:《中国民间故事类型》第34、36、37。 | | | 蒲松龄:《聊斋志异》 | |

从表中所列的故事情节看,这些故事的共同特点是站在男性角度来述说的,是男权话语系统的产物。当然也有站在女性角度述说的相类似的故事。而这方面外来者不是仙女,而是"帅哥"仙男,其过程则是战争,结果是仙男的惨败。如艾伯华所列"猴儿娘"类型故事,但这是另一话题,此毋庸赘述。

男权话语下的螺女或仙女类型故事之所以层出不穷,从主观上来讲,是男性的性渴盼和性幻觉。渴望得到和拥有异性是处于青春期少男的懵懂的思绪，更是成熟男性强烈的思念。张衡《同声歌》倾诉了渴望得到成熟女性性爱的心声："衣解金粉御，列图陈枕张。素女为我师，仪态盈万方。众夫所希见，天老教轩皇。乐莫斯夜乐，没齿焉可忘。"《汉乐府·白头吟》："愿得一心人，白头不相离……今日相对乐，延年万岁期。"可见，螺女故事得以不断地翻新，是男子性渴盼的产物。"直接激发此型故事创作灵感及传播热情的是民间普遍存在的性爱饥渴和性爱幻想。"①

从客观上来讲，一方面固然是远古成熟少女寻求配偶而踏上征程的集体记忆的重现，另一方面，正如汉代产生螺女故事和牛郎织女故事是因其时有着适宜的环境一样，也有着客观的因素。传统农耕社会的单调艰辛、封闭禁锢，助长了男子的性渴盼和性幻觉。农耕生产单调重复，异常艰辛。"日出而作日落而息"，"三年耕而有一年余"。这种情况下，饮食男女被牢牢束缚在土地上，生活单调，生产重复，社交贫乏。闲暇的乐趣除了性，就是谈天说地，说书弹唱。而其说唱的内容除忠君报国的政治话题之外，自然就是饮食男女的私事——性事。即使每年有庙会的狂欢，也只能饱一眼福，留下更多的惆怅和遐思。知识阶层的古佛青灯，彻夜苦读，那种孤寂和清苦，以至于对所谓的"红袖添香"、"颜如玉"，更生无限的渴盼和情思。而官僚缙绅、富商大贾则奢侈豪华，三妻四妾，霸占着众多的女性资源。尤其是唐宋之后，统治者不仅控制身边的女性，更是对社会所有的女性加以统治，诱使其缠小脚，逼迫其深锁闺中。这样，整个社会女性的匮乏，使得众多的男性可能孤寡一生，于是渴求仙女驾临，期盼着天降瑞雪一样降下美女，奇想飞禽走兽幻化为美女，就成了贫穷农民和清苦书生梦寐以求的白日梦境。正如有人指出的："'性饥渴'的现象较普遍地存在，这种现实生活的不能满足，必然会通过精神活动得以宣泄，导致了情歌、荤故事以及仙妻型故事的大量产生和流传。因此可以说中国古代的婚姻现实客观上促使了螺女故事等仙妻类故事的广泛流传。"②由此，螺女神话虽然是男权话语的产物，但也透露出传统社会中男子在孤苦寂寥之中的辛酸企盼。

---

① 万建中：《一场关于人与自然关系的深刻对话——从禁忌母题角度解读天鹅处女型故事》，《北京师范大学学报》2000年第6期。
② 郑士有：《中国螺女型故事与仙妻情结研究》，《民俗研究》2004年第4期。

# 三、汉画的弓弩信仰

广出猎,见草中石,以为虎而射之,中石没镞。视之,石也。因复更射之,终不能复入石矣。

(《史记》卷109《李将军列传》)

汉代非常崇尚弓弩。《史记》说李广力射石穿,成为千古佳话。汉砖石画像中,弓弩画面非常多。根据弓弩所指射的对象,有射鸟、射鹿、射虎、射狐、射猪、射兔、射牛、射兕、射猴、射人;而根据所描绘的场景,有战争、车骑出行、狩猎、家居等几种形式。但是相关汉画弓弩的文章相对非常少,目前见到公开发表的只有4篇。①

---

① 王为桐、王世玉:《西汉弓箭考》,《齐鲁珠坛》1998年第3期;曾宪波、张华:《汉画中的射箭、击剑和摔跤运动》,《南都学坛》2000年第2期;崔乐泉:《从汉画看汉代的射箭活动》,《考古与文物》1999年第2期;王建纬:《弋射·收获图与中国山水画》,《四川文物》2001年第1期。

## 弓弩的技术发明:先进武器的耀扬

《太公兵法》曰:"箭之神名:续长。""弩之神名:远望。"①可见,弓弩作为冷兵器时代最先进的武器,以其能够投远而显示出巨大的优势。汉画中刻画大量的弓弩画面,无疑是耀扬其强大的军事实力,如图3-1,1972年唐河针织厂汉墓前室东壁南端的画像,画面为武库图,"阑锜"(武器架)上挂2长矛、2戟、7盾牌以及4弓弩。再如图3-2,为唐河针织厂汉墓墓门南门楣石背画像,画面为车骑出行,前面二人骑马,一平举弩,一上举弩,疾驰而行,十分威武。图3-3,则是1973年唐河电厂汉墓前室南壁西墓门画像,画面为导骑出行,走在前面的二人,一捐弩机,一捐长戟。②

然而细究历史,弓弩的发明使用经历了一个曲折而漫长的过程。

图3-1 唐河针织厂汉墓墓壁画像

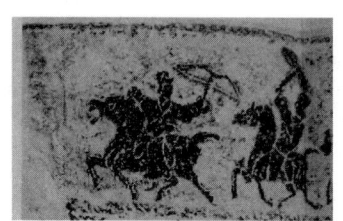
图3-2 唐河针织厂汉墓门楣画像

图3-3 唐河电厂汉墓墓门画像

---

① 《艺文类聚》卷60《军器部·箭·弩》。
② 《中国画像石全集》第6卷《河南汉画像石》图版第54、23,河南美术出版社2000年版。

就箭镞而言,考古发掘说明弓弩发明时代之久远,实远远超出我们的想象。1963年,在山西朔县峙峪村的旧石器遗址中发现了一枚石镞,其长约28毫米。经放射性碳元素测定年代,距今大约28900多年。这是目前为止在我国境内发现的最早的石镞。这枚石镞加工精细,前锋锐利,说明其时弓弩的使用已经相当得成熟。文献记载说是黄帝的大臣牟夷作箭,《世本》:"牟夷作矢。"《易》:"弦木为弧,剡木为矢。"就是说,单片的木棍制造成弓弦,削尖的木棍制造成箭杆。可见,最早的原始弓弩完全是木制的。由木箭到石镞,应该有一个相当长的过渡。其间可能用竹作箭。《方言》卷9郭注:"箭者,竹名,因以为号。"《太平御览》卷349引后魏杨承庆《字统》:"大身大叶曰竹,小身小叶曰箭。箭竹主为矢,因谓矢为箭。"至新石器时代,箭镞由原来的打制石镞逐渐演变为精细的磨制石镞,同时为了能使石镞牢牢地固定在箭杆上,镞的后部逐渐加长成为铤,箭杆的尾部则加上羽毛以使箭飞行稳定。与此同时,开始使用骨镞、角镞、蚌镞。这些箭镞中部隆脊儿,两侧有翼,有圆铤镞和长铤镞两种。至商、周、春秋,随着青铜器和铁器的使用,开始有了青铜箭镞和铁箭镞。由于铁镞难以锻造,"所以不得不长期使用昂贵的铜材"。"直到东汉后期,铜镞才为铁镞所完全取代"。现存最完整的汉箭出土于居延甲渠侯官遗址,系西汉昭帝始元六年(公元前81年)所制造。全长67厘米,装三棱铜镞,竹竿,有三条尾羽,羽长9.5厘米,镞和羽均缠丝涂漆以与杆相固着。杆末缺口,名栝。《说文解字·木部》释"栝":"一曰矢栝,檃弦处。"张弓搭箭后,须将弦纳入栝中,以便发射时承力。

就弓体而言,弓体使用经历了"弓"与"弩"两个阶段。后汉李尤《弩铭》:"前圣制弓,后世建弩。"[1]春秋战国以前,大致上是使用"弓"的阶段。弓体发明以前,投远器主要是石块、木棒等,后来原始人发现鸟儿从树枝儿上起飞,柔嫩的枝条儿弹起杀死鸟儿,于是就发明了弓箭。[2]文献记载弓的发明不止一家。《山海经·海内经》说是少昊儿子"般始为弓",《世本》说是黄帝臣"挥作弓"。原始弓体皆为木制,至今已经不

---

[1] 《艺文类聚》卷60《军器部·弩》。
[2] 东汉应劭:《风俗通义·封泰山禅梁父》:"乌号弓者,柘桑之林,枝条畅茂。乌登其上,下垂着地。乌适飞去,后从拨杀。取以为弓,因名乌号耳。"

可能见到。而人类学的资料或许可以为我们提供一些资料作为参考。大约原始弓体经过了"单体弓"、"合体弓"和"复合弓"几个阶段。原始的弓应是"弦木为弧"的"单体弓"。生活在东北松花江下游的赫哲族人所使用的弓弩,其弓体用水曲柳,其弦用鹿筋或鱼鳔。生活在外兴安岭的鄂伦春人的弓弩,其弓体是用落叶松或榆木,其弦为鹿筋,其箭为削尖的桦木。这两个民族所使用的弓弩相对都制作简单,似所谓的"单体弓"。至迟在夏、商之后,开始使用"合体弓"。"据墓葬中的弓体灰痕,结合甲骨文、金文中有关弓的象形文字加以考察,可知商弓是用两层材料粘成的合体弓。"①游牧在额尔古纳河的鄂温克人所使用的弓弩,其弓体有两层,里层用韧性较大的黑桦木,表层用落叶松,两层木胎之间加垫鹿或牛的筋,用细鳞鱼皮熬成胶粘在一起;其弦用鹿皮做成。这种弓弩制作相对复杂,可以说是"合体弓"或者如学者所说为"初级复合弓"②。随着对弓弩使用的增多,其制作工艺逐渐精细,于是出现"高级复合弓"。据《考工记》记载,单单是制作弓体的材料就有六种,干、角、筋、胶、丝和漆,"六材既聚,巧者合之"。各种材料的选用又十分讲究。比如弓干,其材料以质量的优劣分别有七种:柘、檍、桑、橘、木瓜、荆、竹。汉代多用复合弓。考古发掘,在居延、邗江、乐浪及新疆民丰等地均曾发现复合弓的残件。"这时的弓一般都用多层竹(木)材叠合,并在内侧粘贴牛角,外侧粘贴牛筋,再缠丝涂漆。"③

至于"弩"的出现,则是复合弓长期使用中又升华提升的一种更具杀伤力的武器。《释名》曰:"弩,怒也。有势怒也。"《吴越春秋》卷9:"弩生于弓,弓生于弹。""当是之时,诸侯相伐,兵刃交错,弓矢之威不能制服……[楚]琴氏乃横弓著臂,施机设枢,加之以力,然后诸侯可服。"由此,有学者说:"弩,大概是春秋时楚国人发明的。"④"弩为楚国人首先使用,进而传之各地,其他诸国如越、韩、魏等后来也开始制弩。"⑤弩机的制造材料是木和铜。1952年,长沙扫把塘战国楚墓138号出土弩机

---

① 孙机:《汉代物质文化资料图说》,文物出版社1990年版,第138页。
② 秦延景:《细说中国古代武器——弓弩》,《阳光报(经济新报)》2004年4月26日第B02版。
③ 孙机:《汉代物质文化资料图说》,文物出版社1990年版,第138页。
④ 周庆基:《关于弩的起源》,《考古》1961年第11期。
⑤ 谢凌:《战国至三国时期的弩机》,《四川文物》2004年第3期。

一件，木臂，黑褐色漆，长 51.8 厘米。木臂上平面处有放箭的凹槽，臂的前端弯曲，用以承弓。后端装置弩机，弩机为铜制，有牙、悬刀、望山，无郭。望山高 3.6 厘米。此后，1972 年在河南洛阳战国车马坑出土有铜弩机和错银承弓器。1975 年临潼秦俑坑 1 号出土大量弩机、木弓和弓囊。两汉时期，弩机基本沿用秦制。考古发掘在河南、河北、陕西等省共出土弩机近百件。大的郭长 19.6 厘米，小的 4.5 厘米，望山高达 13 厘米，高于战国时最高的 6 厘米。形制特别小的是随葬的冥器。汉代的弩机皆有铜郭（机匣），其中的机件有望山（照门）、悬刀（扳机）、钩心（又名牛即棘爪）和两个贯穿各部件的轴孔，使之组合成为整体的键。上弦装箭时，手拉望山，牙即上升，钩心随着被带起，其下齿卡住悬刀的缺口，遂使弩机呈闭锁状态。这样就可以用牙扣住弓弦，将箭置于弩臂上面的矢道内，使箭栝顶在两牙之间的弦上。发射时，扳动悬刀，牙即下缩，箭乃随弦的回弹而射出。为了准确命中，由箭栝通过箭镞瞄准目标，使三点成为一线；并根据望山调整箭镞的俯仰，以找到最适当的发射角度。《礼记·缁衣》郑注："虞人之射禽，弩已张，从机间视括，与所射参相得，乃后释弦发矢。"汉代的弩机，按照上箭方式的不同，可以分为擘张弩、蹶张弩和腰引弩。如图 3-4，1982 年方城城关镇汉墓东门左门扉背面画像，画面蹶张口衔利矢，跣足踏张，双手奋力拉弦。① 此外，还有可以连射的床弩或者说是"车张"。《后汉书·陈球传》："弦大木为弓，羽矛为矢，引机发之，远射千余步。"按所说，此就是"床弩"，是王充《论衡·儒增篇》中提到的"车张"弩。《六韬·军用篇》也曾经提到"绞车连弩"，1972 年山东临沂银雀山西汉墓出土《六韬》残简 54 枚，说明床弩发明时间或可以上溯至东汉以前。

汉代重视强弓劲弩。弓仅用手开，很是吃力。所以特制扳指套在拇指上用以挽弓，名韘。《说文·韦部》："韘，射决也，所以拘弦，以象骨、韦系，着右巨指。"②而套在食指、中指和无名指上的皮套被称为"极"。弓的强度小于弩。当时计算弓力的单位用斤，计算弩力的单位为石。《后

---

① 《中国画像石全集》第 6 卷《河南汉画像石》图版第 53，河南美术出版社 2000 年版。

② 玉韘早在商周时期已经出现，安阳妇好墓与洛阳中州路 2717 号墓都曾经出土（夏鼐：《商代玉器的分类、定名和用途》，《考古》1983 年第 5 期）。

图 3-4　方城城关镇汉墓门扉背面画像

汉书》记载盖延、祭肜等骁将所用强弓为 300 斤,合 2.5 石,比常用之 6 石弩的强度小得多。

因弓弩制作技术的进步和使用方法的合理,其杀伤力也越来越强大。其射程一般为 80~100 米,最远可达 400~500 米。《孙膑兵法·势备篇》曰:"发于肩膺之间,杀人百步之外。"可见擘张弩有效射程为 80 米左右。而腰引弩射程可达 400 米左右。1966 年江苏沛县大墩子遗址第 316 号墓中发掘出中年男子尸骨。身长 1.64 米,左手握有骨匕首,左肱骨下有一石斧。可能是一位武士。他的左股骨上嵌有一枚折断的骨镞,深达 27 毫米。若再配置带毒的箭镞,那么,弓弩的威力就更强。《尚书·帝命验》曰:"玉弩发,惊天下。"《易》:"弧矢之利,以威天下。"后汉李尤《弧矢铭》:"弧矢协并,八极同纪。"[①]正是由于弓弩有如此巨大的杀伤力,所以汉画像中充斥着弓弩画面。一方面体现着墓主人的生平阅历和希望,另一方面也折射着汉代社会生活中普遍对先进武器的崇拜。

汉代以后,弓弩依然为非常重要的武器。诸葛亮有"连弩",宋代有"床弩",都是弓弩功能的继续改进。进入近代以来,随着现代文明的发展,曾经显赫数万年的弓弩悄然冷寂,或被尘封到博物馆中以供展览,或被作为竞技体育用于极少数喜爱的人的比赛,或被商家安置在娱乐场所作为玩耍的器械。而其制作的记忆,也将渐次被遗忘,只留给好事的学者去探究。

---

① 《艺文类聚》卷 60《军器部·箭》。

## 弓弩的实际功效：社会生活的保障

汉代人狂热地崇拜弓弩,从表面上看来,是企图借助于先进的武器维护社会的稳定。终汉一代,北方的游牧民族匈奴人不时侵扰掠夺中原,而对于中原农耕民众来说,弓弩所具备的可以远距离防备和进攻之特长使之成为有效的防御武器。画像中的胡汉战争画面,正是这一场景的说明。如图3-5南阳汉砖画像,画面刻绘的即是围歼来犯的胡人场面,右边为指挥官员,站在指挥台上,双手执剑,其右为击鼓促战的鼓手,其左下则是回报军情者,双膝跪地,双手执笏板,再左下还有一士兵正往弩中装箭;其左,上2人、中2人皆手执棍棒,围剿一胡人,胡人跪拜做降服状;画面中部则是9匹战骑围击一胡骑,一人已经被击毙,仰身躺在地上;右边山峰上有四人,一人持枪瞭望,一人抱枪打坐,一人蹶张,一人骑马前冲,山坡上则站立着一排弓弩手正在射向胡人。整个画面给人以身临其境的感觉。东汉以降,豪农豪商庄园经济日渐发达,贫富悬殊拉大,流民乱民滋事抢扰,渐次发展为经常的事情。因此,借助于弓弩保卫家园,也成为汉季豪农豪商日常事务。蔡邕《幽州刺史议》曰:"幽州突骑冀州强弩,天下精兵,国家瞻仗,四方有事,未尝不取办于二州。"①又张璠《汉记》:"陈球为零陵太守,州兵朱盖等反。球守城,弦大木为弓,羽矛为矢,机发之,远射千余人。斩朱盖等。"②这样就在汉画像中广泛地出现弓弩的画面。从深层的社会心理来看,是祈盼"如矢着的"一样准确地获取功名利禄。汉高祖用武力夺得政权,所谓"马上得之";两汉之际政权的交替,汉光武帝刘秀的光复中兴,也是动用武力而实现;再溯源于短命的秦王朝军功爵制的强有力的推行,因此,用枪杆子来谋求富贵成为汉代民众期望富贵的普遍心理。汉画像中的"射雀"、"射鹿",除了语言的吊诡之外,都可以说是这一心理的映射。

然而除了时代和社会心理因素之外,弓弩画像尚保存着远古集体生

---

① 《艺文类聚》卷60《军器部·弩》。
② 《艺文类聚》卷60《军器部·弓》。

图 3-5　南阳汉砖画像

活的记忆。

　　**记忆之一，弓箭是原始初民谋求食物的首选**　弓箭作为远距离的杀伤武器，其原始的功用，恐怕主要是用来获取食物。据相关专家的推测，人类伊始，尚处于蒙昧状态，大自然提供了丰富的食物。其时人们还是素食者，白天大量地进食，晚上则树居或穴居以反刍。由此不知过了几千万年，地球上可供人类进食的植物日见匮乏，终而灭绝。人类为了生存，逐渐改变食物结构，由食用植物进而食用动物。因动物高蛋白更易于人体的吸收，于是人类机体越来越进化，原来用于反刍的胃囊逐渐废退，成为似乎多余的物件即盲肠。而随着人类对动物的过量食用，原来易于获取的动物日渐消失，留下了难以捕获的动物。此时，人类为了生存，发明了弓箭，为捕获动物创造了便利。山西峙峪村遗址中出土有4000多颗完整的牙齿化石，据分析，有120匹野马个体和88头野驴个体。这表明当时人们的狩猎技术已经很高，也表明人们的食物主要是野生动物。[①] 由此，弓箭的发明对于人类的发展，确实起到了巨大的作用。恩格斯谈到弓箭的功用时指出："由于有了弓箭，猎物便成了通常的食物。而打猎也成了常规的劳动部门之一。弓、弦、箭已经是很复杂的工具，发明这些工具需要有长期积累的经验和较发达的智力，因而也要同时熟悉其他许多发明……弓箭对于蒙昧时代，正如铁剑对于野蛮时代和火器对于文明时代一样，乃是决定性的武器。"[②]至于弓箭用于战争，应该是更晚的事情。其因显然是猎物更加稀少，各个氏族之间为争夺地盘和食物，展开血腥的厮杀。可见，弓箭无论是初始发明或是后

---

　　① 杨向东：《中华体育五千年——弓箭》，《城市快报》2005年6月14日。
　　② 恩格斯：《家庭、私有制和国家的起源》，北京人民文学出版社1971年版，第21页。

世的衍变,都与人们的生活密切相关,是人类生活的强有力的保障。①图 3-6,为南阳汉砖画像,三山丛林之中,左右各一骑回首挽弓射向一狼、一虎。图 3-7,为 1983 年南阳卧龙区王庄汉墓主室门楣背面画像,画面左一人牵犬穷追一鹿,鹿惊恐回首,鹿旁一兔低首躲藏;右一人单腿跪射,拦击奔鹿,其身后一人骑马奔来。图 3-8,为 1973 年唐河电厂汉墓前室南壁东门楣画像,左边为二龙穿璧,右边即猎虎场面,一人挽弓射虎,一矢直指虎头,一人执长矛刺向虎颈。②

图 3-6　南阳汉砖画像

记忆之二,弓箭是原始初民走婚的基本条件　当弓箭在生活中越来越扮演着重要角色时,人类生活结构和婚姻状况也逐渐发生着翻天覆地的变化。此前人类过着群居生活,以女子为核心组成氏族,其婚姻则是发情期的乱交,属于内婚制。伴随着男子出外猎取动物以及性意识

---

① 维吾尔族的音译就是"胡玫胡然"。11 世纪维吾尔族著名学者麻赫穆德·喀什葛里所著《突厥语大词典》记载:传说皇帝伊斯坎德尔(公元前 356～323 年)周游到突厥邦,看到突厥可汗威武精干的四千弓箭手,很是佩服,最后说了句:"Inan E Huz hurand(伊南哦胡玫胡然德)",意思是"他们是善于打猎,随时能找到自己的食物。"这一传说不仅说明"古代维吾尔人关于弓箭的事迹",也论证了弓箭的功用最先是用来谋取食物的。(阿布拉江·乌迷德雅尔:《维吾尔族弓箭文化浅论》,《民族文学研究》2004 年第 4 期。)又,雕刻于旧石器的贺兰山岩画,其中有很多狩猎画面。有单人猎、双人猎、多人围猎等,而以单人猎居多;猎物多为羊、马、狗,也有虎、野猪、野牛;狩猎工具有长矛、弓箭、石球、石块、兽索等,而以弓箭最为主要,"因为弓箭射程远、速度快、杀伤力强,不论步猎或骑猎,都离不开它",它"标志着人们已经把物体的弹力和人的臂力结合起来,使最初的人类掌握了一种先进的工具"(崔凤祥:《贺兰山岩画与古代狩猎文化》,《武汉体育学院学报》2005 年第 4 期)。在这里,我们所关心的是远古的贺兰山人使用弓箭的目的,只是捕获猎物,以供食用,而不是用来战争。

② 《中国画像石全集》第 6 卷《河南汉画像石》图版第 151、24、26,河南美术出版社 2000 年版。

图 3-7　南阳卧龙区王庄汉墓主室门楣背画像

图 3-8　唐河电厂汉墓前室南壁东门楣画像

的觉醒,由内婚制的群婚走向外婚制的走婚。由螺女神话和天鹅处女传说,证明走婚制一开始是由女子进行。伴随着女子的走婚很快开始了男子的走婚。因为最先进的狩猎武器——弓箭的使用需要力气,于是男子的地位逐渐显赫。好色男子在获取猎物之后,为赢得一夜情,会把猎物奉献给钟爱的女子。如此,走婚制推行过程中,男子的主动权越来越大。其进一步的发展,就是痴情男子或者带走女子,或者留下来成为女子家庭的成员,渐渐演化为对偶婚,形成一夫一妻制的家庭。《仪礼·士婚礼》记载婚礼,其中"纳采""问名""纳吉""请期"与"亲迎"中都应该"纳雁",即拿出活雁给女家,谓之"俪皮之婚"。后来学者说是买卖婚姻,实际则是男子走婚倾情奉献给女子猎物的遗续。现代民俗学资料中还保留着走婚的影子。比如,流传在广西、湖南、云南、广东和贵州的民间传说,讲少年甘寿出外打猎,打了12只天鹅。甘寿用藤条将鹅串在一起。一阵大风之后,鹅复活了,并把他带到天上。几天后,鹅降落在瑶池湖。甘寿看到仙女在湖里洗澡。后来其他姑娘走后,留下一个还在湖水里摸索。甘寿想知道姑娘干什么,就走出来,结果被姑娘发现。于是甘寿就帮姑娘从水中找到丢失的手镯。姑娘感激他,就把他带回自己的家,留下来成婚。从此之后,瑶家喜欢男子上门。① 显然,这实际就是远古男子走婚的痕迹。另一则流传在湖北恩施的传说,讲土家族少女桑格娜想把银杏花绣到被子面上,于是晚间出门观看银杏花。蛇发现她,要吃她,被突然飞来的箭射杀;虎来要吃她,也被射杀。桑格娜看清楚了银杏花,回家就挑灯绣花。天亮时,终于绣好。姑娘走出门,发现院子里站着英俊少年巴力侬,他背着箭筒,挎着弯弓,手里捧着花哨哨的蛇皮和湿漉漉的虎皮。姑娘知道是巴力侬救了自己,于是就嫁给了巴力侬。② 这显然是所谓纳雁的遗俗。据报道,英国南部著名的建造于公元前3000~1600年间的史前巨石柱旁发现有一具男子尸骨,考古人员根据牙釉所含的氧同位素化验,表明这位男子来自阿尔卑斯山,因尸骨身边有燧石箭头,所以考古学者认为此人生前是弓箭手。并据此认为史前巨石柱的建造,生活在阿尔卑斯山的瑞士人或德国人曾经参与过。实际上,这位弓箭手应该是位走婚的男子。其年龄在35~45岁之间,正是走婚的黄金岁月;其身旁的年龄在20~25岁之间的青年,也不应是他的儿子,而是与弓箭手相跟随的走婚者。③

  记忆之三,弓箭催生了原始初民的内部禁忌　原始人由群婚制走向走婚制漫长的岁月之中,人的性意识日渐觉醒。这样,一些懒于走婚或性早熟的人势必会把他(她)们的性对象转向本氏族的异性。如果这种情况蔓延下去,那么刚刚开始的外婚制又将回归到原先那种血缘杂交的内婚制,这无疑是一种历史的倒退。因此,为了杜绝乱伦的出现,同一氏族内部的性关系就逐渐被禁止。当然,这种禁止是逐渐的,是经过了漫长的自然选择的。在这一禁止过程中,产生了氏族内部的禁忌。《礼记·内则》说七岁开始"男女不同席,不共食"。又如,成年的男女不走同一条路。对于禁忌的破坏者,则给予严厉的惩处。传说中的"射日"、"射猴",实际上就是对于违禁者的惩处(此留待另文讨论,此不赘言)。各种禁忌的形成,应该是文化习俗乃至于社会制度所孕育产生的

---

① 韦卜杰:《瑶家喜欢男子上门的来历》,《中华民俗源流集成》3《婚姻卷》,甘肃人民出版社1994年版,第61—64页。
② 张永柱:《土家族小伙子用兽皮兑换喜朗卡普的来历》,《中华民俗源流集成》3《婚姻卷》,第110—111页。
③ 张振东:《史前巨柱旁发现古代弓箭手》,《北京青年报》2003年2月18日第B04版。

肇端。沐浴在此禁止乱伦的文化氛围之中,同一氏族内的男女就只有了亲情,而逐渐消弭了性情。

## 弓弩的社会学意义:男子崇拜的象征

"食、色,性也"。弓弩作为先进的武器,不仅是古人猎取食物的重要工具,也是古人婚姻制度变革的推动力量。而在这一变革中,男子的位置逐渐重要,最终取代女子成为社会的主宰。紧随这一生活变化的是,由靓女和女性生殖器的崇拜逐渐转变为俊男和男性生殖器的崇拜。

一方面,男子的形象越来越凸显。挽弓射猎,威猛洒脱,既是女子心目中的最爱,也是男子仰慕的英雄。所以,汉画像中除了众多的蹶张、弓箭手画像,还有众多美男子的画像。诸如:(1)1982年河南南阳宛城区英庄出土汉墓主室东柱西侧画像,少男高髻长襦,龇牙咧嘴,双臂交合胸前,右肩扛棍棒,左腿靠盾牌。时间为东汉。见图3-9。[①] (2)1982年河南南阳宛城区英庄出土汉墓主室隔墙北柱东侧画像,少男头戴瓜状小帽,双手执金吾而立。时间为东汉。见图3-10。[②] (3)1973年山东苍山县城前村出土汉墓门右立柱正面画像,分三层,上层一男子头戴笼冠右向恭立,中层一男子头戴进贤冠右向恭立,下层一男子头戴笼冠合手胸前正面端坐。时间为汉桓帝元嘉元年(公元151年)。见图3-11。[③]

---

① 《中国画像石全集》第6卷《河南汉画像石》图版第178。
② 《中国画像石全集》第6卷《河南汉画像石》图版第178,第183。
③ 《中国画像石全集》第3卷《山东汉画像石》图版第101,山东美术出版社2000年版。

三、汉画的弓弩信仰　73

图 3-9　南阳英庄汉墓主室东柱西侧画像　　图 3-10　南阳英庄汉墓主室隔墙北柱东侧画像　　图 3-11　山东苍山县城前村汉墓门右立柱正面画像

男子崇拜最突出的表现是对伏羲的崇拜。较早记载的是《周易·系辞下》:"古者包牺氏之王天下也:仰则观象于天,俯则观法于地;观鸟兽之文,与地之宜;近取诸身,远取诸物。于是始作八卦,以通神明之德,以类万物之情;作结绳而为网罟,以佃以渔。盖取诸离。"其他文献对伏羲的记载有着不同的提法,如伏牺、伏戏、伏犠、宓牺、包牺、包羲、庖牺、庖犠等等。伏羲与太阳有关。伏羲的"羲"是日神。《楚辞·离骚》:"吾令羲和弥节兮,望崦嵫而勿迫。"王逸注曰:"羲和,日御也。"《楚辞·天问》:"羲和之未扬,若华何光?"可见羲和是专门掌管太阳的神。伏羲的另一名字为"太昊"。《补史记·三皇本纪》:"太昊包牺氏,风姓,代燧人氏继天而王。""昊"又写作"暤",为晨光、日光之意。"羲"的本意是"气"、"日气";"伏"是"潜藏","不仅是冬藏,而且应是冬至阳气转旺的潜藏",带有"萌生之义"。据此可证,"伏羲是春神","是万物创造者的始祖"。[①] 传说伏羲也是"人首蛇躯"。所以,汉画像中的伏羲形象也都是人首蛇身。(1)1990 年山东邹城市郭里乡高李村出土的门柱画像,浅浮雕,上方为大小两个矩形,下方为人面兽身长尾,头横仰,双手擎举圆,圆中画有三足鸟,时间为东汉晚期(公元 147～189 年)。编者标题为"羲和捧日画像",显然错误,当系"伏羲捧日",见图 3-12。[②] (2)1988

---

　① 王增永:《伏羲神话源流考》,载其作:《华夏文化源流考》,中国社会科学出版社 2005 年版,第 141—170 页。

　② 《中国画像石全集》第 2 卷《山东汉画像石》图版第 62,第 172,山东美术出版社 2000 年版。

年山东滕州市东寺院出土门柱,三面画像,浅浮雕,正面为凤鸟衔珠、鱼、龙,左侧面为龙、羽人骑鹿,右侧面为独角仙人、伏羲、仙人牵犬,时间为东汉晚期(公元147～189年),见图3-13。① (3)1972年山东临沂市白庄出土画像石,上面为伏羲蛇尾,左手执规,胸前刻圆,圆中有鸟和九尾狐;伏羲左侧上下有仙人二,下有玉兔捣药二,其中为一人捧矩形而半蹲,胯下男根凸显;下部为山形斗拱,拱间各有阔嘴兽面,柱两侧为蛇尾人身交连,其间有羽人相戏。时间在东汉,见图3-14。② (4)江苏徐州睢宁县双沟征集石鼓形画像,正面刻有一轺车,上有一人首蛇尾像,应是伏羲。时间为东汉,见图3-15。③ (5)江苏徐州睢宁县双沟征集门柱画像,右侧面刻有人首蛇尾像的伏羲,双手擎日轮。时间为东汉。见图3-16。④《列子·黄帝》:"庖牺氏、女娲氏、神农氏、夏后氏,蛇身人面,牛首虎鼻。"《补史记·三皇本纪》说伏羲"蛇身人首"。《天中记》卷22引《帝系谱》:"伏羲人头蛇身。"对此,可以从文献记载中来理解。《补史记·三皇本纪》说伏羲"母曰华胥,履大人迹于雷泽,而生庖羲于成纪,蛇身人首"。《山海经·海内东经》:"雷泽中有雷神,龙身而人头,鼓其腹。"《淮南子·地形训》:"雷泽有神,龙身人头,鼓其腹而熙。"因为龙的主要原型就是蛇,龙蛇本是二而一的,可知伏羲的蛇身人首源自于其不知名的生父雷神。

另一方面,生殖崇拜也逐渐由女阴转向男根,而箭也成为男根的象征。魏勒认为:"男性生殖器还被象征为箭,箭的两羽意味着睾丸。""爱神丘比特通常被表现为拿着一张弓和一支箭或一盒箭,这些都是在合法的夫妻生活中激发的关于男性生殖器的象征。"⑤在阴山岩画和天山岩画的大多数表现射箭狩猎场面的岩画中,往往把箭和猎人的生殖器画在一条线上,甚至有些岩画中把两者合二为一。在阴山岩画中,如图3-17,一猎人赤身裸体,右手执象征女阴的弓,男根则耸然翘起。而在左江崖壁画中,

---

① 《中国画像石全集》第2卷《山东汉画像石》图版第62,第172,山东美术出版社2000年版。

② 《中国画像石全集》第3卷《山东汉画像石》图版第19,山东美术出版社2000年版。

③④ 《中国画像石全集》第4卷《江苏、安徽、浙江汉画像石》图版第102,第105,山东美术出版社2000年版。

⑤ 魏勒:《性崇拜》,中国文联出版公司1988年版,第211、223页。

三、汉画的弓弩信仰　75

图 3-12　山东邹城市郭里乡
汉墓门柱画像

图 3-13　山东滕州市东寺院
墓门柱画像

图 3-14　山东临沂市白　　图 3-15　江苏徐州征集　　图 3-16　江苏徐州征集
　　庄出土画像石　　　　　　石鼓形画像　　　　　　　门柱画像

如图 3-18，左边的男子高耸其男根，右边的女子腰身有一象征女阴的圆环，箭矢直指女子腰身的圆环。① 据研究证明，从生殖意义上说"箭是延长了的人的生殖器，阴山岩画中的狩猎者，手执弓背，勃起的生殖器就相当于或认同于弓箭"②。"将弓箭看作阳具的象征，后来使其更加抽象化的基础上出现了弓箭看作男性之代表的较高层次的含蓄的象征符

---

①　海力波:《左江崖壁画与骆越人之生殖崇拜》,《民族论坛》1995 年第 3 期。
②　盖山林:《中国草原岩画与古代猎民的生命意识》,《美术史论》1992 年第 2 期。

号。据文献记载,蒙古族在13世纪的时候已经把箭看作男性的象征物,'男性们走进一座帐幕后,绝对不能把他们的箭袋挂在妇女这一边'。如果将箭袋挂在妇女特定位置旁,就意味着一种失礼或蕴含着无理提出性要求的意图。这种习俗的影响至今仍在民间生育习俗和婚姻习俗中有所遗存。"① 有学者认为"弓箭"作为意象与日月男女相关。"矢"(箭)象征太阳、男性,"弓"象征月亮、女性。② 这种观点可备一说。至今俗语中还把赢得少女芳心称为"猎艳",而把违背女子意愿强行媾和说成是"霸王硬上弓",都表现出在女子地位的沦落和男子霸权地位的确立过程中弓弩的巨大功用。

图 3-17 内蒙古阴山岩画

图 3-18 左江崖壁画

## 弓弩的发射技艺:民间信仰的孳生

弓弩的普遍使用,改变了人类的食物结构,推进着婚姻习俗的进化,同时也促使射艺教化和弓弩信仰的产生,从而构成了中华文化之基本精神:"文质彬彬"。

### 射艺教化

射艺的教育首先是从立志开始。《礼记·内则》:"子生,男子设弧于门左,女子设帨于门右。"这就是说,由于男女分工的不同,男孩子与女孩子的标志从出生就有所不同,且已显现出教育的目标差异:男孩是

---

① 色音:《试论北方少数民族生殖崇拜的萨满教根基》,《阴山学刊》1999年第3期。

② 黎子耀:《〈易经〉与〈诗经〉的关系》,《文史哲》1987年第2期。

狩猎手，女孩则主要是妆扮者。①《诗》曰："生男弄璋，生女弄瓦。"后人多批评此句体现男尊女卑意识，实际则是说生男孩将要培养他长大成年后要出外走婚，送给心仪的女孩"璋"；生女孩则要培养她长大后接受喜欢的男孩，需要有居住的房屋"瓦"。《礼记》："故男子生，桑弧蓬矢六，以射天地四方。天地四方者，男子之所有事也，故必先有志于其所有事。"这里的"天地四方"，就是鼓励男孩要勇于闯荡世界，"所有事"就是捕猎和走婚。其意思是说，男孩子从小就要树立志在四海的勇气和信心，才能胜任成年后的生存和生殖使命。② 弓箭教育的进行就形成了今日学校的最原始形态。《礼记·学记》："古之教者，家有塾，党有庠，术有序，国有学。"《文献道致·学校》："夏曰校，殷曰序，周曰庠。"而专门的学校教育其基础就是礼、乐、射、御、书、数，射箭是"六艺"之一。《周礼·地官·保氏》说"射艺"有五个环节。"五射：白矢、参连、剡注、襄尺、井仪。"细言之，就是穿把、连射、瞄准、礼让、四连中。除"襄尺"是讲礼让君王外，其余"都是强调射艺的力度和准确度"。③ 传说纪昌曾经跟随飞卫学习射箭，其技法是先学"不瞬"，再学"视小如大"，然后能够"贯虱之心而悬不绝"。

## 弓弩信仰

弓弩的社会功利性和学校教育的培养，致使弓弩信仰倍增。文人雅士看重弓箭培育的修身养性功能。《论语·八佾》："子曰：君子无所争，必也射乎！揖让而升，下而饮，其争也君子。"《礼记·射义》："射者，仁之道也。射求正诸己，己正而后发。发而不中，则不怨胜己者，反求诸己而已矣。"因射箭必须心静体正，"内志正，外体直"，才能够射中，这就可以查看一个人的个性品质。"可以观德行矣"。"可以观盛德矣"。由

---

① 刘英林、武文认为"设弧于门左"是"希望孩子长大以后能够驰骋沙场，保卫国家疆土"。见其作：《对中国弓箭文化的研究》，《西北纺织工学院学报》2001 年第 3 期。

② 梁维卿认为，这句话的意思"表示男子长大后要用弓箭的威力去征服四方"。见其作：《论"六艺"之一"射"的文化特征》，《山西师大体育学院学报》2004 年第 3 期。

③ 李梦奎：《先秦射艺描写的文化蕴涵》，《北华大学学报》2004 年第 3 期。

此,礼射教育的目的是"进行礼治教化"①。广大民众看重弓弩崇拜中的保护神功能。《日南传》曰:"南越王尉他[攻]安阳王。有神人皋通[为]安阳王治神弩一张。一发[万人]死,三发杀三万人。"②世俗看中的是射艺所带来的尊贵。射者为能,显者为尊,进而为官。甲骨文中就记载商代有"多射"、"百射"、"三百射"的职官。周代也设有专门管理弓弩的官员。《周官》曰:"司弓,掌六弓四弩八矢之法,辨其名物,而掌其守藏,与其出入。中春献弓弩,中秋献矢箙。"进而,根据官职级别大小,规定使用不同的弓弩:天子用"九",诸侯用"七",大夫用"五",士人用"三"。③荀子曰:"天子彤弓、诸侯彤弓、大夫黑弓,礼也。"《毛诗序》:"《彤弓》,天子赐有功诸侯也。"④可见,弓箭能者成为被提拔和奖励的对象。《礼记·射义》:"古者天子以射选诸侯、卿、大夫、士。"根据容体和举止,看是否在射箭中优雅有致,符合礼节,然后给予跟随天子拜祭的荣耀,或增加封地的利益,否则将受到批评或削减封地的惩罚。汉画中的射雀、射鹿画面,正是弓弩能够带来显贵的企盼和象征。如图 3-19,1973 年山东肥城汉墓画像,画面中一骑者下马左跪右弓,张弓仰射,树上的鸟儿被射中,正向下坠落。⑤ 又如图 3-20,河南汉砖画像,画面上右边一人蹲跪,挽弓射向奔面而来的鹿。此两幅画面,表面为射猎场景,其实则是有着"得爵"、"得禄"即获得官职厚禄的意蕴。

图 3-19  山东肥城汉墓画像　　　　图 3-20  河南汉砖画像

---

① 卞晨:《射的起源及在奴隶社会时期发展和演变》,《河北体育学院学报》2003 年第 3 期。
② 《艺文类聚》卷 60《军器部·弩》。
③④ 《艺文类聚》卷 60《军器部·弓》。
⑤ 《中国画像石全集》第 3 卷《山东汉画像石》图版第 216,山东美术出版社 2000 年版。

## 文质彬彬

弓弩作为文化现象,有着双重的文化意蕴。一是用超长能力射杀远距离的猎物,以满足人的物质需求;一是为获得射击的准确性而静心固念。用孔夫子的话说,前者就是"质",后者就是"文"。《论语·雍也》:"子曰:质胜文则野,文胜质则史。文质彬彬,然后君子。"既重武力,也爱和平,内容和形式必须紧密结合。借用今天的话说,就是两手都要硬,不能有所偏废。如图3-21,1978年唐河大尹墓南阁室南壁画像,右刻蹶张,短襦高髻,背插矢,双手拉弦双足踏弩,此即所谓的"质";左刻一熊,瞠目张口,手舞足蹈,此即所谓的"文"。[①] 整个画面中蹶张的威武和熊的文雅,充分体现着汉文化的基本精神:"文质彬彬"。由此,弓弩实际构成了中国传统文化的基本精神。这一点在特殊的历史时期宋代尤为凸显。此时,弓弩仍然是中国甚至世界上最为先进的武器。当时京师设弓弩院,各地设弓弩作坊。《宋史·兵志》:"弓弩院岁造角把弓等凡千六百五十余万,诸州岁造黄桦、黑漆弓弩等凡六百二十余万。"当时全国各地组建有"弓箭社",仅河北就有585个,射手3万余人,徽宗宣和七年全国射手约有36万余人。虽然"在抗金、辽的斗争中发挥了极大的作用"[②],但有宋两代却是中国历史上政治、军事最为积贫积弱的时代。影响所及,致使蒙元和满清以其原始粗糙的弓弩却占领了曾拥有万年弓弩史的中原文明。考其因,除了表层原因是极端集权专制禁锢了人们的个性、限制了军事实力和才能的发挥之外,更为深层的原因可能是我们这个民族酷爱和平之故。孟子就指责弓箭手"不仁"。《孟子》曰:"矢人岂不仁于函人哉?矢人唯恐不伤人,函人唯恐伤人。"[③]汉人李尤《弩铭》也说弓弩只可以用来破敌防御,不可以用来穷兵黩武。"机牙发矢,执破丑虏;充获虽屡,犹不可常:忘战者危,极武者伤。"[④]正

---

[①] 《中国画像石全集》第6卷《河南汉画像石》图版第38,河南美术出版社2000年版。

[②] 魏大鸿、熊焰:《简论弓箭的起源及其在古代中国的发展》,《荆州师范学院学报》(自然科学版)2001年第2期。

[③] 《艺文类聚》卷60《军器部·箭》。

[④] 《艺文类聚》卷60《军器部·弩》。

是热爱和平、珍惜生命的内在文化精神,使得我们这个古老的民族生生不息,不断地融合挽弓射箭的马背民族——匈奴、羌、氐、突厥、蒙、满等各族,推进了中华民族大家庭的发展。

图 3-21　唐河大尹墓南阁室南壁画像

# 弓弩的文化链接:文化史研究的基点

弓弩文化原型的揭秘,使得我们对于文化史上争执不休的问题如"明堂"、《山海经》和"黄帝四面"有了比较合理的解释。

### "明堂":人类早期练习射艺的场所

《木兰辞》有"归来见天子,天子坐明堂"句子。据学者考证,"明堂"的建筑有三个特点:建于国都南郊,又称作辟雍;上圆下方,高台建筑,东西南北各有门,外围有水;长方形建筑群,东西略长于南北。而其功用主要用于天子的活动:发布政令,祭祀祖先或上帝鬼神,朝会诸侯,颁布历法、制度,教育教化(示民节俭),等等。①

至于"明堂"是干什么用的地方,历来学者认识颇不一致。今人有认为是集体宿舍。"所谓'明堂',其实就是大而明亮的集体宿舍。这种宿舍之所以必须选择有水环绕的地点建筑,目的正是为了便于实行男女间的隔离。由于引水隔离,所以辟雍别名又称作'泮宫'(水泮之宫)。"②有学者认为"明堂"是古代人精心设计和建造的"小宇宙模型",

---

① 叶舒宪:《中国神话哲学》,中国社会科学出版社 1992 年版,第 149、153 页。
② 何新:《诸神的起源》,三联书店 1986 年版,第 150 页。

体现了"划分为阴间（水）、阳界（陆）和神界（空）的神话宇宙观"；"明堂"建在南郊以"就阳"，原意是"太阳堂"，"为了有效地观测太阳运行的踪迹"，所以"四面无壁"；"历史上的明堂是太庙的别称，是祭祖的地方"。① 这些观点虽然很系统，但或拘于文献，或囿于成见，没有能够真正领略明堂的原型实在。

由弓箭作为人类最早的生存技艺的培训可知，"明堂"实际上就是人类早期练习射艺的场所。《汉书·郊祀志》曰："上（汉武帝）欲治明堂于奉高旁，未晓其制。济南人公玉带上黄帝时明堂图。明堂中有一殿，四面无壁，以茅盖，通水，水环宫垣，为复道，上有楼，从西南入，名曰昆仑。天子从之。"这里所讲到黄帝时期的明堂图，应该是比较原始的明堂建制。显然是用来射箭的场所："以茅盖屋"是为遮蔽风雨和阳光；"四面无壁"是为射箭；周围环水是为安全；"上有楼"就是为站得高，看得远，射得远；"名曰昆仑"的意思似乎说登楼的阶梯，不是什么"昆仑山为原型"的神话之"透露"。

当然，作为射艺训练的场所，由于射艺本身的重要，明堂也就日渐重要。

首先，明堂的道德教化功用。《左传·文公二年》记载说："《周志》有之：'勇则害上，不登于明堂'。"就是说，如果过于勇猛，就会不遵守礼节，所以不能到明堂来训练。换句话说，就是不能过度崇尚武力，也应崇尚和平。《礼含文嘉》曰："明堂所以通神灵，感天地，正四时，出教令，崇有德，章有道，褒有行。"《五经释例》曰："告朔行正，谓之明堂。"就是说，射艺讲究因应时变，以维护动物的可持续生长，所以在明堂中要进行历法学习。《白虎通》曰："礼三老于明堂，所以教诸侯孝。"因射艺讲究尊长卑幼，所以明堂也起到敬老的作用。

其次，明堂的建筑形制在不断变化。以前只是一个四角有柱上面有顶的棚子，后来加上了墙壁，墙壁上绘有壁画。《家语》曰："孔子观乎明堂，睹四门牖，有尧舜之容、桀纣之像，而各有善恶之状，兴废之诫焉。"可知明堂里壁画也是为了教化。进而，明堂的规模有了定制。《大戴礼》曰："明堂者，凡九室，一室而有四户八牖。以茅盖屋，上圆下方。所

---

① 叶舒宪：《中国神话哲学》，中国社会科学出版社1992年版，第153、157、163页。

以明诸侯尊卑也。外水名曰辟雍。总三十六户,七十二牖。"

最后,明堂具备了祭祀的功能。祀天祭祖本来是在天坛祖庙进行,现在有时也搬迁到这里举行。蔡邕《月令论》曰:"明堂者,天子太庙也。所以祭祀而配上帝,明天地,统万物也。"《礼论》曰:"或以明堂者,文王庙。周时[德泽和洽],蒿茂大,以为宫社,名为蒿宫。"明堂作为射艺训练场所,其名称也在变化。《尸子》曰:"黄帝曰合宫,有虞曰总章,殷人曰阳馆,周人曰明堂。"① 可知,明堂一词来源于周代。若剥去明堂外在被赋予的神性,从其建筑形制上看,后世所说的"榭",当是其遗续;而"亭"可谓其旁支。

### 《山海经》:一部走婚培训的教科书

《山海经》作为远古流传下来的一部古籍,究竟是一部什么样的书?历来学者看法不一,而其论述也有巨大的差异。有的学者把《山海经》看做是神话书籍。"《山海经》在神鬼世界中描绘出一幅令后人生畏的全息图像……所以,学者们几乎是不约而同地把它称作神话之源。"② 有的学者把《山海经》看做是古代的地理学。有的学者则把《山海经》看做是神话与政治的结合,似乎颇有新意。《山海经》"是一部神话政治地理书","它以山川地理志的外观表现着现实世界与神话时空交织的内容,而这种虚实相间、半真半假的空间图式之实质,则是服务于功利目的的宗教政治想象图景。……那就是为走向一统的文化权力话语提供神权政治的空间证明,通过对各地山神祭祀权的局部认识和把握,达到对普天之下的远近山河实施一种法术性的全盘控制"。又说,"《山海经》虽然乍看起来确实很像一部地理书的架势,甚至还会给人以科学实录的假象:不厌其烦地罗列山川河流、地形地貌、物产资源、方向里程等等,但这些仅仅是些虚实难辨的陈述,总体上看则是服务于特定功利目的的政治想象图景"。③ 有的学者完全从现代高科技及政治纷争的视野来

---

① 《艺文类聚》卷 38《礼部上·明堂》。
② 高有鹏、孟芳:《神话之源——〈山海经〉与中国文化》,河南大学出版社 2001 年版,第 307 页。
③ 叶舒宪、萧兵、郑在书:《山海经的文化寻踪——"想象地理学"与东西文化碰触》,湖北人民出版社 2004 年版,第 52、54 页。

看《山海经》，认为它是"黄帝时代青藏高原地图"，是一部科技征战史；书中的人、蛇、鸟、兽、鱼、龟、草、木、日、月、神等"名称"，"是用来代表一些机械"："人"表示"能像人那样直立或形状像人的机械"，"蛇"表示"形状细长或行动像蛇的东西"，"鸟"表示"能在空中飞的"，"鱼"表示"常在水中操作的"；6700万年以前，"夸父追日"、"后羿射日"表明黄帝太空实验失败，但没有人伤亡，"黄帝与蚩尤之战是一场洲际、太空核子大战，黄帝险胜"。① 上述这些论述，虽然对于我们理解《山海经》有一定的帮助，但总体上讲，仍然因没能掌握远古社会的实情，所以对《山海经》精神实质的把握尚有很大的距离。

由弓弩所带来的男子走婚情形来看，《山海经》这部历来被称为"怪乱"且"荒诞不经"之书，其实就是中原黄帝部族用来教育男子走婚的教科书。因为男子要走婚，他首先要了解周围的各个部族，了解周围的山川河流，还要掌握基本的野外生存常识。为此他要向有经验的前辈咨询。而曾经沧海的男子也有义务向后代传授其阅历。这样，《山海经》就成为年轻男子准备走婚的教育培训资料。

方位培训　讲山经、海经（外内）其顺序为南、西、北、东、中；讲大荒经则为东、南、西、北。方位的标志为山、树、水、动物和物产等。这些标志性的自然景物，应该说都是走婚者所亲身阅历过的。所以在解释《山海经》之所以称谓"经"时，有学者认为是"经过"、"历经"之意，可谓得其真旨。② 当然，这种山川河海的阅历，是积累了不知多少代走婚者的经验才逐渐形成的知识。有学者指出，"能够给山川大地确定'经纪'秩序的不可能是凡夫俗子，只能是圣人、圣王一类。这又呼应了大禹为《山海经》始作者的古老传说"。传说治水神话中的主角大禹"命山川，类草木，别水土"，"内别五方之山，外分八方之海，纪其珍宝奇物"，"实可视为给九州大地奠定万古空间秩序的第二创世主"。③ 如果说禹、益总结了前人走婚的阅历，将其整理，因而参与了《山海经》成书的工作，自无

---

① ［马来西亚］丁振东：《〈山海经〉——古中国的×档案》，中州古籍出版社2001年版，第13—14页。

② 袁珂：《山海经校注》，上海古籍出版社1980年，第181页；常征：《山海经管窥》，河北大学出版社1991年版，第5页。

③ 叶舒宪、萧兵、郑在书：《山海经的文化寻踪——"想象地理学"与东西文化碰触》，湖北人民出版社2004年版，第122页。

可厚非。但若说禹、益完全是《山海经》的作者,是山川河海的命名者,则可说是过分夸大了禹、益的功劳。

物产培训 《南山经》:"招摇之山……多桂,多金玉。有草焉,其状如韭而青华,其名曰祝余,食之不饥。""堂庭之山,多棪木,多白猿,多水玉,多黄金。"

医药培训 《南山经》:杻阳山有玄龟,"佩之不聋"。亶爰山"有兽焉,其状如狸而有髦,其名曰类,自为牝牡,食者不妒"。青丘山"有兽焉,其状如狐而九尾,其音如婴儿……食者不蛊。有鸟焉,其状如鸠,其音若呵,名曰灌灌,佩之不惑"。祷过山"有虎蛟,其状鱼身而蛇尾,其音如鸳鸯,食者不肿,可以已痔"。

风情培训 《山海经》每介绍一些山之后,必定告诉人们这些山上的山神及其所享用的祭品。《南山经》之首山,"其神状皆鸟身而龙首,其祠之礼:毛用一璋玉瘗,糈用稌米,一璧,稻米、白菅为席"。《南次二经》的山神及其所享:"其神状皆龙身而鸟首。其祠:毛用一璧瘗,糈用稌。"《南次三经》的山神及其所享:"其神皆龙身而人面,其祠皆一白狗祈,糈用稌。"

历史培训 《西山经》讲到黄帝峚山取用玉,杀钦䲹;玉山是西王母居住地。《北山经》讲到发鸠山的精卫鸟,是炎帝的女儿。《海外北经》讲到共工氏、夸父等等。据徐旭生先生考证,这些是《山海经》中有确证的。至于尚未确证的,可能是因为当时的话语系统我们现在不能理解。

至于书中那些被历代学者所惊讶的各种怪兽人物,实际上是走婚者所见到的形象,除主观上有所夸张之外,客观上也是由于当时动物坐卧行走各异所造成的视觉幻象,以及原始初民的奇特装扮所形成的印象。据学者指出,贺兰山旧石器狩猎岩画中,有许多人都有长短不一的尾巴。其因,"原始先民为了捕到动物,不得不进行各种伪装。其伪装成何种形象,总是与他们所要猎取动物密切有关,以便于迷惑动物而一举捕获。很显然人类最初用动物形象来装饰自己完全是以功利主义为唯一目的。"《说文》:"尾,微也。古人或饰系尾,西南亦然。"①

如果把《山海经》作为走婚的教科书,就可以修正过去学者的一些认

---

① 崔风祥:《贺兰山岩画与古代狩猎文化》,《武汉体育学院学报》2005 年第 4 期。

识。如《山海经》中关于羲和与常羲的记述的解释,古今学者都认为羲和为日母,常羲为月母。如,"太阳和月亮是同父而异母。……在人们心目中太阳神是女性神,即羲和。"①羲和既然为女性,如何又象征太阳呢?陈江风先生解释说是"母系氏族社会意识形态的遗留痕迹"②,似乎很有道理。实际上仍然是对《山海经》的误读。原始文本《山海经·大荒南经》这样记述:"东海之外,甘水之间,有羲和之国。有女子名曰羲和,方浴日于甘渊。羲和者,帝俊之妻,生十日。"《山海经·大荒西经》:"有女子方浴月。帝俊妻常羲,生月十有二。此始浴之。"这里的关键问题是"浴日"和"浴月",因文后接着讲"生十日"与"生月十有二",所以将其解读为"生日"、"生月",即生产出太阳、月亮。实际上,"浴日"当是晒太阳(或在太阳下),"浴月"当是晒月亮(或在月亮下);"生十日"当是生了孩子之后十天,"生月十有二"当是生了孩子之后一个月十二天。由此,原始文本当解读为:"东海之外,甘水之间,有一个名字叫做羲和的国家。其中有一个叫做羲和的女子正坐在甘水岸边晒太阳。羲和是帝俊的妻子,十天前刚生了孩子。""有一个女子正在月亮下漫步。这是帝俊的妻子常羲,生孩子已经一月又十二天了,这时才出来透风。"显然,这两段文字讲的是走婚阶段的末期夫妻婚姻即将形成而男子还在走婚的事情,是一个刚刚走婚回来的男子给本族的少年讲述其阅历。由此,羲和与常羲不是太阳与月亮的父母,不能象征日月。象征日月的应该是伏羲女娲。

## "黄帝四面":中原地区的黄帝族人到四方去走婚

《太平御览》卷79《尸子》记载:"子贡曰:古者黄帝四面,信乎?孔子曰:黄帝取合己者四人,使治四方,不计而耦,不约而成,此之谓四面。"传说黄帝长了四张面孔,子贡不信,于是请教孔子。孔子回答说,不是黄帝长了四张面孔,而是他派四个人治理四方。1997年长沙马王堆汉墓出土战国帛书《十六经·立命篇》有一段类似的记载:"昔者黄宗(帝)质始好信,作自为象(像)。方四面,傅一心。四达自中,前参后参,左参

---

① 屈育德:《日月神话初探》,《民间文学论坛》1986年第5期。
② 陈江风:《"羲和捧日、常羲捧月"画像石质疑》,《中原文物》1988年第2期。

右参,践立(位)履参。是以能为天下宗。"有学者认为,这里的"方四面"就是"四方面","傅一心"就是"布诚心于四方","参"就是"调查研究"。整个意思是说,"黄帝性和,好问,动为世法;布诚心于四方,朝野情通,海内如一。复能前后参询,左右采获,凡所施为,悉依众谋。此其所以能为天下所宗也。"①但是神话学者则认为,"黄帝四面"的问题应该用神话哲学来解释,不能用"纯理性主义的态度解说"。批评说:"孔子在解释中将作为神话形象的黄帝改换成人间帝王,这样一来,长着四个面孔的神话想象也就被理性化、合理化地说成是黄帝派四人治理四方了。"由此,"人们便不再按照神话想象去理解黄帝四面的说法,也不再将这奇特长相的古神当作神来看待了。于是远古神话中地位显赫的大神在汉族的集体意识中转化为本民族的祖先和建功立业的文化英雄。"《十六经》的叙述中虽然"透露出黄帝神话的影子,而叙述本身已是神话的历史化了,因为黄帝的身份已由天神变为人王了"。由此,那种"好一个善于调查研究、性情温和、作风民主的黄帝"的说法,极为不妥。因"我们华夏的一级文物——四面古神像便第二次被打碎"。从神话哲学看,"黄宗,即黄帝之庙"即"明堂"。"方四面"说的是"清阳、明堂、总章、玄堂这四方太庙分别指向东南西北四方位"。"傅一心"指"处在中心的'太室'将四方太庙联结为一个整体"。"前参后参,左参右参"指"明堂四方太庙又各有三室,合起来正符合一年十二月之数"。"践位履参"说帝王效法天道,"在一年十二个月内'随着方位转动'"。"是以能为天下宗"指明堂建筑结构,"效法宇宙时空原型,故能成为小宇宙模型,成为人王效法天道的统治中心"。②

在这里,把"黄宗"看做是"明堂","黄帝四面"说成是"明堂"的结构,虽然与神话搭上了关系,但是我们看不出神话虚构之处,仍然是理性的分析,是神话的历史化。当然,我们不否认神话的历史化,而且认为神话来自于历史,是历史的神话化。神话研究的任务就是要将神话还原于历史,而不是将历史还原于神话。

由此,"黄帝四面"的问题,虽然是神话,但存有历史的遗绪。我们

---

① 郭元兴:《读〈经法〉》,《中华文史论丛》1979年第2期,第125—136页。
② 叶舒宪:《中国神话哲学》,中国社会科学出版社1992年版,第178—183页。

的任务就是透过神话传说,揭示其历史的因素。孔子的派四人治理四方之说,布诚心于四方之说,或者黄帝宗庙之说,就是围绕这一任务的实践。然其共同的不足在于以今释古。黄帝之时,文明草创,政治与宗教尚为蒙昧,不可能如此理智。

而从弓弩原型分析中可知,其时正是各个部族处于挽弓走婚阶段。所谓"黄帝四面"就是说处于中原地区的黄帝族人,可以到四方去走婚。因东夷、南蛮、西羌、北狄,随处都有人类居住。中原部族以其地理优势和先进弓箭实现完婚的意愿。"黄宗"就是黄帝宗族,不是"黄帝之庙";"作自为象"就是黄帝宗族自己作出族徽,而不是作出一个镜子;"方四面,傅一心"就是说黄帝宗族虽然到四方走婚,但是他们的心情是一致的;"参"的意思是参配,亦即男女结合,不是指明堂四方各有三间房。由此,《十六经》的意思可以表述为:"过去黄帝宗族质朴守信,专门作出族徽标志。虽然可以四处走婚,但怀着一颗负责的心(不乱伦)。从家乡(中原)出发到周边部族寻求配偶,东西南北,前后相续,历代相传。(其结果,周边部族都与黄帝宗族有了血缘关系),因此黄帝宗族成为天下各族的祖宗。"可见,"黄帝四面"、"方四面,傅一心"等说法,揭示了远古及黄帝时期中原各地部族走婚生活的实际情况。

## 四、汉画伏羲、女娲神话

　　曰故□熊雹戏（伏羲），出自□，居于□。田渔渔，□□□女，梦梦墨墨（茫茫昧昧），亡章弼弼，□□水□，风雨是於，乃娶□子之子，曰女皇（娲），是生子四，□□是襄，天路是格，参化法兆，为禹为万（契），以司堵（土），襄晷天步，□乃上下朕断，山陵不，乃名山川四海，□熏气魄气，以为其，以涉山陵；泷汩渊漫，未有日月，四神相代，乃步以为岁，是为四时。

（长沙子弹库帛书乙篇）

　　汉砖石画像中的大量伏羲、女娲蛇身交尾画像，引起学者广泛的关注和研究。有的探究其艺术特征①，有的探究伏羲、女娲交尾图后背景

---

① 如陈江风的《"羲和捧日、常羲捧月"画像石质疑》(《中原文物》1988年第2期)，陈峰的《汉画中的日月神——伏羲女娲》(《南都学坛》1992年第2期)，牛天伟的《音乐神伏羲女娲画像考》(见其作:《汉画与古代神灵信仰习俗研究》打印本第49－64页)，特别是刘渊的硕士学位论文指出，中原地区伏羲女娲画像的特征在于构图简单且又细致，单个形象各异，人首蛇身，束腰衣服；北方地区的特征在于装饰性强，与青龙朱雀白虎等配景出现，有人首龙身且交尾少，雕刻粗犷；西南地区的特征在于双双出现，人首蛇身，各举日轮月轮，蛇尾相交(《汉代画像石上伏羲女娲图像特征研究》，四川大学2005年5月)。

神像(力士)的属性①,有的探究其文化内涵②,这些讨论多局限于创世神的定位,对于其中所蕴含的社会历史内涵,似嫌不够。在这里,笔者以原型分析理论为指导,从社会生活和宗教信仰的角度,认为伏羲、女娲神话折射出远古婚姻制度进程中的夫妻婚制的形成。

## 始祖信仰与"汉以孝治天下"

汉画像中的伏羲、女娲人首蛇尾画面体现着神性的意蕴,即把伏羲女娲作为神像来崇拜。从相关的汉画像考察,可以发现,这种神圣崇拜首先是对于人神即人类的始祖神的崇拜。

汉砖石画像中大量的伏羲、女娲蛇身交尾形象说明,在汉代人的意识中,伏羲、女娲是一对夫妻。如:(1)1976年陕西绥德出土的汉墓门左、右立柱画像,上部分别刻有人首蛇尾的伏羲、女娲,下部同为卷云蔓草纹,女娲下竖立一鱼。时间为东汉。见图4-1。③(2)1956年安徽苏县褚兰镇1号汉墓前室顶盖,伏羲、女娲人首蛇尾,伏羲戴进贤冠,女娲梳簪髻,皆重花边衣服,广袖如翼,环绕莲花翩然而舞。时间为东汉。

---

① 如王建中、闪修山的《南阳汉代画像石三图释证》(《汉代画像石研究》,文物出版社1987年版);陈长山的《高禖画像小考》(《考古与文物》1987年第5期);任积太、王付彤《一幅"驱邪祈福图"考》(《南都学坛》1989年第2期);孙重恩的《伏羲女娲考》(《中原文物》1983年特刊);贺福顺、寻铁勇的《〈高禖画像小考〉一文商榷》(《考古与文物》1992年第1期,又见"伏羲·女娲·人物·奇兽"图像管见——兼与陈长山同志商榷》(《汉画研究——中国汉画学会第十届年会论文集》,湖北人民出版社2006年版,第230—232页);程健君的《南阳汉画像石中的伏羲女娲》(《南都学坛》1988年第2期)。

② 如吕薇的《楚地帛书敦煌残卷与佛教伪经中的伏羲女娲故事》(《文学遗产》1996年第4期),盖山林的《汉画女娲伏羲新考》(《汉画学术文集》,河南美术出版社1996年版,第27—32页)。贺福顺、寻铁勇的《略谈汉画伏羲女娲像的起源、演变和形成》(《中国汉画学会第九届年会论文集》,中国社会出版社2004年版,第78—90页)。

③ 《中国画像石全集》第5卷《陕西、山西汉画像石》图版第110、111,山东美术出版社2000年版。

见图4-2。① (3)出土于南阳县汉石伏羲和女娲交尾画像,画面刻伏羲、女娲均人首蛇躯,头梳髻发,身着上襦,下垂曲尾,有双爪,两曲尾相交,相向而立,同抱一株树。见图4-3。(4)征集于南阳市环城乡的伏羲、女娲交尾汉石画像,画面伏羲、女娲交尾盘桓三圈、下刻一神龟。见图4-4。(5)1986年四川长宁古河乡出土2号石棺后挡画像,画面为伏羲、女娲手捧日月,共捧灵芝,蛇尾相交;伏羲、女娲左右刻有方胜。时间为东汉。见图4-5。②

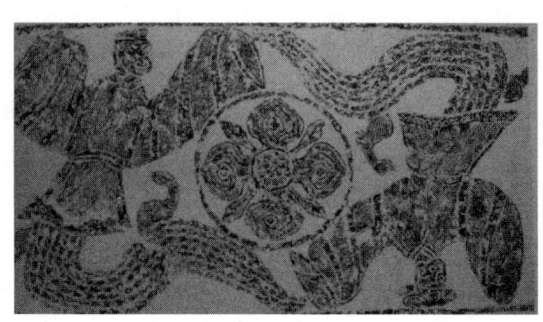

图4-1 陕西绥德汉墓门　　　图4-2 安徽苏县褚兰镇1号汉墓前室
　　　　左、右立柱画像　　　　　　　 顶盖画像

图4-3 南阳县伏羲、女娲交尾画像　图4-4 南阳市伏羲、女娲交尾汉画像

伏羲、女娲的夫妻关系在文献中得到了验证。传世文献中,提到伏羲、女娲的最早当为《淮南子·览冥训》:"伏羲、女娲不设法度而以至德遗于后世。"显然这里还没有说伏羲、女娲是夫妻关系。东汉王延寿在

---

① 《中国画像石全集》第4卷《江苏、安徽、浙江汉画像石》图版第154,山东美术出版社2000年版。

② 《中国画像石全集》第7卷《四川汉画像石》图版第107,河南美术出版社2000年版。

四、汉画伏羲、女娲神话　91

图 4-5　四川长宁古河乡 2 号石棺后挡画像

《鲁灵光殿赋》中描写西汉年间所建造的鲁灵光殿壁画,提到有画像"伏羲鳞身,女娲蛇躯",说明伏羲女娲已经被置于同一画面之中。《汉书人表考》引《春秋世谱》:"华胥生男子为伏犧,女子为女娲。"这里伏羲、女娲是兄妹关系。《风俗通义》:"女娲,伏牺之妹。祷神祇,置婚姻,合夫妇也。"这里的伏羲、女娲由兄妹发展为夫妻。据此,多数学者认为伏羲、女娲的夫妻关系是汉人附会而成。

但是出土文献证明伏羲、女娲的传说战国时代已有。长沙子弹库帛书乙篇就记述着伏羲、女娲神话。"曰故□熊雹戏(伏羲),出自□,居于□。田渔渔,□□□女,梦梦墨墨(茫茫昧昧),亡章弼弼,□□水□,风雨是於,乃娶□子之子,曰女皇(娲),是生子四,□□是襄,天路是格,参化法兆,为禹为万(契),以司堵(土),襄昬天步,□乃上下朕断,山陵不,乃名山川四海,□熏气魄气,以为其,以涉山陵;泷汩渊漫,未有日月,四神相代,乃步以为岁,是为四时。"这段文字的大意是说,创世之初,天地混沌,暗昧无日,风大雨多;伏羲娶女娲生了四个孩子,协助禹和契治理洪水;四个孩子冒着阴冷湿气到四海一边支撑蓝天,一边为山川命名;黑暗中用步履计算时间,确定一年四季。……最终完成了创世的工作。这里没有说伏羲、女娲是兄妹关系,但是已经讲到了两者的嫁娶关系。说明"婚姻的创造被置于创世之初,或曰婚姻作为神创工作中的必要程序(由此证明婚姻的神圣性质),是中国洪水创世神话中的原初性和结构性成分,而不是后世附加或拼接上去的可有可无的要素"[①]。

出土文献不仅说明伏羲、女娲是夫妻关系,而且还是人类的始祖。

---

① 吕薇:《楚地帛书敦煌残卷与佛教伪经中的伏羲女娲故事》,《文学遗产》1996 年第 4 期。

这体现在汉画像中，则是伏羲、女娲交尾的背景神像巨人或力士，说明伏羲、女娲作为始祖神被崇拜和神圣化。

学术界对伏羲、女娲蛇身交尾背景神像一直有争议。王建中、闪修山鉴于"高禖是谋合男女、繁育子姓之神"和沂南汉墓画像上的"玄鸟"图，遂认为是"高禖神"。① 陈长山也认为，伏羲、女娲背后的神像，即伸手拥抱伏羲、女娲的力士，应该是"每年二月即燕子来临的时候祠祀高禖神"习俗中的"高禖神"。② 任积太、王付彤依据少司命"司人子嗣之有无"，因说是"楚人的少司命"，又被称为"高禖之神"。③ 但是孙重恩先生说是"太一神"，"那个巨人可能为'泰一（天神）'或'媪神（地神）'，因为只有'天神'或'地神'才能使他们兄妹匹配为夫妇，以保存人类绵延后代"。④ 贺福顺、寻铁勇也说是"太一神"，"作为天帝的太一神完全有力量约束和控制伏羲、女娲，伏羲、女娲必须按天帝的旨意行事"。所以，"伏羲、女娲图像之间的力士图像不是高禖神，而是主宰包括伏羲、女娲在内的所有天神的天帝即太一神"。⑤ 与"太一神"意同，程健君认为是"民间神"：伏羲、女娲婚姻是来自于"人世之外的掌管世界的民间神"所促成的，民间通常称之为"天"或"老天爷"，实际上"他不可能仅仅是'天'的象征，他可能是民间传说中'乌龟'、'石狮'、'铁牛'、'地母'、'仙翁'等众多'媒介'混合物的艺术反映"。⑥ 陆思贤又提出"豨韦氏"说：汉画伏羲、女娲交尾的意思是说"滋"或"孽"生人类，其中的大神当为"豨韦氏"，即象征着拥有生育能力的如猪的大肚皮。⑦ 在这里，"高禖神"也好，"太一神"也好，"民间神"也好，其实都是指能够主宰伏羲、女娲的力量。从这个意义上说，学者们的意见分歧只是说明了各自所选择视角之不同而已。"高禖神"讲的是社会婚姻，"太一神"讲的是宗教

---

① 《南阳汉代画像石三图释证》，《汉代画像石研究》，文物出版社1987年版。
② 《高禖画像小考》，《考古与文物》1987年第5期。
③ 《一幅"驱邪祈福图"考》，《南都学坛》1989年第2期。
④ 《伏羲女娲考》，《中原文物》1983年特刊。
⑤ 《〈高禖画像小考〉一文商榷》，《考古与文物》1992年第1期；又见《"伏羲·女娲·人物·奇兽"图像管见——兼与陈长山同志商榷》，《汉画研究——中国汉画学会第十届年会论文集》，湖北人民出版社2006年版，第230—232页。
⑥ 《南阳汉画像石中的伏羲女娲》，《南都学坛》1988年第2期。
⑦ 《神话考古》，文物出版社1995年版，第281—290页。

神学,"民间神"讲的是民间信仰。各种说法可以说各有千秋,无分轩轾。

笔者借助于原型批评理论,从历史发展的角度,认为是远古初民由血缘群婚到对偶婚形成过程中的走婚者。因最先走婚的是女性,由此背景神像就是女子,是"寻求配偶的成熟少女",也就是"大母神",也可以说是女娲。《绎史》卷3则说:"女娲祷祠神祈而为女媒,因置婚姻。"(1)1932年山东平邑县平邑镇出土的黄圣卿东阙南面画像,画面分为五层,最上层中间刻一神人怀抱手执规矩、人首蛇尾的伏羲、女娲,左有玄武,右有朱雀。时间为东汉章帝元和三年(公元86年)。见图4-6。①
(2)1972年河南唐河针织厂出土汉墓北主室北壁西端画像,画面右边为高禖神头梳高髻,眉清面秀,鼻细目圆,手拥人首蛇躯、手执仙草的伏羲、女娲;画面左边为斗牛、龙虎相戏。时间为西汉。见图4-7。②

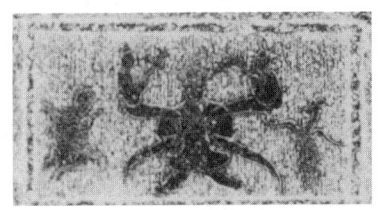 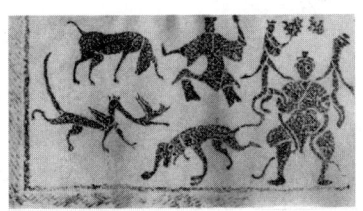

图4-6 山东平邑县黄圣卿东阙南面画像　　图4-7 唐河针织厂汉墓画像

嗣后,男子挽弓射猎逐渐代替女性成为走婚者,因此背景神像也可以说是男子,或者也可说是伏羲。(1)1954年山东沂南北寨村出土汉墓门东立柱画像,画面为浅浮雕,分两层,上层为神人拥抱手执规矩、人首蛇尾的伏羲、女娲,左右上角各缀有飞鸟;下层为东王公戴胜拱手打坐在以龙为底座的山字形正中,两侧为捣药兔。时间东汉晚期。见图4-8。③(2)1983年山东嘉祥纸坊镇出土画像,凹面线刻,画面分三层,上层为头戴山字形冠饰、三角眼、阔嘴露齿的神人,宽裙舒袖,怀抱伏

---

① 《中国画像石全集》第1卷《山东汉画像石》图版第8,山东美术出版社2000年版。
② 《中国画像石全集》第2卷《山东汉画像石》图版第115,山东美术出版社2000年版。
③ 《中国画像石全集》第1卷《山东汉画像石》图版第182,山东美术出版社2000年版。

羲、女娲。见图4-9。① (3)1933年河南南阳市区出土画像,画面正中为赤身裸体的高禖神,头梳高髻,面方目炯鼻挺,宽肩蜂腰,玉根微凸,怀拥人首蛇躯、互相面对的伏羲、女娲。时间为东汉。见图4-10。②

图4-8　山东沂南汉墓　　图4-9　山东嘉祥纸坊　　图4-10　南阳市区出土
　　　　画像　　　　　　　　　　镇出土画像　　　　　　　画像

在这里,背景神像不仅随着婚姻的进程由女性神转化为男性神,而且随着汉代信仰的变化,其主角也在不断地转化。东汉后期,随着西王母信仰的普及,西王母和东王公也曾荣登其位,先后充当大母神的角色。比如,以西王母为背景的伏羲、女娲蛇身交尾画像有:(1)山东滕州市桑村镇大郭村出土画像,浅浮雕,画面分为两层。上层中间刻西王母头戴凹冠和胜,端坐,两侧为手执便面的伏羲、女娲,蛇尾相交于下;左有九尾狐,右有玉兔、蟾蜍;下左坐三人头戴凹冠显系女子,右坐三人狗面显系男子,中间为二壶。下层刻牛车、羊车各一辆,有飞鸟伴行。时间为东汉中期(公元89~146年)。见图4-11。③ (2)山东微山两城镇出土,浅浮雕,画面刻西王母正中端坐,头上栖息一鸟,身后两缕云气;伏羲、女娲各执便面于左右,下身蛇尾绞缠呈双璧,各连一朱雀。西王母左肩上有榜题"西王母"。时间为东汉中晚期(公元89~189年)。见

---

　　①《中国画像石全集》第2卷《山东汉画像石》图版第115,山东美术出版社2000年版。
　　②《中国画像石全集》第6卷《河南汉画像石》图版第207,河南美术出版社2000年版。
　　③《中国画像石全集》第2卷《山东汉画像石》图版第204,第41,第229,山东美术出版社2000年版。

图 4-12。① （3）1958 年山东滕州市三村镇西户村出土画像,减地平面线刻,画面分为 8 层。最上层刻西王母头戴胜冠,端坐,左右为伏羲、女娲手执便面,蛇尾相交于下;左有龙、仙兽,右有玉兔捣药。二层有九尾狐二只,怪兽四只……时间为东汉晚期（公元 147～189 年）。见图 4-13。②

图 4-11　山东滕州市桑村镇大郭村画像　　图 4-12　山东微山两城镇画像　　图 4-13　山东滕州市三村镇画像

以东王公为背景的伏羲、女娲蛇身交尾画像有:(1)1959 年山东邹城市郭里乡黄路屯出土的门柱画像,浅浮雕,画面上部刻东王公拱手端坐,两侧为伏羲、女娲下身蛇尾相交,上身共举一日轮;下部刻二鸟相吻,一鸟啄鱼。时间为东汉中期（公元 89－146 年）。见图 4-14。③ （2）1983 年山东滕州出土画像,浅浮雕,画面三层。最上层刻东王公正中端坐,两侧为神兽供奉和仙人戏兽;左右两边为伏羲、女娲蛇尾相望。时间为东汉晚期（公元 147－189 年）。见图 4-15。

因为铺首衔环的信仰,铺首甚至也扮演了大母神的角色。如图 4-16,是笔者从汉画像石网上所下载的一幅铺首衔环伏羲、女娲交尾画像,画面两侧为三竖排的菱形纹饰,中间为伏羲、女娲交尾玉环内,下面刻绘鱼儿。再如图 4-17,1982 年山东滕州市官桥镇出土画像,浅浮雕,画面正中刻铺首,两侧为伏羲、女娲相对,蛇尾相交于环内。时间为东

---

① 《中国画像石全集》第 2 卷《山东汉画像石》图版第 204,第 41,第 229,山东美术出版社 2000 年版。

② 《中国画像石全集》第 2 卷《山东汉画像石》图版第 204,第 41,第 229,山东美术出版社 2000 年版。

③ 《中国画像石全集》第 2 卷《山东汉画像石》图版第 84,山东美术出版社 2000 年版。

汉晚期（公元 147～189 年）。① 再就是山东滕州出土汉石画像，画面正中所刻绘的被称作"神物蹲踞，两足有璞，左侧伏羲、右侧女娲，皆手触神物头角，其尾与神物两腿相交"。仔细观察，画面中间的神物实际上是一个铺首衔环，伏羲、女娲交尾于圆环之内。见图 4-18。②

图 4-14　山东邹城市郭里乡画像　　　图 4-15　山东滕州画像

图 4-16　铺首衔环伏羲　　图 4-17　山东滕州市官　　图 4-18　山东滕州出
　　　　　女娲交尾画像　　　　　　　桥镇汉石画像　　　　　　　土汉石画像

由上所述，背景神像无论是女子或男子，无论是西王母或东王公，无论是铺首或是孙重恩先生所说的"媪神（地神）"（此即我们所说的女神或大母神）或"泰一（天神）"（此即我们所说的男神或蹶张神），总之，都是原始始祖的象征。始祖生育了儿女，而儿女的结合就哺育出万千的人类。这在岩画中得到了形象的描绘。在岩画中，如图 4-19，一浓眉大眼、高鼻大嘴、面形粗犷的男子，右臂平伸，右手上举，左手把持着自己

---

① 《中国画像石全集》第 2 卷《山东汉画像石》图版第 181，山东美术出版社 2000 年版。

② 《中国画像石全集》第 2 卷《山东汉画像石》图版第 153，山东美术出版社 2000 年版。

四、汉画伏羲、女娲神话    97

的生殖器。生殖器刻画得粗大,长度几乎与人体相等。对面的女性戴高帽,帽顶插翎羽;蛋圆形面庞上,大眼高鼻细嘴,宽胸细腰,双腿修长,形体俏丽。在这一隐喻男女交媾的图像下,则是两列欢跳的小人,每列二三十不等,均上身前倾,躬腰屈腿,形体动作一致,其热烈、欢快的情绪,剧烈的形体动作,宛如在跳一曲"古代迪斯科"。这幅画揭示了整个岩画的主题:巨大的男女人像,象征着男女媾合;而下面的两列小人,则象征着人丁兴旺发达、人口繁衍不息的美好前景。与《道德经》的"道生一,一生二,二生三,三生万物"的论述相吻合。"背景神像·伏羲·女娲",三者构成汉画像始祖神崇拜的主角,其因概源于此。

图 4-19　岩画

　　在众多的伏羲、女娲画像中,最能体现其始祖神性质的,当推山东武梁祠伏羲、女娲蛇身交尾画像。因为,第一,位置和榜题。在武梁祠右壁上层一排古帝王画像中,伏羲、女娲交尾画像被置放为之首,其后依次为祝融、神农、黄帝、颛顼、喾、尧、舜、禹、桀。伏羲、女娲身旁的榜题为:"伏戏(羲)苍精,初造王业,画卦结绳,以理海内。""榜题中只字未提伏羲的先人",而"提到的他的贡献显示出伏羲被看成为人类历史的开创者"。第二,画面内容。伏羲、女娲蛇尾相交,"下半身作正面表现,但头部和上身却转向"对方,中间一个孩子,一手拉伏羲,一手拉女娲,"是童蒙人类的象征"。第三,伏羲的位置和动作。伏羲"位于女娲之右

图 4-20　江苏徐州睢宁县双沟征集画像

且面向左边","面向他的配偶女娲以及所有跟随他们的君王";他扬起的右手表达了历史的开始,而紧跟其后的帝王表明了继承。设计者通过图像语言有意识地表现了"二者承前启后的象征意义"。再就是江苏徐州睢宁县双沟征集画像,画面刻伏羲、女娲人首蛇躯作绞缠状,左右下方刻有二小人,也是人首蛇躯。由此表明人的自身在繁育,隐含着伏羲女娲为始祖神。见图4-20。①

## 性欢爱与夫妻伦理

伏羲、女娲蛇身交尾,其文化意蕴,则是对男女性交媾的讳饰。"蛇"在古文化中象征着性媾合。《淮南子·泰族训》:"腾蛇雄鸣于上风,雌鸣于下风,而化成形,精之至也。"这里的"腾蛇"就是"螣蛇"。闻一多先生《伏羲考》说:"牝牡相交谓之腾。"又说,"'雄鸣于上风,雌鸣于下风,而化成形',正是由二蛇相交的观念演化出来的一种传说。"取蛇譬喻性交,应该是祭祖仪式中巫师做法的形式,既暗喻着性爱,又具祭祀之神圣性。《山海经·海内经》曰,南方"有人曰苗民。有神焉,人首蛇身,长如辕,左右有首;衣紫衣,冠旃冠,名曰'延维'。人主得而飨食之,伯天下"。这里的"延维"就是"委蛇",就是"左右有首"的双头蛇。按《伏羲考》所说,"《山海经》等书里凡讲到左右有首,或前后有首,或一身二首的生物时,实有雌雄交配状之误解或曲解"。② 其实,不是"误解或曲解",而是祭祀仪式中的讳饰。可见,依照《山海经》的记述,南方的苗族确实曾经存在着以双头蛇(或双蛇交尾)为象征的性爱崇拜。伏羲女娲皆为蛇身,则说明两人很可能就是来自于蛇崇拜的部族或经过其整理的性爱之神,或者说是来自于拥有共同信仰的血缘集团。"双蛇形象还给我们提供了另一种信息,即伏羲、女娲在观念上被认为本属于同一个血缘集团,共同奉蛇为神物,伏羲、女娲双蛇(交尾或不交尾)图的

---

① 《中国画像石全集》第4卷《江苏、安徽、浙江汉画像石》图版第104,山东美术出版社2000年版。

② 闻一多:《伏羲考》,载苑利主编:《二十世纪民俗学经典·神话卷》,社会科学文献出版社2002年版。

确是他们同胞配偶的物化形象。"①总之,蛇尾相交,隐喻着性的交媾。"像伏羲、女娲人首蛇身交尾的汉石画像,当然是男女交媾的象征,毫无疑问是性行为的反映。这汉石画像可能是古之'春宫画',但并非有伤风化、败坏伦理道德的狭邪淫欲意识,而是出自原始先民对祖先和生殖的崇拜观念。"②伏羲、女娲交尾图像,"显然表现的是女娲、伏羲在交媾前的情状,两人情意缠绵,如痴如醉,蕴涵着欲交媾的生理要求和强烈的性欲,他们面对着面,虽然默默无语,但却凝神传情"③。

由此可以说,汉砖石上的伏羲、女娲画像实际是现实男女媾和的象征。如此,若撩开伏羲、女娲蛇身交尾的讳饰,即可看到汉代男女那直接的赤裸的媾合场面。

## 1. 男女相对画像

(1)图4-21,铜山县茅庄征集画像,画分三层。上层二龙交颈、二鸟交合,中层大鸟、二骑吏,下层刻房屋,屋顶左一凤鸟,右二鸟交合,屋内夫妻对立交谈,屋外有一侍者。时间为东汉。④

(2)图4-22,1988年铜山县义安征集画像,画面分三层。上层刻4只凤鸟,中层刻直棂式窗子,窗子左边有常青树,右边为落有一鸟的扶桑树;下层刻房屋,屋内有夫妻二人对坐。时间为东汉。⑤

## 2. 男女接吻画像

(1)图4-23,1984年在南阳方城征集的门扉画像石。画面上男头戴冠饰,衣交领长襦,女头梳"堕马髻",衣着长襦,腰束绶带;男女相向而立,紧紧相偎,男子左、右手从女右、左胁插下提抱女子腰肢,女子左

---

① 吕薇:《楚地帛书敦煌残卷与佛教伪经中的伏羲女娲故事》,《文学遗产》1996年第4期。
② 张连举:《〈诗经〉生殖崇拜论》,《宝鸡文理学院学报》1996年第1期。
③ 盖山林:《汉画女娲伏羲新考》,载韩玉祥主编:《汉画学术文集》,河南美术出版社1996年版,第27—32页。
④⑤ 《中国画像石全集》第4卷《江苏、安徽、浙江汉画像石》图版,第62,第78,山东美术出版社2000年版。

手隐于男子怀中,右手搂抱男子左侧;男女双颊贴近,似欲接吻。①

图 4-21　铜山县茅庄征集画像

图 4-22　铜山县义安征集画像

图 4-23　南阳方城征集的门扉画像石

图 4-24　四川乐山崖墓画像

（2）图 4-24,四川乐山凌云山麻浩大地湾崖墓画像,浅浮雕,图中二人对坐,右人手搭于对方肩上,左人则手抚对方后背,二人面庞微仰,嘴巴接吻。时间为东汉。②

（3）图 4-25,1969 年四川荥经城郊出土石棺左侧画像,画面有 4 个大斗拱,中间一门将画面分隔为两部分。左侧有一对男女盘腿拥坐,男子正手捧女子下颚亲吻。门中少女正半开门外望,门左右各有一朱雀。右侧为西王母打坐。时间为东汉。③

---

① 刘玉生：《"秘戏"汉画像石管窥》,《中原文物》1986 年增刊。
② 《中国画像石全集》第 7 卷《四川汉画像石》图版第 9。
③ 《中国画像石全集》第 7 卷《四川汉画像石》图版第 111－114。

四、汉画伏羲、女娲神话　101

图 4-25　四川荥经石棺画像

### 3. 夫妻交媾画像

（1）图 4-26，四川德阳市黄许镇出土汉砖画像（重庆市博物馆收藏），帷幔里，一张席子上，男女正在交媾。女正面仰卧，头下有枕，发髻拖翘于席，双腿上盘，紧卡男腰。男子匍匐于女子身上，伸嘴亲吻女唇；而男根插于女子体内，睾丸微露。①（2）图 4-27，徐州贾汪征集的画像石，阴线刻，画面分为上中下三层。上层有房屋，室内二人坐在榻上交谈。下层刻有人物和动物，已漫漶不清。中层右部分刻有男女交媾，女着上衣仰卧，下身裸露，右侧男子赤裸拥抱并压其身上；左部分刻有男子双手抱其挺直的男根，指向交媾的男女，男子身后还有一女子似在拉他；中间刻绘两只鸟儿。② 显然，左部分的男女为现实的生活场景，而右部分的男女为梦幻中的场景。或者，左部分的男女为交媾前的准备，右部分男女为实际的交媾。

图 4-26　四川德阳市黄许镇出土汉砖画像

---

①　高文、王锦生编著：《中国巴蜀汉代画像砖大全》图版第 67，国际港澳出版社 2002 年版，第 69 页。

②　武利华：《汉画像石"秘戏图"研究》，朱青生：《中国汉画学会第九届年会论文集》，中国社会出版社 2004 年版。

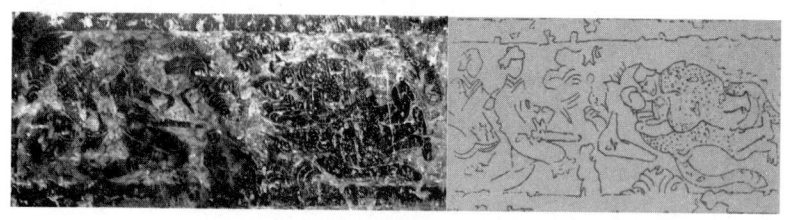

图 4-27　徐州贾汪征集的画像石及其临摹画像

综合上述汉画像画面,如果我们再结合汉画像中的以螺女为代表的美女形象和以蹶张为代表的帅哥形象,那么就可以看出一段性生活的卡通片:美丽的少女,英俊的男子,俊男靓女相见,先亲吻,然后是赤裸的交欢。

在这里,若是我们撇开神树崇拜中的群婚杂交场面,那么可以说,汉画像中的男女相对而坐、接吻和交媾画面,都表明了人类婚姻的进步,即由血缘杂交逐渐走向走婚(先是女子走婚,而后是男子走婚),再演化成夫妻婚制。其实,汉画中的交媾场面已经或多或少说明了这一点。安徽灵璧县九顶镇出土的画像石,更充分表明了夫妻婚姻生活的场景,如图 4-28。画为阴线刻,整个画面可分为四层。最上层,夫妇各执便面,坐在榻上用膳,侍女在一旁侍候;二层,男子手执便面,与其四个照镜自观的妻妾凭栏观看斗檐上的一对鸟儿;三层,一女子正在纺织,男子左手执便面,从女子身后搂抱而吻,女子转身相接,一仆人抱小孩正揭帘而入;最下层,轺车出行,车上有一御者和一手执便面的乘者。① 在这里,为了能够清晰地看出图画的内容,我们将陈安世所临摹的简图放在旁边加以对照。② 由此,如果我们从下往上依次而观,则可看出这幅画像可以说简约地勾画了汉代人的家庭生活:男人下朝回家,妻子正在纺织,他走上前与其亲吻;然后上楼,与其他妻妾赏玩景观,然后他挑选一妻共进晚宴。如果与四川德阳帷幔里男女交媾画面相对接,接下来就是男女在帷幔里热烈地交媾。显然,这是现实的汉代人生活场景,不是神话或神意的世界。

---

① 《中国画像石全集》第 4 卷《江苏、安徽、浙江汉画像石》图版第 180,山东美术出版社 2000 年版。

② [越南]陈安世(Yenthe Tranhau):《解读山东微山沟南村汉墓画像石丧葬图》,中央美术学院硕士学位论文 2004 年 5 月。

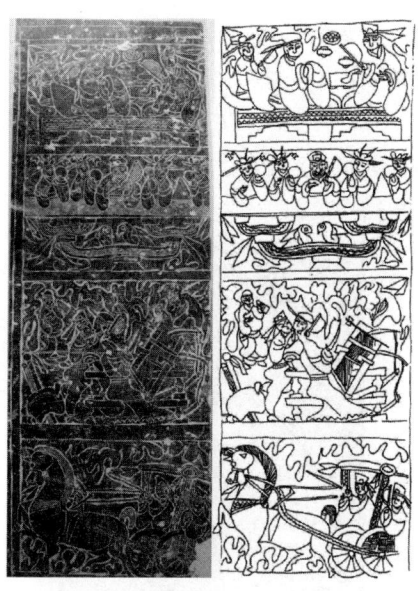

图 4-28　安徽灵璧县九顶镇出土的画像石及其临摹画

由此可见,在现实生活中,汉代人讲究性生活,特别注意夫妻性关系。长沙马王堆帛书中《天下至道谈》:"圣人合男女必有则也。"这里的"合男女"就是指男女的媾合,"有则"就是有规范规定需要遵守。据我们的理解,"有则"包括性爱技巧和性爱道德两方面的规范。

其一,就性爱方式即性技巧而言,讲究男女之间尤其是女子的性高潮。

帛书中的《合阴阳》,以及《十问》、《天下至道谈》、《养生方》、《杂疗方》等书中的许多篇章,多是讲述性技巧的。有学者以《合阴阳》为例,讲述了性爱的九个步骤。诸如"操楯"、"戏道"、"致气"、"十动"、"十节"、"十修"、"观八动"、"听五音"、"察十已之征",等等。其中心问题是使女子达到性高潮。如"戏道":"一曰气上面咸(热),徐呴;二曰乳坚鼻汗,徐抱;三曰舌溥而滑,徐屯;四曰下汋股湿,徐操;五曰嗌干咽唾,徐撼。此谓五欲之征。"就是说在抚摸女子时,当其面红耳赤,乳房坚挺,鼻头出汗,舌头滑润,下身湿润,咽喉干燥,这时男子要轻轻继续亲吻,拥抱,吮吸,抚弄,摇动。又如"十修":"一曰上之,二曰下之,三曰左之,四曰右之,五曰疾之,六曰徐之,七曰希之,八曰数之,九曰浅之,十曰深之。"是说男子插入要讲究高、下、左、右、疾、徐、希、数和深、浅。①汉画像中有的画面即可看出一些性技巧的动作。如四川彭山县第550号崖墓画像，深浮雕，画面为男右女左，眼睛微闭，裸体拥抱，男右手抚摸女乳房，女左手搂抱男肩膀，右手与男左手相握。时间为东汉。见图4-29。②

图4-29　四川彭山县第550号崖墓画像

汉代人这样地讲究性生活，除了贪图性交中的肉体快乐，主要是当时人们认为和谐有节制的性交媾可以强身健体。如男子插入女子身体次数的多少可以给男子带来不同的健康感受："一动勿决，耳目葱（聪）明，再而音声（章），三而皮革光，四而脊胁强，五而尻脾（髀）方，六而水道行，七而至坚以强，八而奏（腠）里光，九而通神明，十而为身常。"当然，性交是男女都受益的事情。所以，《合阴阳》曰："昏者，男之精将；早者，女之精责（积）。吾精以养女精，前脉皆动，皮肤气血皆作。故能发闭通塞，中府受输而盈。""这就是说，男女之精在一昼夜的时间里，盛衰周期恰恰相对，可以互补。按照《合阴阳》之方去做，男女前阴部位汇合的众多脉搏都会因摩擦和兴奋而快速跳动，皮肤和气血也都膨胀和加快流通，所以能够横开郁闭，打通瘀滞，使血脉经络通畅，使脏腑源源不

---

① 朱越利：《马王堆帛书房中术的内容》，载李学勤、谢桂华主编：《简帛研究二〇〇一》，广西师范大学出版社2001年版。
② 《中国画像石全集》第7卷《四川汉画像石》图版第21，河南美术出版社2000年版。

断地获得气血补充而精气充盈。"①《汉书·艺文志》:"房中者,性情之极,至道之际,是以圣王制外乐以禁内情……乐而有节,则和平寿考。及迷者弗顾,以生疾而陨性命。"

其二,就性爱伦理而言,一方面是讲究夫妻之间的坚贞不渝,剔除群婚乱交的习俗。

在这里,如果从人类性生活和婚姻发展史上讲,夫妻交媾画面和伏羲、女娲交尾画像,都是对于两性婚姻关系的肯定和确认。它标志着对偶婚或相对稳定的男女关系的形成。这对于人类自身的发展来说,无疑是一个重大的进步。因为,男女的稳定性生活即夫妻关系的确定可以排除因群婚或走婚的性紊乱所造成的疾病。群婚的血族性生活给人类带来的疾病自毋庸待言,即使走婚的外婚制性生活因其身体发育的成熟和性意识的增强,较为容易造成群交的情况发生。加之生物本能的独占排异机能,使得处于走婚的男女尤其是女性容易感染性病。远古先民在性生活实践中,逐渐意识到相对固定的男女性生活即可避免性病的发生。于是由对偶婚逐步演变为固定的夫妻婚姻制度。另外,就走婚而言,由于男子挽弓射猎要奉献给女子食物和衣饰,成本相对过高;加之随着人口的增长,捕猎也越来越困难,年轻男子于是不再随意地交出猎物给不相识的女子以获得一夜情;而女子出于生物繁殖后代的本能,也会顾虑到今后哺育小孩之艰辛,也不会轻易接纳陌生男子。这样,男女性关系愈趋稳定,最终形成了夫妻婚姻制度。汉代铜镜铭文中,有很多反映夫妻感情的铭文诸如:"见日之光,长毋相忘";"日有喜,月有富,乐毋事,常得意。美人会,竽瑟侍";"七子九孙居中央,夫妻相保如威央兮";"愁思悲,愿君忠,君不说,相思愿毋绝";"二姓合好,女贞男圣,夫妇相爱,造此信物";"愿长相思,久毋见忘";"心思美人,毋忘大人",等等,可见期盼夫妻恩爱和睦之意,可谓情真意切,"相思之情,几乎成为时代的最强音"。②司马相如在《美人赋》中表明自己在温馨的闺房中面对美妙香艳的裸体少女而不动欲念,其实就是对男子忠贞的流

---

① 朱越利:《马王堆帛书房中术的内容》,载李学勤、谢桂华主编:《简帛研究二〇〇一》,广西师范大学出版社2001年版。

② 刘玉生:《"秘戏"汉画像石管窥》,载其编著:《方城汉画》,香港天马图书有限公司出版2003年版,第161页。

露。汉画秋胡戏妻和烈女画像,则歌颂女子的贞节。如图4-30,四川大学博物馆所收藏的出土于彭山崖墓石函侧面画像,画面右侧三人交谈,两人握手,一人拱手,握手者垂下绅带,拱手者则头戴锐顶冠,披长剑;中二人各执长剑,左者右手执鼓;左侧两人,一为秋胡子执长剑,正与面前采桑女子攀谈,女子姿态优美。① 秋胡子没有认出这女子就是自己的妻子,向其炫耀自己的身份,企图携其私奔,遭到女子的拒绝。等到他回到家里,方知采桑女子就是自己的妻子,而其妻已羞辱自杀。尽管这其间包含着政治的说教,但毕竟流露出坚持固定夫妻性生活的人类学意向。

图4-30 彭山崖墓石函侧面画像

另一方面是强调外婚制,禁止血缘之间的性关系。在人类性生活和婚姻史上,女子或男子的走婚,是避免血缘群婚从内婚制走向外婚制的开始,由此形成了对偶婚,进而发展为稳定的夫妻婚姻关系。这说明人类已经打破以血缘为纽带的氏族生活,开始走向以地域为联系纽带的社会生活。人类已经逐步由蒙昧走向文明。可见,族外婚和家庭的形成,是文明产生的主要标志。至于文献记载和民间传说中,都谈到伏羲、女娲是兄妹婚姻。这似乎又回到原始群婚的血族性关系,其实不然。传说伏羲、女娲原为兄妹,因洪水之后只剩下兄妹二人,为繁衍人类,通过难题求解,不得已而结为夫妻。很多学者说这是创世神话,说明了远古人类对于世界的认识。实际上体现着远古人类对于性关系和婚姻的认识,其中有三层含义:第一,在洪水以前,人类的性关系已经是族外婚,不是血亲的。第二,洪水之后的结合,说明性意识的觉悟。借助于偶发的自然因素,人类的性意识突然觉醒,也更加关注两性关系。

---

① 《中国画像石全集》第7卷《四川汉画像石》图版第202,河南美术出版社2000年版。

在此以前，两性关系是不自觉的，带有蒙昧的特点；在此之后，两性关系是自觉的，豁明的。第三，难题求解后的结合，表明血缘性关系是受到禁止的。汉画像中伏羲、女娲交尾图，大多都是伏羲、女娲高举着规矩，既是对于两性婚姻制度确立的标志，同时也是对于乱伦婚姻的禁止。传世文献也明白地指出了血缘性关系的被禁止。

讲究性爱技巧和性爱道德，是汉代人理性的诉求和一般的道德要求，更是社会发展的基本趋向。《后汉书·列女传》载班昭《女诫》说："夫妇之道，参配阴阳，通达神明，信天地之弘义，人伦之大节也。"在现实生活中，对于违背这些道德要求的，将给予严厉的惩罚。《汉书》卷53《景十三王传》就透露了汉景帝的儿孙抛弃人伦道德，极端荒淫的性生活。一方面是不遵夫妻之道，无视女子之人格，聚众群交。江都王刘非生病期间，儿子刘建召其所宠爱的妃子淖姬等十几人"与奸"。刘建继承王位后，"专为淫虐"，"欲令人与禽兽交而生子，强令宫人裸而四据，与羖羊及狗交"。中山靖王刘胜"为人乐酒好肉，有子孙百二十人"，自诩"王者当日听音乐，御声色"。他的哥哥赵王刘彭祖喜欢行政，"专代吏治事"。他讥讽刘胜不会做王，而刘胜则反讥他"奢淫"。实际上刘彭祖为人"心深刻"，城府深，表面上喜欢行政，暗地却"多内宠姬及子孙"，与刘胜一样。另一方面是不顾廉耻血族交媾。江都王刘建乘其父丧葬期间，与妹妹徵臣私通。赵王太子刘丹"与其女弟及同产姊奸"。广川王刘齐与其"同产"姊妹"奸"。广川王刘海阳更是宣淫，"坐画屋为男女裸交接，置酒请诸父姊妹饮，令仰视画"。以至于"后来的中国文献硬把他说成是春宫画的始作俑者"①。值得注意的是，《汉书》所以记载这些乱伦之事，是以劝诫为目的。就班固个人来说，完全是持批评态度的。他说汉朝数以百计的诸侯王，"率多骄淫失道"，固然客观上是出于王公贵族的社会地位，"沉溺放肆之中，居势使然也"；但主观上也是个人不修其德，"古人以宴安为鸩毒，亡德而富贵，谓之不幸"。批评讥讽之意，溢于言表。

至于为什么将男女交媾画像和伏羲、女娲交尾画像置入墓祠之中，一些学者认为取其"保护神"的意思。"它所反映的是一种普遍的民族

---

① ［荷］高罗佩：《中国古代房内考》，李零、郭晓惠译，上海人民出版社1990年版，第86页。

心理,远古至今的人皇始祖不仅是他们的创造者,也是他们死后灵魂的依托者。因而他们用这种方式企求传说中的人皇始祖保佑他们的灵魂安宁。正如袁珂先生说:'正因为他们是始祖神,所以又成了保护神。古人祠墓多刻绘伏羲、女娲画像者,就是取其保护死者,使他安享地下快乐的意思。"①在这里,说使死者"安享地下快乐",还有点道理,说是保护神则有些偏差。至于伏羲、女娲交尾画像于墓祠中的原因,在我们看来,一方面是源自于"视死如生"观念。经过黄老道家和谶纬经学的洗礼,汉代的民间信仰虽然较为复杂,但在儒家"孝道"思想的影响下,祭祖敬宗则是其核心的内容。而在孔子的"祭如在,祭神如神在"祭祀思想指导下,汉代人存在着"视死如生"的观念。于是随葬各种生活用品,祈求死后能够继续享受生前(或享受生前没有)的幸福生活。同时又在墓壁上雕刻绘画各种交媾的场面,以象征其死后的欢乐。可见,男女交媾画像和伏羲、女娲交尾画像象征着死后男女依然享受着性生活的快乐。另一方面是源自于"起死回生"观念。人类学告诉我们,把死看做是生的开端,是古人类的一种普遍意识。而生的源头在于男女性的交媾。古印度"时母在湿婆身上跳舞",时母头戴莲花冠,一手提着人头,一手持剑上举,一手上托,站在湿婆身上;湿婆仰卧在席上,左手伸直抚着自己的左大腿,右手握着花棍子,玉根巍然高翘,对着时母的胯下;湿婆左边是骷髅和朽骨,一老鼠正啃噬腿骨,右下边一鹰正啄食腿骨。这是死生相交的画面,寓含着死中有生,生中有死;而性交媾则构成画面的主体。由此可见,在葬祭死者时,将男女交媾的画像或伏羲、女娲的交尾画像置入墓壁上,可以说是对死者尽快新生转世的寄托和哀思。庄子的"方生方死,方死方生",看似相对主义,实际上正是这种信仰的明确表述。正如学者猜测红山文化中将男女交媾雕塑置入墓中的原因:"可能表示了他们的另一种观念:希望死者与生者相连,死亡中孕育着新生,让生命代代延续,或者是祈求亡者的灵魂保佑后人生育。无论如何,他们很有可能是通过这种方式,在缅怀死者逝去的同时,表达对新生命的渴求。"②

---

① 陈丽萍:《关于新疆阿斯塔那—哈拉和卓地区出土的伏羲女娲画像及一些问题的探讨》,《敦煌学刊》2001年第1期。
② 冯利:《红山文化中生殖的崇拜》,《民族艺术》2001年第1期。

## 日月崇拜与天人合一精神

  作为始祖神,女娲的重要贡献就是遏制洪水,改善自然;伏羲的重要贡献就是创制文明,演绎八卦。而洪水的驯服,显示了女娲如水一样的阴柔;文明的创制,显示了伏羲如日一样的阳刚。加之远古以来的光明和太阳崇拜信仰,以及伏羲"近取诸身,远比诸物"的原始思维的助长,人们很轻易地就将对于人类的认识比之于宇宙,于是认为天体的构成是父天母地,父日母月。这样,女娲就成为月亮神,伏羲就成为太阳神。由此,始祖神与日月神重合,成为汉代祭祀和崇拜信仰的偶像。在汉画像中,有许多伏羲、女娲交尾并各举日月或胸含日月的图像,可以说这正是日月神的象征。如陆思贤说:"伏羲、女娲分别手捧太阳与月亮,意为伏羲是太阳神,是阳精;女娲是月亮神,是阴精;取义阳光雨露滋育着万物。"[1]牛天伟也说是日月神崇拜。因为第一,伏羲的"羲"与"曦"通假,蕴涵着"'日光'之意";女娲为"阴帝","是太阳神伏羲的配偶,而月亮的别名为太阴星","自然就是月神了"。第二,日月神与始祖神在古代同样受到崇敬,在祭祀中重合,"伏羲、女娲不仅是人类的男女始祖神,同时又是兼司日月神之职"。第三,汉墓墓顶在汉人心目中象征着天空,而伏羲、女娲画像多出现在墓顶石或过梁石上。[2] 比如图4-31,1988年河南南阳麒麟岗汉墓出土的前室顶部画像,有9块石组成,天帝(实际上就是太一神)打坐正中,前朱雀后玄武,左青龙右白虎,左右为伏羲、女娲人首蛇躯,胸部为日轮月轮,身后分别为北斗七星、南斗六星,遥相呼应,其间云气环绕。时间为东汉。[3]

  在日月神的伏羲、女娲画像中,尚有两幅画面需要讨论。一幅是1978年南阳唐河湖阳出土的立柱汉石画像,如图4-32。画面中有两人

---

 [1] 陆思贤:《神话考古》,文物出版社2002年版,第281页。
 [2] 牛天伟:《日月神伏羲女娲画像》,见其作:《汉画与古代神灵信仰习俗研究》打印本,第30—48页。
 [3] 《中国画像石全集》第6卷《河南汉画像石》图版第128,河南美术出版社2000年版。

图 4-31　南阳麒麟岗汉墓出土的前室顶部画像

首蛇躯,长尾相交,上者上举双手捧一圆,圆内画有蟾蜍,象征月;下者双手举一圆,圆内画有鸟,象征日。编者题名为"羲和主日,常羲主月"。① 陈江风先生不同意这种题名。他说:"日与月在汉代人意识中不仅代表'阴'与'阳',而且是'夫'与'妇'的象征,它们可以代表男女二性与阴阳二气。""在谶纬迷信盛行的汉代,人们确以日、月表现阴阳,象征男女。"而根据《山海经》的记载,"羲和与常羲同为帝俊之妻,都是女神"。由此,把此石画像内容"释为羲和、常羲两位女神是不正确的。因为很简单,这两个神祇决不应该是同性神,他们应该是象征夫妻的对偶神",即"伏羲、女娲"。② 显然,陈先生的质疑和考释是完全正确的。

另一幅是1986年四川简阳董家梗乡深洞村鬼头山崖墓出土的3号石棺画像。如图4-33—35。此画像分布在石棺的后挡和左右

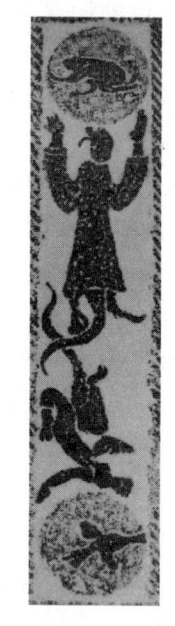

图 4-32　唐河湖阳出土的立柱汉石画像

壁。石棺后挡画面,右上部刻伏羲,人首蛇身,头戴高冠,一手高举,一手前伸,榜题曰"伏希"(希即羲)。左上部刻女娲,人首蛇身,背部长羽毛,双手高举,榜题曰"女娃"(娃即娲)。伏羲、女娲下部刻一玄武,榜题曰"兹武"(兹即玄)。女娲左边站一鸟,榜题曰"九"(即鸠,朱雀)。石棺右侧画面,分为左、中、右三部分。右部分刻杆栏式太仓,底层距离地面

---

① 《中国画像石全集》第 6 卷《河南汉画像石》图版第 30,河南美术出版社 2000 年版。

② 陈江风:《"羲和捧日、常羲捧月"画像石质疑》,《中原文物》1988 年第 2 期。

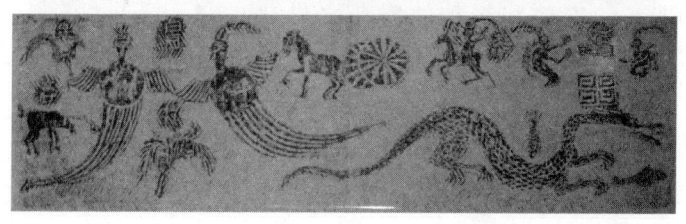

图 4-33、4-34、4-35　四川简阳董家梗乡深洞村鬼头山崖墓出土的 3 号石棺画像

较高,房顶有通气窗;有一仙鹤挺立怒视,榜题曰"大苍"(即太仓)。中部为单檐式双阙,阙顶部各站立凤鸟,双阙有横桥相连,下站立一门吏。阙上榜题曰"天门"。左部分上刻一白虎,翘尾蹬后腿,奔向左边,榜题曰"白虎";下部漫漶不清,榜题曰"大可"。石棺左侧画面,分为左右两部分。右上部刻二人对坐,头戴长羽冠,披长羽毛,中间一棋盘,棋盘上部榜题曰"先人博",左边先人后尚有一人乘骑,头戴长羽冠,双手挥动,向左奔跑,似追逐前面的拉车马,榜题曰"先人骑";右下部刻一卧龙,前爪前伸,后爪站立,龙头向右,龙头上刻"田",每个方格中有一"口"字形,龙前爪和背部,各刻有一鱼。左部刻两个羽人,右边的头戴羽冠,鸟喙鸟身,胸部一圆,圆内一鸟;左边的头戴瓜皮帽,人面鸟身,胸部一圆,圆内有桂树和蟾蜍。二人中间上部榜题曰"日月"。二人下部刻有树冠,上有榜题曰"柱铢"。人面鸟身羽人身后上部刻有一鸟,昂首站立,长尾,上有榜题曰"白雉";下部刻有一兽,短尾、长腿、独角,上有榜题曰

"离利"。① 总起来看,除去不能识读的"大可"、"田"字形图案和"离利",这些画面可以看做是连为一体的动漫。如下图从左读起：玄武驮运,朱雀引领,墓主拜见了伏羲、女娲；在伏羲、女娲的指引下,步入天门,在青龙白虎的欢迎下,从装满粮食的仓库旁边走过,墓主看到那些提前步入天堂的人在嬉戏,或下棋,或骑马；进而,墓主终于拜见到天堂的主宰日月神,以及源源不断生长财富的"柱铢",经常传递喜讯的"白雉"。倒过来,如从右读起,则是从天堂到人间的景象。

由此,可以看出,作为人类始祖神的伏羲、女娲与作为天神的日月,还是有所区别。前者只是人面蛇身,后者则是鸟首羽身且有象征着日月的圆轮。所以可以说,在汉代人心目中,始祖神的伏羲、女娲是属于人间的,是人们祈祷儿女繁盛的偶像；而天神的日月是属于天堂的,是人们祈祷灵魂的安放和精神的慰藉之借口。

但是,作为始祖神的伏羲、女娲却是连接人与天的桥梁,是构成天人合一精神的纽带。自从董仲舒的思想被汉武帝接受之后,天人合一观念就成为汉代乃至于后来中国社会最基本的思潮。但是天与人如何合一,这是一直困扰人们的难题。伏羲、女娲交尾画像给我们提供了理解这一难题的思路。原来,男女形成了社会,日月形成了天空,男女交欢生成人类,同样,日月合和也就生成宇宙。而蛇,这个天生的灵物,却匍匐于地,既是天神的宠儿又是人类的象征。其交尾,既是人的媾合,也是日月的合和；蛇的孕育,既是人的孕育,也是自然物的孕育。这样,在实际的祭祀祈祷中,始祖神和天神也往往被合二为一。由此就出现了大量伏羲、女娲人首蛇身交尾且上举日月或胸含日月画像。在一幅安徽宿州出土的伏羲、女娲交尾汉画像中充分体现了这一情况。如图4-36,画面中伏羲、女娲蛇身交尾,盘成三个圆环,紧靠伏羲的圆环中有青鸟、三足鸟,显系太阳的象征,紧靠女娲的圆环中有蟾蜍、玉兔,则是月亮的象征；而中间的圆环中所刻绘的莲蓬,莲蓬中间星星点点的莲子整齐排列,周边四朵莲叶,莲叶中间有四条鱼儿,显然是隐喻着生育以及多子多育。整幅画面把天上的日月和人间的始祖浓缩融会在一起,体现着天神崇拜和始祖信仰交融为一体。汉代的天人合一精神于此得到充分的展现。

---

① 《中国画像石全集》第7卷《四川汉画像石》图版第96－100。

四、汉画伏羲、女娲神话　113

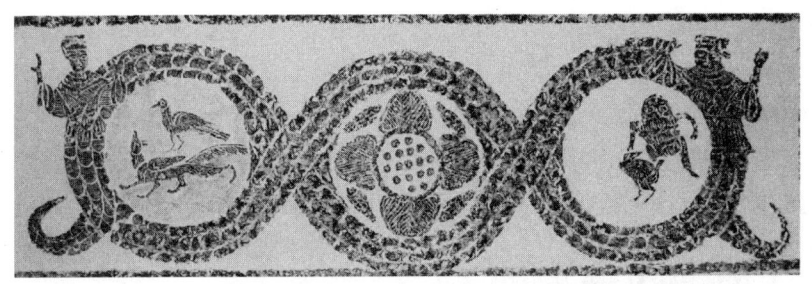

图 4-36　安徽宿州出土的伏羲女娲交尾汉画像

## 具象思维与阴阳观念

　　汉画像的伏羲女娲交尾既隐喻着男女欢爱，又明示着日月同辉，汉代人的视野由神到人再到天，逐步升华，其精神也达到极致，终于描绘出一个画像的世界（尽管这个画像世界不一定正确）。渗透这一画像世界的，表面上是感性认识即形象思维，实际上却充斥着抽象思维。如，伏羲女娲、男女与日月等形象象征着神界、人世和天堂，属于形象思维；而充斥其中的则是一以贯之的构成整个世界的本原性的东西——阴阳，就属于抽象思维。连接形象思维和抽象思维的，则是这里要谈的具象思维。

　　所谓具象思维就是以直观的形象表达抽象的认识，只是这种表达不是直接的，而是曲折的、婉转的或讳饰的。修辞学将之称为"象征"或"象征主义"。汉画像中这种象征的画像很多。比如，表示男女交媾的，除了上述的伏羲女娲交尾、日月同辉外，还有二龙交尾、双龙穿璧、双凤穿璧、绶带穿璧等画像。

　　二龙交尾。（1）图 4-37，山东莒南县大店出土画像，四周有二道边栏，画面上部有二龙交缠，下部有玉兔捣药，二人吹竽。时间为东汉。①（2）图 4-38，山东苍山县城前村出土墓前室北中立柱画像，四周有一道

---

① 《中国画像石全集》第 3 卷《山东汉画像石》图版第 99，山东美术出版社 2000 年版。

边栏,画面上为二龙昂头向上,龙身交缠三次。同墓木门中立柱正面画像则是四龙昂头向上,如图 4-39,龙身交缠如织。时间为东汉桓帝元嘉元年(公元前 151 年)。①(3)图 4-40,1978 年南阳唐河出土冯君孺人墓南车库门楣画像,中刻二龙昂首曲颈,身尾交缠,左有羽人持剑戏龙,右有武士跽坐,双手抱剑于胸。时间为新莽天凤五年(公元 18 年)。②

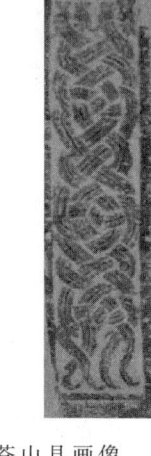

图 4-37　山东莒南县画像　　图 4-38、39　山东苍山县画像

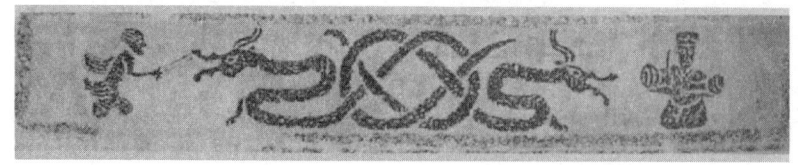

图 4-40　南阳唐河出土冯君孺人墓南车库门楣画像

二龙穿璧。(1)图 4-41,1974 年河南永城酂城出土画像,画刻六璧,中刻莲弧纹镜,二龙长躯交叉穿璧,各自噬咬对方的尾巴。时间为东汉。③(2)图 4-42,铜山县征集的门楣画像,画像中刻二龙穿璧交尾,

---

① 《中国画像石全集》第 3 卷《山东汉画像石》图版第 108、109,山东美术出版社 2000 年版。

② 《中国画像石全集》第 6 卷《河南汉画像石》图版第 32,河南美术出版社 2000 年版。

③ 《中国画像石全集》第 6 卷《河南汉画像石》图版第 62,河南美术出版社 2000 年版。

各自噬咬对方的尾巴。时间为东汉。①

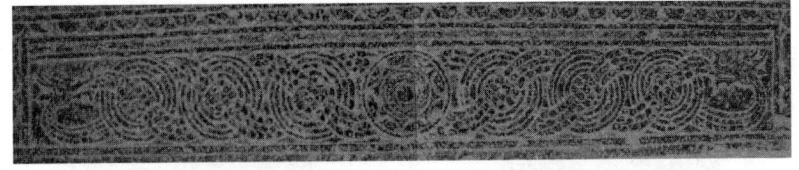

图 4-41　河南永城鄫城出土画像

图 4-42　铜山县征集的门楣画像

双凤穿璧。如图 4-43，1961 年河南永城固上村出土画像，画面中一璧，二凤蛇颈屈伸穿璧，凤冠飘动，尾呈开屏状。时间为东汉。②

图 4-43　河南永城固上村出土画像

绶带穿璧。依照在画面中所占之位置，绶带穿璧有的为边饰，但与中间图画有分庭抗礼的地位和篇幅。如图 4-44，1975 年陕西绥德四十里铺出土的左右立柱，右立柱画面上层左格有五组二人相对图形，右格则为绶带穿璧，两边有螭龙纹；左立柱上层右格有六组二人相对图，下

---

① 《中国画像石全集》第 4 卷《江苏、安徽、浙江汉画像石》图版第 74，山东美术出版社 2000 年版。
② 《中国画像石全集》第 6 卷《河南汉画像石》图版第 54，河南美术出版社 2000 年版。

层还有一人独坐,左格则为绶带穿璧,两边有螭龙纹。时间为东汉。①有的绶带穿璧居于中心地位,为上下左右纹饰所点缀。如图4-45,铜山县大泉征集的画像,画面上层中刻十字形绶带穿璧,四周饰三角锯齿纹;下层刻一辎车。时间为东汉。②

图4-44 陕西绥德四十里铺出土的左右立柱

图4-45 铜山县大泉征集的画像

据学者分析,以上图像都是男女交媾的象征,体现着生殖崇拜意识。"龙身交缠的形式直接指向了生殖,却不是荒蛮原始的感性刺激,而是萦绕着超自然力的神学氛围";这些图像说明"生殖期冀与生殖崇拜意味在人间的具体落实与明确指向。它是超自然力的无边幻想,又是实用理性的私家企求"。"伏羲女娲交尾图、蛟龙穿璧图、蛟龙穿璧抽象图、截取单元典型图、单元式蛟龙穿璧抽象图,成为一个单元的菱形穿插图纹","近似斜方格或方格纹饰的抽象形式",一步步下来,生殖崇拜意识在汉画艺术中逐渐升级抽象,最后脱离其原始的起点,变成完全新型的似乎不可理解的艺术图像。显然,这些分析是十分深刻和透辟的。稍显不足的是,将"叠加菱形穿插纹"汉画像也看做是生殖崇拜,"那菱形线与交叉线的切割,我以为可明确指认为交龙穿璧纹的进一步抽象与理性化",似有泛性论之嫌;又将绶带穿璧纹饰看做是抽象的,似嫌不

---

① 《中国画像石全集》第5卷《陕西、山西汉画像石》图版第180,河南美术出版社2000年版。
② 《中国画像石全集》第4卷《江苏、安徽、浙江汉画像石》图版第69,山东美术出版社2000年版。

妥；当为具象艺术方为恰当。①

披阅历史，我们知道这种男女交媾意识的产生，有着悠久的历史。其远古的根源就是原始的男女交合体验。后来的哲人为讳饰这一实际，将之升华为阴阳观念，并以此来理解万千的世象。如《易经·系辞下》："男女媾精，万物化生。"又如《荀子·礼论》："天地合而万物生，阴阳接而变化起。"《春秋繁露·循天之道》："天地之阴阳当男女，人之男女当阴阳。"大凡日月、春秋、东西、水火、生杀、规矩、德刑等等，都是由男女形象而升发的阴阳象征。由此，阴阳观念成为中国传统文化中最基本的宇宙观，也是最基本的认知方式。正如有学者敏锐地指出：先民们通过男婚女嫁和动物的雌雄繁衍，朦胧地萌发出"相互对立的一组组概念：阴阳、清浊、雄雌、牝牡"；"在民俗文化实际运用中，伏羲、女娲早已不是两个具体的人，他们被文化的蒸馏过程抽象化为类的概念，抽象化为阴阳哲学概念在人类中的代表而顶礼膜拜"。②据学者介绍，纳西族也留存有这种创始观点。"东巴教认为万事万物由阴阳交互变化而成。交互过程为'奔巴本'，这个词汇的象形文字有多种写法，假借字用蒿枝、蛙和斧头的形状表示；男女'奔巴本'写成男女交媾的原始形态；天地'奔巴本'用两个弯钩相扣的形式表示交媾。东巴经书中，记载着宗教人物、动物、鬼以至祭祀供品的来历出处，其公式般的叙述方式是：出现了××父亲，出现了××母亲，两者'奔巴本'，产生了××。"③这种宇宙观对于汉画像有着非常大的影响。"这（一阴一阳之谓道）的宇宙观也在汉画像石的画面上留下了深深的烙印！例如，许多汉画像石的画面在整体结构上都呈现出完美的对称结构！其中的形象要素也往往成双成对地出现，有西王母，必有东王公；有日，必有月；有三足乌，必有蟾蜍；有东方青龙，必有西方白虎；有北方玄武，必有南方朱雀！整个画面就是阴阳二分世界观的形象再现。这一点，在伏羲、女娲对偶神的画面中体现的尤为典型！画面中伏羲、女娲这一对子往往与日和月、规

---

① 张志春：《从具象到抽象的演化轨迹——对陕北等地汉画像石一种抽象图纹的文化追溯》，《艺术百家》2003年第3期。

② 陈江风：《从濮阳西水坡45号墓看"骑龙升天"神话母题》，《中原文物》1996年第3期。

③ 习煜华：《东巴教里的"署"所体现的生殖崇拜含义》，《云南民族学院学报》1997年第1期。

和矩、青龙和白虎、日乌和月兔、男和女等对子一道在场!"这一论断显然是正确的。但是说"表示伏羲属阳,司春,主生,居东方;女娲属阴,司秋,主刑,居西方。简言之,伏羲是东方和春天的象征,女娲是西方和秋天的象征"①,这就有所臆测武断。

## 画像传承与故事传说

伏羲、女娲蛇身交尾画像在两汉盛极一时,至魏晋时期随着汉画像砖石墓的衰败,也相应萎缩。但是作为始祖神、天神和万物起源的阴阳之象征,伏羲、女娲蛇身交尾画像仍时有发现,其相关的传说也时有采获。

汉代之后的伏羲、女娲画像,据笔者所见,可以说有以下三个特点。一个特点是从神画走向人画。也就是说,伏羲、女娲画像由神的特征变为人的特征。如图4-46,2003年在四川新津邓双乡龙岩村发现的三国时期的画像石棺的后档上的伏羲、女娲画像,下身一改往日的蛇身交尾形式,完全刻成人形;"左面为伏羲,右面为女娲,二神皆手持日月。伏羲手持日轮,轮中有金乌;女娲手持月轮,轮中有蟾蜍、桂树"②。又如图4-47,在甘肃酒泉曾经发现魏晋时期的画像砖上的伏羲、女娲画像,也是人首人脚。这块画像砖是从河西某地盗掘来的,由酒泉钢铁公司公安处缴获,经甘肃省文物局及甘肃省博物馆专家鉴定为一级文物。画像砖长40厘米,宽21厘米,厚6.5厘米,砖面上有伏羲、女娲画像。画像上的两个人物均着长袍大袖服,画面为彩绘,服饰上半身布满云气纹饰,头饰上有长的发簪,与该地区魏晋时期墓葬发掘出土的铜质发簪相一致;画像两人中间绘有网纹结构形式的两件条物,估计这两件网纹结构的条形物与匈奴族生活中用于坐卧的生活用具"卡垫"有关。此砖的

---

① 刘宗迪:《伏羲女娲兄妹婚故事的源流》,《文化研究》2003年第3期。
② 颜开明:《四川新津出土画像石棺》,郑先兴主编:《汉画研究——中国汉画学会第十届年会论文集》,湖北人民出版社2006年版,第465—466页。

时代当在北魏早期。①

 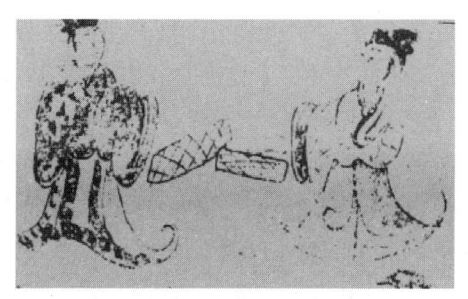

图4-46　四川新津三国时期的　　图4-47　甘肃酒泉曾经发现
　　　　　伏羲、女娲画像　　　　　　　　　魏晋时期的画像砖

图4-48　甘肃嘉峪关毛庄子魏晋墓伏羲女娲日月星河木版画

　　另一个特点是伏羲、女娲画像仍然是蛇身交尾，但是日月的位置发生了变化。这就是一改往日的伏羲举日、女娲举月的特征而变成伏羲、女娲头上绘制日图形，脚下绘制月图形。如图4-48，2002年在甘肃嘉峪关所出土的毛庄子魏晋墓棺盖顶板上的伏羲、女娲日月星河木版画。长1.7米，宽0.4米，伏羲、女娲人首蛇身交尾；中为星河，上绘日，日中有一鸟，下绘月，月中有蟾蜍；伏羲在右，身着长襦，头戴三尖帽，眉眼细长，右手执矩；女娲在左，头梳长髻，面部丰满，左手执规。画面四周饰

---

①　吕占光：《酒钢公安处缴获伏羲·女娲画像砖》，《丝绸之路》2002年第3期。

以群山。绘画手法是以墨线为主,辅以赭红、黄色以点缀。① 在新疆出土的大量的伏羲、女娲画像,也都是这种形制。在吐鲁番盆地的阿斯塔那、哈拉和卓两个相距不远的村庄,汉唐时期曾先后属于车师国、戊己校尉、高昌郡、高昌王国以及西州府所管辖。自 19 世纪末 20 世纪初,继斯坦因所率领的文化掠夺者侵入之后,这里的考古挖掘一直不断,出土有伏羲、女娲画像;1959 年起,国家组织考古队对该地区进行了 13 次大规模的发掘,整理 456 座墓葬,发表 8 期发掘简报,出土了众多的文物,其中有大量的伏羲、女娲画像。这些画像的特征在于:画在倒梯形的绢、麻布上;绝大多数是男左女右;男持矩(矩上多有墨斗),女持规;男女上身衣着统一,共系一短裙,下身尾巴图案一致,并趋简单、粗糙;日月星图案都有,头顶日内有小鸟,尾部月内有蟾蜍,围绕身躯周边有星辰。如图 4-49—51。②

图 4-49、4-50、4-51　新疆吐鲁番盆地的伏羲女娲画像

第三个特点是,伏羲、女娲人首蛇身,各自高举日月,只是没有交尾。如高句丽所发现的伏羲、女娲蛇身交尾的墓壁画像。据学者介绍,主要有:(1)集安市禹山南麓发现的四神墓(JYM2112),墓室四隅接顶处绘饕餮兽头和日月形象画,第二重抹角石侧绘有人首蛇身的伏羲、女娲画像。(2)集安市洞沟古墓群禹山五盔坟四号墓(JYM2104),在墓室

---

① 孔令忠、侯晋刚:《记新发现的嘉峪关毛庄子魏晋墓木版画》,《文物》2006 年第 11 期。

② 陈丽萍:《关于新疆阿斯塔那—哈拉和卓地区出土的伏羲女娲画像及一些问题的探讨》,《敦煌学刊》2001 年第 1 期。

北角二层抹角石上,绘有伏羲、女娲手捧日月、人首蛇身画像。伏羲居右,披发,双手捧日轮于头上,日中有三足鸟,着合衽羽衣;女娲居左,长发,双手举月轮于头上,月中有蟾蜍,着合衽红羽短襦,腰系白色绸带。见图4-52。①

图4-52 集安市洞沟古墓群禹山五盔坟四号墓伏羲女娲手捧日月、人首蛇身画像

汉代之后的伏羲、女娲传说,有两个特征。第一个特征是融入了佛教的因素。据吕薇介绍,五代后汉时期的敦煌遗书残卷《天地开辟已(以)来帝王记(纪)》有三处提到伏羲、女娲兄妹婚姻再创人类的故事,其情节比《独异志》更为复杂和完整。

……复至(逮)百劫,人民转多,食不可足,遂相欺夺,强者得多,弱者得少。……人民饥国(困),递相食噉,天之(知)此恶,即卜(不;布)共(洪),汤(荡)除万人殆尽。唯有伏羲女娲有得(德)存命,遂称天皇。

(伯4016、伯2652、斯5505)

……尔时人民死[尽],维(唯)有伏羲女娲兄妹二人、衣龙上天,得布(存)其命,恐绝人种,即为夫妇。(伯4016、伯2652)。

……伏羲、女娲……人民死尽,兄妹二人,[衣龙]上天,得在(存)其命,见天下慌乱,唯金岗天神,教言可行阴阳,遂相羞耻,即

---

① 王纯信:《高句丽民族艺术遗存中的生殖崇拜》,《社会科学战线》1996年第4期。

入昆仑山藏身,伏羲在左巡行,女娲在右巡行。許相逢,則为夫妇。天遣和合,亦尔相知。伏羲用树叶复面,女娲用芦花遮面,共为夫妻(今人交礼,□昌妆花,自此而起)。怀娠日月,充满,遂生一百二十子,各认一姓。六十子恭慈孝顺,见今日天汉是也;六十子不孝义,走入□野之中,羌故六已蜀是也。故曰:得续人位(伦)……"

(伯4016)

上述是吕薇先生根据"伯4016号"卷子,参校"伯2652号"和"斯5505号"卷子整理而成的关于伏羲女娲的记载。"伯4016号"卷尾有"维大唐乾祐三年庚戌岁□月贰拾伍日写此一卷终"文字。按,"乾祐"为五代后汉年号。而据学者考证,《天地开辟已(以)来帝王记(纪)》撰写于六朝时期,作者是宗略、宗显,与晋皇甫谧的《帝王世纪》属于同类同期作品。[①] 在这里,"衣龙上天"和"金岗天神教言可行阴阳","是直接承继汉画像中的意象母题,从而补充了汉画意象及其文字的不足";而"百劫"、"金岗天神"都是佛教用语,说明伏羲、女娲故事已经融进了佛教的因素。换句话说,佛教在传入中土过程中主动吸纳传统文化的精华,从而得以传播。

第二个特征是融入并保存、流传在少数民族传说之中。在20世纪30年代,芮逸夫、闻一多等先生在南方对苗族神话进行研究,他们发现南方苗族神话与伏羲、女娲的创世传说有很多相似之处。芮逸夫先生认为,汉族神话传说中的伏羲、女娲故事与湘西苗族神话传说中的洪水遗民兄妹二人配偶成婚故事相同,而且苗人所尊奉的傩公傩母当即伏羲、女娲传说的源头。"今按伏羲女娲之名,古籍少见,疑非汉族旧有之说。或伏羲与Bu-i,女娲与Ku-i音近,传说尤多相似。Bu-i与Ku-i为苗族之祖,此为苗族自说其洪水之后遗传人类之故事,吾人误用以为己有也。"[②]嗣后,闻一多先生也认为伏羲、女娲传说与苗族洪水故事有渊源关系。他认为伏羲、女娲的读音都是苗族洪水神话中的"葫

---

① 郭峰:《敦煌写本〈天地开辟以来帝王纪〉成书年代诸问题》,《敦煌学刊》1988年第1、2期。

② 芮逸夫:《苗族的洪水故事与伏羲女娲的传说》,《人类学集刊》1938年第1卷第1期。

芦"音转而来。① 在这里,芮、闻将伏羲、女娲的传说与苗族的洪水传说相关联作考究,非常有价值。但是要说伏羲、女娲故事来源于苗族的洪水故事,似有欠妥。② 相反,我们觉得如把苗族的洪水故事看作源自于伏羲、女娲传说,可能更合乎历史的实际。"因为这很可能是苗人受汉文化影响而选用汉族神名的结果。"③芮逸夫所采用的苗族洪水神话《傩公傩母歌》和《傩神起源歌》,"根本就是受过汉人教育的苗人根据原有传说用汉语歌唱的"④。由此可见,伏羲、女娲传说自汉代之后,以传说的形式流播于南方。

---

① 闻一多:《伏羲考》,载苑利主编:《二十世纪民俗学经典·神话卷》,社会科学文献出版社 2002 年版,第 160—211 页。
② 一些学者对芮、闻先生的观点提出质疑,"即使 Bu—i 的语音在中古音上近于'伏羲'二音,我们也无法就肯定地说 Bu—i 即等于汉籍的'伏羲',因为西南诸民族洪水神话各有各的语言,他们并不是使用汉语,用汉语的中古语音去推论或比附另一种完全不相同的语言,而得出语音相近即是同义的结论也是很不当的。"王孝廉:《伏羲与女娲——闻一多〈伏羲考〉批判之一》,《东北、西南族群及其创世神话》,台北:时报文化出版公司 1992 年版,第 380 页。
③ 陈咏超:《关于"神话复原"的学理分析——以伏羲女娲与"洪水后兄妹配偶再植人类"神话为例》,《民俗研究》2002 年第 3 期。
④ 马倡仪:《中国神话学文论选萃(上)》,中国广播电视出版社 1994 年版,第 383 页。

# 五、汉画夸父追日神话

　　夸父与日逐走，入日。渴，欲得饮，饮于河渭。河渭不足，北饮大泽。未至，道渴而死。弃其杖，化为邓林。

（《山海经·海外北经》）

　　夸父不量力，欲追日景，逮之于禺谷。将饮河而不足也，将走大泽，未至，死于此。

（《山海经·大荒北经》）

　　夸父追日神话得到学者们的广泛讨论，而汉画像中的夸父追日形象，却因为定名的错误，至今没有引起学者的关注。在这里，笔者先探究夸父追日的原始文化意蕴，然后再考释夸父追日汉砖、石的相关画像。

## 夸父其人

　　夸父究竟是一个什么样的人？学术界认识颇不一致。有"火神说"①、"水神说"②、"月神说"③、"云神说"④、"雨后出虹说"⑤、"追求

---

①　涂元济根据《山海经·大荒东经》所记载的应龙杀蚩尤与夸父而得大雨，认为应龙主雨，属水神，而与之对立的夸父就是火神（涂元济：《夸父追日考》，《民间文艺集刊》第 6 集，上海文艺出版社 1984 年版）。

②　吕思勉根据《山海经·东山经》所记载的"有兽焉，其状如夸父而彘毛，其音如呼，见则天下大水"，遂认为夸父为水神（吕思勉：《三皇五帝考》，《古史辨》第 7 卷中册，上海古籍出版社 1982 年版。王孝廉：《夸父考》，《大陆杂志》[台湾]第 48 卷第 2 期；叶舒宪：《中国神话哲学》，中国社会科学出版社 1992 年，第 294－297 页）。

③　杜而未认为夸父追日就是月亮追赶太阳，"入日"就是"日食"，"邓林"就是"繁星"（杜而未：《山海经的神话系统》，台北学生书局 1984 年，第 96－97 页）。

④　星舟认为，"夸父就是一个云神，而且主要是朝云之神，他伴随着太阳冉冉升起"，"太阳越升越高，其巨大的热力慢慢驱散烘熔了云气"，于是夸父"道渴而死"。所以，夸父追日就是"彩云追日"（星舟：《夸父追日的深层叙事原型》，《云梦学刊》1994 年第 4 期）。

⑤　霍福根据夸父"珥两黄蛇，把两黄蛇"的记载，说"蛇"是"虹"，"夸父把蛇实则是把虹，它是虹的本体，即虹神"；虹是水汽，"雨过天晴，水汽减少，虹也将消失无迹，意味着夸父因热而道渴致死"；虹与太阳相对，"于是想象虹神夸父在永远追赶太阳"（霍福：《神话"夸父追日"原型考》，《青海社会科学》2004 年第 6 期）。

光明的英雄说"①、"寻根问祖的英雄说"②,这些观点虽然乍看颇似有理,但若仔细分析,神仙的说法都是推测,而英雄的说法似乎有所夸大。我们认为,要考究夸父的原始风貌,必须借助于相关资料和历史背景才能揭示夸父的真人风采。据此,我们有如下看法。

## (一)夸父是中原炎帝族的后裔

夸父作为中原炎帝族的后裔,《山海经》作了记载。《山海经·海内经》:"炎帝之妻、赤水之子听訞生炎居,炎居生节并,节并生戏器,戏器生祝融。祝融降处于江水,生共工。共工生术器。术器首方颠,是复土穰(壤),以处江水。共工生后土,后土生噎鸣。噎鸣生岁十有二。"《山海经·大荒北经》:"后土生信,信生夸父。"这样,夸父的世系就是炎帝→炎居→节并→戏器→祝融→共工→后土→信→夸父。

作为中原炎帝族的后裔,夸父的名字也体现出来。在这里,"父"指男子,是古代的一贯用法。这一点没有疑义。如《庄子·渔父》中的"渔父"就是指打鱼的男子。袁珂先生也说"父,男子美称也"。但是"夸"的本意,其理解就颇有差异。可能《山海经·大荒北经》有"夸父不量力,欲追日景",所以一些学者就认为是骄傲矜夸。袁珂先生说"夸,大","'夸'是用来修饰'父'的,二者的重点在'夸'不在'父'",从语法上看

---

① 晋陶渊明《读山海经》:"夸父诞宏志,乃与日竞走。"袁珂先生认为是"想去追赶太阳,和太阳赛跑","对光明和真理的追求"(袁珂:《中国神话传说》第5章)。郭锡良认为夸父追日是"古代劳动人民敢于向大自然挑战"(郭锡良主编:《古代汉语》上册《夸父追日》,北京出版社1981年版)。冯天瑜认为夸父"同太阳竞赛",是"赞美力量和勇敢"(冯天瑜:《上古神话纵横谈》十一)。张燕认为,"入日"是祭祀太阳的仪式,"逐日"就是"直接把太阳送到沉没的地方","夸父实乃敬奉日神的上古中华民族形象的象征"(张燕:《神话〈夸父追日〉象征意义新探》,《贵州教育学院学报》1998年第3期)。

② 此观点认为,夸父是太阳神炎帝之苗裔,"因此他所追之日乃是他的祖先——司光明的太阳神炎帝"。这是"一种寻根行为,是长期处于母权社会的人们寻找父系的一次艰难尝试",因为"无法摆脱对母亲的依恋","失去母亲强有力的支持","其失败就是必然的结局"。但"夸父堪称是一位具有强烈进取意识和自我牺牲精神的拓荒者"(董庆保、邓颖辉:《揭开"夸父追日"神话的神秘面纱》,《学术探索》2003年第4期)。

"夸父"本为偏义词,其本义为"骄傲矜夸的人"。① 文安也认为"夸"的本义是"骄傲矜夸"。他说:《老子·五十三章》的"盗夸",《庄子·徐无鬼》的"权势不尤,则夸者悲",《逸周书·谥法解》的"华言无实曰夸",以及《说文》的"夸,奢也","可知道家文献中的'夸'都有贪婪矜夸之义"。但是据我们的理解,说"夸父"是一个偏义词是对的,而说"夸"为形容词的修饰语似有不妥。借鉴"渔父"的"渔"是一个名词的限制词,"夸父"的"夸"也应该是一个名词的限制词。如此,"夸"的本义就不是形容词的"骄傲矜夸",当属地名的"华""夏"。据学者对于甲骨文的分析,"华"本为地名,指"华山"。"在甲骨卜辞中,'华'(即華)既是大山之名,也是极其重要的神祇,有关卜辞不下四百条之多。"而"夏"也是地名,主要指"在豫西(河南伊洛平原及其附近)和晋南(山西西南部汾水下游一带)两处","现在看来,'夏'就在晋西南,与华山更加贴近,分处河曲南北黄河两岸,遥遥相对"。"华夏"一词"作为民族的名称,她代表的不是血缘上的、而是文化意义上的民族共同体"。② 如果快读"华夏"一词,就可发出"夸"音。由此可见,"夸父"当是远古时代地处黄河中段地区的男子。

## (二)夸父是华山地区的巫师

《山海经·大荒北经》:"有人珥两黄蛇,把两黄蛇,名曰夸父。"夸父以蛇为修饰,"珥两黄蛇,把两黄蛇",实际上就是把蛇作为道具的巫师。《山海经》中有很多这样的巫师。如《海外西经》:"巫咸国,在女丑北,右手操青蛇,左手操赤蛇,在登葆山,群巫所从上下也。"《大荒南经》:"南海渚中,有神,人面,珥两青蛇,践两赤蛇。"《大荒西经》:"西海中,有神,人面鸟身,珥两青蛇,践两青蛇。""西南海之外,赤水之南,流沙之西,有人珥两青蛇,乘两龙,名曰夏后启。"《大荒北经》:"北海之渚中,有神,人面鸟身,珥两青蛇,践两赤蛇,名曰禺彊。"《海外北经》:"北方禺彊,人面鸟身,珥两青蛇,践两赤蛇。"这里"凡'珥蛇''践蛇'者,非神即巫。在上古文化中,神即巫"。③ "夸父'珥蛇''把蛇'的打扮,正是古代巫师的打

---

① 袁珂:《中国神话史》,上海文艺出版社1988年版,第28页。
② 詹鄞鑫:《华夏考》,《华东师范大学学报》2001年第5期。
③ 王卫东:《夸父原型新探——远古祈雨文化研究》,《惠州大学学报》2001年第2期。

扮。""巫师要经过特殊的打扮来表现自己神秘、特异之处。"但进而认为夸父作为后土的后代,后土是管理幽都的,属于阴性,①因而说夸父是女巫师,则过于牵强。

《山海经》中有些地方将夸父说成是兽。《东山经》:"有兽焉,其状如夸父而彘毛,其音如呼,见则天下大水。"《西山经》:"有兽焉,其状如禺而文臂,豹(虎)[尾]而善投,名曰'举父'。"郭璞注:"或作夸父。"《北山经》:"有鸟焉,其状如夸父,四翼、一目、犬尾,名曰嚣,其音如鹊。"郭璞注:"夸父,或作'举父'。"可见,"夸父"与"举父"是一致的。因《山海经》对"夸父"又作神兽解,故许慎《说文》:"夸父,神兽也。"高诱《淮南子·地形训》注:"夸父,兽名也。"把"夸父"看做是兽,可能是因其作为巫师的装扮似兽而已。

### (三)夸父至少有两人

《山海经》中《海外北经》和《大荒北经》所记载的夸父,与《大荒东经》所记载的夸父不是一个人。前者是逐日渴死的,后者则是被杀掉的。《大荒东经》:"应龙处南极,杀蚩尤与夸父。"此处应龙所杀的夸父,当属于与追日夸父同来自于华山地区的族人,不是追日的夸父。至于如兽的夸父,应该是作为巫师的与追日夸父同来自于华山地区的族人所装扮而成的。由此,夸父当有追日的、被应龙所杀的和兽相打扮的三个人,而且这三个人应该不是同时代的。可见,夸父实际上是一个生活在华山地区的氏族。《殷周金文引得》9.4345号所记载的,是1949年在陕西扶风县七里桥出土有《伯夸父盨》,现收藏于扶风县博物馆,上面有六个文字:"伯夸父乍宝盨"。据载是属于西周晚期的。由此可以推测,夸父这一氏族至迟在西周晚期时候可能还存在。

## "追日"之意蕴

夸父氏族最使历史难以忘怀的,就是出了一个追逐太阳的男子。

---

① 丁世忠:《夸父逐日神话原型别解》,《思想战线》2002年第3期。

《山海经·海外北经》:"夸父与日逐走,入日。渴,欲得饮,饮于河渭。河渭不足,北饮大泽。未至,道渴而死。弃其杖,化为邓林。"《山海经·大荒北经》:"夸父不量力,欲追日景,逮之于禺谷。将饮河而不足也,将走大泽,未至,死于此。"追逐太阳,如此荒唐的事情,究竟有什么文化意蕴呢?对此,学者们做了很多的猜测。除了上述的"月亮追赶太阳"、"彩云追日"、"虹神追日"、"追求光明"和"寻根问祖"等各种说法之外,还有人认为是"巫术说"[1]、"祈雨说"[2]、"战争说"[3]、"讥讽说"[4],各种说法似乎都有一定的道理,但是又都有臆测的嫌疑。"月亮追赶太阳"、

---

[1] 赵世超:"所谓的夸父逐日原来不过是一次巫术活动的失败记录。夸父希望用自己的魔力和某种仪式固定住太阳,以便在日入前走完计划的行程,结果却没有办到,征途未尽而金乌西坠,这位从不承认自己的努力竟会无济于事的英雄只好含恨而终"(赵世超:《浴日和御日》,《历史研究》2003年第3期)。

[2] 王卫东认为,"夸父是其部族的首领和神巫,夸父族活动于陕豫晋交界处,属华夏族的一支,以桃林为社丛,桃木为社木,太阳为其原生图腾(最古老的图腾),蛇为其母氏图腾,龙和桃木为其父氏图腾。夸父追日,实为春社求雨,神巫夸父被曝而死之事的演化"(王卫东:《夸父原型新探——远古祈雨文化研究》,《惠州大学学报》2001年第2期)。汪大白说:"夸父之所以追逐太阳,正是为了抗旱驱热,为了赢得生存。夸父逐日是远古人类为了自身生存而对自然进行的英勇、顽强的斗争。""现代自然科学的研究说明,在八千年前至五千年前,中国的黄河流域一带的确曾经有过气候温暖时期的存在。在那一时期,气温以空前的速度上升,达到了空前的高度,随之而出现了酷烈的炎热和干旱"(汪大白:《夸父逐日神话的原始意蕴》,《南通师范学院学报》2001年第2期)。蔡永贵也认为,"远古时代不仅有过一个洪水时代,也有过一个干旱酷热的时代"。"'逐日'就是驱逐太阳,它是初民幻想出来的抗旱措施"。开始用巫术"入日"失败了,于是改变为"造林"成功了。"这个神话反映的内容当是驱逐太阳、赶走太阳"(蔡永贵:《〈夸父追日〉的文化意蕴新解》,《宁夏大学学报》1995年第4期)。丁世忠说夸父是祈雨的女巫,"夸父逐日神话是以古代巫师祈雨为原型,它的主体夸父是原始社会中的女巫,它所记载的内容正是我国古代盛行的祈雨仪式"(丁世忠:《夸父逐日神话原型别解》,《思想战线》2002年第3期)。

[3] 张启成认为,"夸父追日"的故事"就实质而言,乃是炎帝族的后裔与黄帝族的再一次的权力较量","不量力"评价"乃是指夸父族与黄帝族较量以失败而告终的一种批判性的评价"(张启成:《〈山海经·夸父追日〉的本义》,《贵州教育学院学报》1998年第3期)。

[4] 张文安认为"'夸父逐日'神话即是由道家寓言故事演化而来","我们有充分的理由认为这则神话是战国时期人们借助道家寓言故事编撰而成的,旨在讥讽那些不自量力违道而行的愚蠢行为"(张文安:《道家寓言与〈夸父逐日〉神话》,《求是学刊》2004年第3期)。

"彩云追日"与"虹神追日"等说法都注意到了自然的变化而忽略了人的因素;"追求光明"和"寻根问祖"却又夸大了人的因素并以今天的观念评价远古的历史;至于"战争说",可这里明明只讲了夸父一人,没有讲敌对一方,可见说是夸父族与黄帝族的战争,显然说不通;而"讥讽说"说是战国时期道家的寓言故事,则显然小看了《山海经》的学术价值。那么,追日的意蕴究竟为何呢?要弄清这一问题,关键是要弄清《山海经》所记载夸父追日故事的几个层次之含义。

第一个层次,"夸父与日逐走,入日"。众多学者都认为"与日逐走"就是追逐太阳,问题在于"入日"。有说"入日"就是"直接把太阳送到沉没的地方——禺谷"(张燕),有说"'入日'可解释为使动用法,意为'使日入',把日赶回家去",有说"'入日'即是云彩遮日"(星舟),有说"入日"就是"日食"(杜尔未)等等,这些都是就字面来理解的,忽略了民俗文化的含义。在民俗文化中,"日"确指太阳,是名词;同时又是一个动词,指性交,主要表示主动的性媾合。现在中原地区仍然有这样的习惯,当人们愤怒时常常骂道:"我日×××!""日他八辈儿!"由此,"与日逐走"不是追逐太阳,而是追逐着性媾合,即,边走边要媾合;而"入日"显然就是媾合之意。或者,"入日"是把一个字"合"分开来写了。

第二个层次,"渴,欲得饮……道渴而死"。夸父饥渴而死,原因是"入日"。因为对于"入日"的解释不同,所以,对夸父饥渴原因的认识也就有所不同,但基本上大家都认可是因太阳的烤炙之缘故。可实际上"入日"是民俗生活中的媾合,"合"或"操",所以,夸父饥渴之因,则是性生活过度所造成的。古籍记载了很多这样的意见。至于"饮于河渭,河渭不足,北饮大泽"之说,一方面是一种夸张的说法,一方面是将人类身体的感受与自然的沧桑联系了起来。由此,一些学者说夸父是抗旱"祈雨",只是局限于字面的理解而已。

第三个层次,"弃其杖,化为邓林"。这里的"邓林"就是"桃林",因"邓"与"桃"古音相通。这里的"杖",有的学者认为是作为巫师的夸父手中的道具。实际上应该是夸父的"玉根"之象征。因为过度的性交,使得夸父精疲力竭而死,而曾经为其带来无限快乐的玉根,终于被放弃(因过于疲软),不能再去交媾。"化为邓林",字面意思是说生成为桃树林,实际上其意当是说将被遗留的玉根扔到了桃树林中(实际是说,夸父死在了桃树林里)。这里的"桃林",有着两种含义。一种是现实的桃林。即,现实确实存着一片桃林。《史记正义》在《孝武本纪》、《周本纪》、《赵世家》、《留侯世家》等多次引《括地志》:"桃林在陕州桃林县西。《山海经》云'夸父之山,其北有林焉,名曰桃林,广员三百里,中多马,湖水出焉,北流入河也'。""湖水原出虢州湖城县南三十五里夸父山,北流入河,即鼎湖也。"师古在《史记·张良传》中也注曰:"《山海经》云'夸父之山,北有林焉,名曰桃林,广围三百里',即谓此也。其山谷今在阌乡县东南,湖城县西南,去湖城三十五里。"说明在今河南西部与陕西交界之处,有一片桃林。

另一种含义,是与性媾合有着密切的关系。桃子成熟的果子,顶部尖尖且又鲜红、根部圆润且又亮白,与成熟少女的乳房十分相似;更重要的是桃果营养丰富,口感脆甜,多食有利无害。俗话说:"桃养人,杏伤人,梅(或言李)子树下抬僵人。"因此,民间传说称桃子为"仙桃",食之可以长生不老。桃花盛开的时候,正是原始先民借助于发情期而欢聚的时期。其流风所致,就是《诗经·周南·桃夭》篇描述了桃花盛开季节,钟情男子渴望把美丽如花的少女抱回家交合成亲的情景;其遗韵所归,就是在民间生活中,总是把桃木看做是避邪驱鬼的灵物。

综上所述,夸父追日的原意是说,"夸父不停地追逐女子媾合,'合'女子。因为过度交媾,虚火旺盛,他想喝水。他喝干了黄河和渭水,还渴。这时他想到大湖那里喝水,没有走到,就渴死在路上。他的玉根和身体生成为桃树林"。由此,夸父追日实际上是描述了生活在华山地区部族的一名男子因过于纵欲而横死的事情。

如果将夸父追日的故事置放在远古社会里男子走婚时代,那么,即可看出,此件事情意义异常之重大、重要。因为,当男子取代女子逐渐在走婚中占据主动之后,女子由于自然的因素,在获取食物方面越来越依靠男子,加之原始氏族时期所遗留的由于生物本能需要而选择强者为配偶的习俗,那些体能和智能超强的男子,往往会为更多的女子所爱,他也有更多的机会与之交媾。这样,当夫妻婚制形成时,实际上不是现在意义上的一夫一妻制,而是一夫一妻多妾制。也就是说,有能力的男子将会娶到更多的老婆。其结果不仅仅是女子地位的下降,同时也是对超强男子提出更高的要求,这就是要常常与自己的诸多妻妾交媾。显然,这对于男子来说,是一个非常大的负担。于是就出现了黄帝请求素女教他如何做爱的《素女经》,以及长沙马王堆汉墓所出土的房中术古籍文献,其基本宗旨就是教育男子如何以己之绵薄之力与多名女子做爱。在实际生活中,一些超强男子则淫欲无度,过分地享受感官快乐,结果致使自己身体虚弱而逝,而女子则不堪其辱。前者的典型就是夸父,后者的典型就是夏桀。史书记载,由于夏桀的暴政,人民诅咒"时日何丧,余与汝偕亡!"过去学者解释这句话,都说是以诅咒太阳的名义诅咒夏桀。实际上这是夏桀身边的女子怨愤夏桀无休止地做爱搞得身心疲惫,"时日何丧"即"丧时日何",就是说"不论时间只顾交合会怎么样?""余与汝偕亡"就是说"我和你一起死亡",亦即两败俱伤。如图5-1为山东武梁祠汉画像中的夏桀的胯下左右各刻绘着一个女子,意味着他时时都在和女人交媾,说明他是一个性欲强烈且不知自制的人。由此可以概括地说,夸父追日神话,其本意叙述夸父纵欲肆情,其宗旨则是警告男子勿要纵欲过度。

图 5-1　山东武梁祠汉画像夏桀

## 汉画夸父追日及其文化意蕴

夸父追日的神话在汉代有着广泛的传布和影响,同时在汉砖石画像中也有所体现。

如图 5-2 是在南阳市西关出土的一幅汉石画像,①画面左刻一圆

---

① 韩玉祥主编:《南阳汉代天文画像石研究》,民族出版社 1995 年版图版第 3。

轮,内有蟾蜍,中右部刻一神人,人首蛇躯,头梳高髻,身着宽袖长襦,后拖曲尾,有双爪,双手前拱,面向圆轮作匍匐状,周边雕刻着九颗星宿,空间饰以云气。对此画像,周到、吕品提名为"嫦娥奔月"。① 史国强先生则认为不是"嫦娥奔月",其理由:(1)文献中没有"关于嫦娥为人首蛇(龙)身的记载";南阳汉石"后羿射日"画像中的"后羿"刻画的就是人首人身,不可能把嫦娥刻画成人首蛇躯。(2)嫦娥背离丈夫升天,应该是很惆怅的,但是画中之人,"面部的神情兴奋欢快","已经露出心中的喜悦和兴奋"。(3)依据文献记载,嫦娥进入月宫中之后才变成蟾蜍的,而图像中的神人尚未进入月宫,里面已经有了蟾蜍,这就无法解释清了。(4)神人周围翻卷的"不像是云气,应属于波浪纹",而是"波涛浪花"。史先生认为这幅画像当是"常羲浴月","图像中,常羲正在滚滚的波涛中嬉戏,亲切地用手捧着月亮,给它洗浴。分布在其周围的九个圆形图案应是九轮圆月"。② 陈江风先生认为,"常羲浴月"是远古的神话,与汉代关联较少;"嫦娥奔月"至少"反映汉代人的升仙思想",但史先生的质疑颇有道理。因此,他既不同意"嫦娥奔月"说,也不同意"常羲浴月"说。他认为最好的办法是将画面与"汉代的丧葬意识及风俗习惯"联系起来考察。"墓中或棺椁上刻绘日月是汉代丧制的组成部分","是当时追求阴阳和谐时尚的反映"。汉画像中捧日者为伏羲、捧月者为女娲为常见画面,由此,陈先生认为,这幅画当为"女娲捧月"。③

表面上看来,陈江风先生说得很有道理。但是如果仔细辨认,就会看出,此幅画像与汉砖石画像中的其他女娲捧月画面相比,有着很大的不同。其一,其他的女娲捧月画像,基本上是刻绘女娲双手上举,月轮在上。此幅画像则是月轮在左,神人匍匐状似的奔向月轮。其二,其他女娲画像面容姣美,此幅画像面容粗犷,不似女性。其三,其他女娲所戴冠饰都是高耸的发髻,此幅画像的冠饰则是前平后凸的山字形,而此种冠饰多为男子所拥有。可见,画面中的人物当为男子而不是女子。由此说是"女娲捧月"似有所不妥。

---

① 周到、吕品:《河南汉画中的远古神话考略》,《史学月刊》1982年第2期。
② 史国强:《南阳汉画中"嫦娥奔月"图像商榷》,《考古与文物》1983年第3期。
③ 陈江风:《"嫦娥奔月"画像考释——兼与史国强同志商榷》,《汉画研究》1992年创刊号。

根据《山海经》记载的"夸父追日"神话及其原始文化意蕴,我们认为,此幅被人们所称道的"嫦娥奔月"画像,应该为"夸父追日"。如上所述,从面容或冠饰看,画面上的神人当是一男子,而其匍匐之状正是交媾时的姿势;月轮及其中的蟾蜍,都是女子的象征,尤其是蟾蜍,其四肢之叉开和滚圆之肚身,正是古人眼中女子被临幸的姿态。而神人那恰似奔腾的动作,似乎描绘了追赶着交媾的场面,应验着"夸父追日"神话。

据此考察南阳汉画像,我们惊喜地发现尚有几幅都应是"夸父追日"神话的表现。

图5-3,1986年6月南阳蒲山1号画像石墓发掘出土的前室盖顶石画像,上部刻绘一月轮,下部刻绘一头戴高髻冠饰的蛇身蛇尾的男子,张着巨臂伸手抚摸月轮。周围有7个星宿。学者以为这是一幅"月神星宿"图,实际上也是一幅"夸父追日"图像。

图5-4在南阳英庄所发现的汉石墓顶画像,画面上刻一轮圆月,月中有蟾蜍,下左边刻绘一人侧身站立,左眼瞪圆,耸臀翘胸,显为女子;其身后刻绘一人首蛇躯者,亦侧身仰面,眼睛瞪亮,头戴冠饰,独髻如柱高耸,与麒麟岗汉墓中的伏羲冠饰几乎一样,显系男子。男子躬身于前站立者耸臀之后,好似交媾状。其中尚有一缥缈的绳子将两人围系在一起。无疑,这是一幅标准的"夸父追日"图。①

图5-2 南阳市西关汉石画像

---

① 韩玉祥主编:《南阳汉代天文画像石研究》图版第35,民族出版社1995年版。

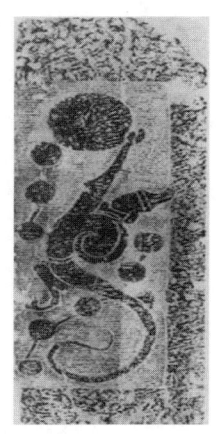 

图 5-3 南阳蒲山 1 号汉墓前室盖顶石画像　　图 5-4 南阳英庄所发现的汉石墓顶画像

图 5-5,出土于南阳宛城区的汉石画像,①左上刻绘月轮,月轮下一人首蛇躯者,双爪曲尾,面向右呈飞行状;中刻一人首蛇尾之人侧身相对,面向左拱手;右边刻绘双头怪兽。该画像石的发掘者认为这是"嫦娥奔月"画面。陈江风先生认为,右边的双头怪兽是"玄武"。"汉代表现玄武有着不同手法:可以是一龟一蛇的写实,也可以是用两头连体来表示的抽象化的写意。"这里的"双头兽"是属于后一类。这幅画像的名字应该为"月神嫦娥与北方玄武之神的会面"。② 陈先生对于玄武的分析是非常精确的。但是对此幅画像的命名我们不敢苟同。如果从月轮中走出的是嫦娥的话,那么迎面而来的当是好色的夸父。换句话说,此幅画像当命名为"夸父追日"比较合适。从画像的形象看,月轮中走出的神人丰盈秀美,应是女子,即嫦娥;而迎面而来者清俊瘦削,应是男子,即夸父。从玄武的寓意看,玄武是媾合的象征。因传说龟无雄性,只有雌性,其繁殖生育靠蛇来交配。因此,追嫦娥而来的当是夸父,其目的就是欲以媾合。

图 5-6,1972 年出土于山东临沂白庄汉石画像上部,画面刻绘夸父

---

① 韩玉祥主编:《南阳汉代天文画像石研究》图版第 6,民族出版社 1995 年版。
② 陈江风:《南阳天文画像石考释》,载《汉代画像石研究》,文物出版社 1987 年版。

双手操蛇于肩臂,半蹲,而胯下则横躺着一裸身女子。① 也是"夸父追日"之写实。

在非常讲究性爱生活的汉代,夸父追日画像的出现,应该说是十分必然的事情。但就其文化意蕴来讲,恐怕与神话传说中所讲的意欲禁止男子毫无节制性交之初衷有所相违,即反其义则取夸父超强的性能力,期望有能力与更多的女子交合。其时《素女经》等房中术已经广泛传布,更重要的是在"以孝治天下"的政治策略和民俗观念中,特别重视后代的繁育。上述几幅画像中的星宿不仅仅是夸父追逐交媾时的气氛烘托,更是期望后代如星星一样繁多的寄寓。

图 5-5 南阳宛城区的汉石画像　　图 5-6 山东临沂白庄汉石画像

---

① 《中国画像石全集》第 3 卷《山东汉画像石》图版第 24,山东美术出版社 2000 年版。

# 六、汉画"后羿射日"神话

逮至尧之时,十日并出。焦禾稼,杀草木,而民无所食。猰貐、凿齿、九婴、大风、封豨、修蛇皆为民害。尧乃使羿诛凿齿于畴华之野,杀九婴于凶水之上,缴大风于青丘之泽,上射十日而下杀猰貐,断修蛇于洞庭,禽封豨于桑林。万民皆喜,置尧以为天子。

(《淮南子·本经训》)

同"夸父追日"神话一样,学者们对于"后羿射日"神话非常关注;而与"夸父追日"神话所不同的是,汉砖石画像中的"后羿射日"画面比较早地得到了学者们的认可。

## "后羿射日"神话及其汉石画像考释

"后羿射日"神话最早记载在《山海经》中,如据唐人成玄英《山海经·秋水》疏曾引《山海经》云:"羿射九日,落为沃焦。"先秦时期屈原在《离骚》中提出质疑:"羿焉彃日,乌焉解羽?"到汉代,射日神话在文献中的记载明显多起来。《淮南子·本经训》:"尧之时,十日并出。焦禾稼,杀草木,而民无所食。猰貐、凿齿、九婴、大风、封豨、修蛇皆为民害。尧乃使羿诛凿齿于畴华之野,杀九婴于凶水之上,缴大风于青丘之泽,上射十日而下杀猰貐,断修蛇于洞庭,禽封豨于桑林。万民皆喜,置尧以为天子。"王充的《论衡》里多处提到射日神话。《感虚篇》:"儒者传书言:'尧之时,十日并出,万物焦枯。尧上射十日,九日去,一日常出。'"《说日篇》:"《淮南书》又言烛十日。尧时十日并出,万物焦枯。尧上射十日,以故不并一日见也。"《对作篇》记述道:《淮南书》言,"尧时十日并出,尧上射十日"。在这里,《淮南子》和《论衡》把射日的主人都当作是尧而不是后羿,似与《山海经》记载有所出入。对此,宋代类书《锦绣万花谷》前集卷一引《山海经》云:"尧时十日并出,尧使羿射十日,落沃焦。"可见,指示射日者为尧,而实施射日者为后羿。《淮南子》是广泛吸纳民间传说编制而成,王充又是东汉民间学者,他们如此关注射日神话,说明这一神话早已深入人心。由此,汉代砖石画像中刻绘射日画面,当属十分正常的事情。南阳汉石画像中有两幅被标明为"羿射十日"的画面。①

图6-1,画面上刻一树,上面有七枝枯枝,由下往上数,第1、2、4枝杈上各栖一只鸟儿;树下一人,束胸长衣,头梳高髻,折腰转身,挽弓上射,直指鸟儿。

图6-2,画面上也是刻绘一树,上面有七枝带叶枝杈,由下往上数,第4、7枝杈上各栖一只鸟儿;树下有山峰,一人站在峰顶,隐身树后,挽弓上射,直指鸟儿。这两幅画上的挽弓者被认为是"后羿",而树上的鸟儿则被认为是太阳。由此,一些学者认为这两幅画像是"后羿射日"神话的形象体现。将鸟儿看作太阳,当是原始人的形象思维所致。原始人认为太阳所以东升西落,是因为太阳有鸟儿每天驮着她在天空中飞翔。《山海经·大荒东经》:"汤谷上有扶木,一日方至,一日方出,皆载于乌。"可见,鸟儿是运载太阳的工具。由此之故,太阳也叫做"阳乌"。《广雅》解释太阳说:"朱明,一名耀灵,一名东君,一名大明,亦名阳乌。"所以,在南阳汉砖石画像中,刻绘鸟儿驮着圆轮象征着太阳的画面非常之多。

将鸟儿看作太阳,汉人已经有了充分的认识。《春秋·元命包》:"日中有三足乌。"《淮南子·精神训》:"日中有踆乌。"高诱注曰:"踆犹

---

① 韩玉祥主编:《南阳汉代天文画像石研究》图版第10、11,民族出版社1995年版。

图 6-1、2　南阳市射日汉石画像

蹲也,谓之三足乌。"张衡《灵宪》:"日者,阳精之宗;积而成鸟,像乌而有三趾。"就是说,太阳里面有一个像乌、却长着三只脚的鸟儿。由此,三足乌也是太阳的象征。南阳汉石画像中,就有三足乌形象。有学者指出,三足乌就是太阳黑子,"证明古人用肉眼观察到太阳上有黑色的东西,形状很像只乌鸦","传为日中有三足乌。其实日中那个像乌的东西,是古人发现了太阳黑子,尚不能用科学的道理进行解释"。《汉书·五行志》记载:在元帝永光元年(公元前 43 年)四月,"日黑居仄,大如弹丸";成帝河平元年(公元前 28 年)三月己未,"日出黄,有黑气,大如钱,居日中央"。这些西汉晚期的太阳黑子的记录,在汉画像中也有所体现。"南阳汉画像石中的一幅日中三足乌图是在唐河针织厂汉墓中发现的。据我们现在的认识,此墓时代也在西汉晚期,与古文献记载在时间上非常契合,应为目前发现的黑子最早的图像纪录。欧洲人发现太阳黑子的第一次纪录是在公元 807 年,比中国发现太阳黑子的纪录晚近九百年。"①

　　将鸟儿看作太阳,在汉代人已经有了十分鲜明的意识,所以将汉石画像中的挽弓射鸟图题名为"羿射十日"应该说是正确的。

---

　　①　吴增德、周到:《南阳汉画像中的神话与天文》,《郑州大学学报》1978 年第 4 期。

# 后羿其人

从各种文献记载看,"后羿"作为传说中的英雄,有如下的特征。

## (一)后羿是弓箭的使用者和发明者

根据文献记载,后羿是最善于使用弓箭的人。有的学者说他是一个"神射手"。①

《论语·宪问》:"羿善射。"

《庄子·庚桑楚》:"一雀适羿,羿必得之。"

《管子·形势篇》:"羿,古之善射者也。调合其弓矢而坚守之;其操弓也,审其高下,有必中之道。故能多发而多中。"

《荀子·王霸》:"射远中微,则莫若羿、蜂门矣。"

《淮南子·修务训》:"羿左臂修而善射。"

《孟子·告子上》:"羿之教人射,必志于彀。"

同时,后羿也是弓箭的发明者。

《墨子·非儒》:"古者,羿作弓。"

《吕氏春秋·勿躬》:"夷羿作弓。"

《世本·作篇》:"挥作弓,夷牟作矢。"

《说文解字·矢部》:"古者夷牟,初作矢。"

在这里,"夷"就是有弓箭之意。《说文·大部》:"夷,平也。从大,从弓。东方之人也。"可见,所谓"夷"就是指东方能够制造和使用弓箭的部族。《说文·羽部》:"羿,羽之羿风,亦古诸侯也;一曰射师。从羽。"《说文·弓部》:"羿,帝喾射官。夏少康灭之。从弓幵声。《论语》曰:'羿善射'。"

---

① 阎德亮:《论后羿射日神话的产生与演变》,《中州学刊》2002年第3期。

## (二)后羿不只是一个人

根据文献记载,后羿不只是一个人。比如,有学者说:"在古代传说中有三个羿,都是射箭能手。一为帝喾的射师,见于《说文》;二为唐尧时人,传说当时十个太阳同时出现,羿射落了九个,见《淮南子·本经训》;三为夏代有穷国的君主,见《左传》襄公四年。"① 又有学者说后羿的形象有"有穷国之后羿"、"善射者羿"、"射日者羿"和"半人半神的羿"等等。② 笔者认为至少应有三个后羿,即远古时代射日的"羿"、夏朝时代曾经执政的"后羿"和汉代传说中的"羿"。

1. 远古时代的"羿" 《山海经·海内经》:"帝俊赐羿彤弓素矰以扶下国,羿是始去恤下地之百艰。"可见,远古时代的后羿亦即神话传说中的"羿"是一个借助于弓箭而为民除害的英雄。据《淮南子·本经训》记载,后羿"扶下国"、"恤下地"就是消灭"为民害"的"猰貐、凿齿、九婴、大风、封豨、修蛇"等人,而流传最著名最深远的当属"射十日"。这里的后羿因长于射猎,被其弟子逢蒙所杀。《孟子·离娄下》:"逢蒙学射于羿,尽羿之道,思天下惟羿为愈己,于是杀羿。"《楚辞·离骚》王逸注:"羿归自田,……家臣逢蒙射而杀之。"《路史·后记》:"羿将归田,庞门(即'逢蒙')取桃棓杀之。"

2. 夏代的"后羿" 《左传·襄公四年》:"昔有夏之方衰也,后羿自鉏迁于穷石,因夏民以代夏政。恃其射也,不修民事而淫于原兽;弃武罗、伯因、熊髡、龙圉而用寒浞。寒浞,伯明氏之谗子弟也。伯明后寒弃之,夷羿收之,信而使之,以为己相。浞行媚于内而施赂于外,愚弄其民而虞羿于田,树之诈慝以取其国家,外内咸服。羿犹不悛,将归自田,家众杀而亨(烹)之,以食其子。其子不忍食诸,死于穷门。靡奔有鬲氏。浞因羿室,生浇及豷。恃其谗慝诈伪而不德于民。使浇用师,灭斟灌及斟寻氏。处浇于过,处豷于戈。靡自有鬲氏,收二国之烬,以灭浞而立少康。少康灭浇于过,后杼灭豷于戈。有穷由是遂亡。"可见,夏朝时代的后羿是一个篡权谋国者,他任用奸臣寒浞,结果自己也被寒浞所杀,

---

① 杨伯俊:《论语译注》,中华书局 1980 年版,第 148 页。
② 李晓晖:《后羿形象探源》,《福州大学学报》2000 年第 3 期。

倾家灭国。

3. 后世传说的"羿" 《淮南子·览冥训》:"譬若羿请不死之药于西王母,姮娥窃以奔月,怅然有丧,无以续之。何则?不知不死之药所由生也。"张衡《灵宪》:"嫦娥,羿妻也。窃西王母不死之药服之,奔月。"由此,后羿射日神话至迟在汉代又得以补充,增加了嫦娥窃食不死之药的故事。但是据学者指出,嫦娥之事在《山海经·海内西经》中已经"隐约提到了羿曾经到昆仑之虚拜会诸神之事":"海内昆仑之虚,在西北,帝之下都。……非仁羿莫能上冈之岩。"又,《天问》所谓"白蜺婴茀胡为此堂?安得夫良药不能固藏?"也是"隐指羿妻窃药事"。清严可均说张衡《灵宪》文当是《归藏》旧文:"《灵宪》此段,当系《归藏》旧文"。传说《归藏》为商王朝的典籍。在湖北江陵王家台出土战国秦简中有《归藏易·归妹》卦辞。其中第307号文:《归妹》曰:"昔者恒我窃毋死之……"第201号文:"……(奔)月,而支(枚)占……"①经学者整理,《归妹》卦辞为:"《归妹》曰:昔者恒(嫦)我(娥)窃毋死之药于西王母,服之以姮(奔)月。将往,而枚占于有黄。有黄占之曰:'吉,翩翩归妹,独将西行。逢天晦芒,毋惊毋恐,后且大昌。'恒(嫦)我(娥)遂托身于月,是为蟾蠩。"至于《归藏》的年代,学者说"并非汉儒所说是殷人著作。我们从秦简、传本和古本《归藏》的人物故事和思想内容来看,它当是战国早中期的作品。这样,'嫦娥奔月'神话产生的年代,可上推到战国早中期,比原来认为的西汉早了约300年"②。这说明后羿射日之后所发生的事情,在西汉以前确实已经广为流传。从《淮南子》所用"譬若"二字看,当时民间对嫦娥窃药之事非常熟悉。

在这里,如何看待这三个后羿,学者们的意见是不统一的。有学者认为1所说的"羿""荒诞无稽,严重脱离生活实际,完全是神话中之人物,即人格神",2所说的"后羿""有信史的性质,故叙事平实,无神话色彩",3所说的"羿""益失先秦文献中平实的真面目",1与2"两个系统终致合流于神话之中"。③与此观点相左,有学者认为,1与2所说的都

---

① 荆州地区博物馆:《江陵王家台15号秦墓》,《文物》1995年第1期。
② 戴霖、蔡运章:《秦简〈归妹〉卦辞与"嫦娥奔月"神话》,《史学月刊》2005年第9期。
③ 叶正渤:《后羿传说源流考》,《东南文化》1994年第6期。

是夏朝所发生的"胤征羲和"之事。"它们其实就是对同一个事件的两种描述。也就是说,胤就是羿,所谓'胤征羲和',就是'后羿射日'。"其理由在于"事同"、"时同"与"羿、胤音近似"。① 但是如果把射日之羿与有穷氏之羿看作是一个,显然无法解释射日之羿的英雄性以及"羿"传说的历史性。

　　在这里,如果我们把 3 所说的"羿"与 1 所说的"羿"看做是同一故事的话,那么,其实只有两个"羿"。那就是射日之羿和有穷氏之羿。此其一。其二,无论是哪个"羿",其共有的特征就是善射。由此,如果我们把羿看作是一个善于射猎的部族,一脉相承,那么,就豁然开朗:原来羿出自一个古代善射的部族,此一部族先后诞生过两个知名的人物,或者说做过两件名垂"青史"的事情,那就是射日和篡国。晋皇甫谧深味其要,在《帝王世纪》中写道:"帝羿有穷氏,未闻其先何姓。帝喾以上,世掌射正。至喾,赐羿以彤弓素矢,封之于鉏,为帝司射,历虞、夏。羿学射于吉甫,其臂长,故以善射闻。"由此,结合上述《说文》所解释的"羿"与"习"字可知,当夏朝后羿篡国事情败坏之后,其部族也就相应的不复存在。

## "射日"的文化意蕴

　　通过文献记载和学者研究,我们知道了后羿射日神话及其汉砖石画像,以及后羿其人的基本状况,那么,"羿射十日"有着什么样的文化内涵呢?从学术界的相关研究看,主要有三种观点。

　　一种是偏于人与自然关系的考虑,认为是人类战胜自然干旱的举动。如说"十日并出","史称汤之时有十年大旱,也许就是这种太古有史以前的大旱"②,认为"都是初民借助幻想,解除干旱和酷热的一种努力"③。也有干脆说是因自然的变化人类所造成的错觉,是"日晕与幻

---

　　① 许兆昌:《胤征羲和事实考》,《吉林大学社会科学学报》2004 年第 2 期。
　　② 茅盾:《中国神话研究初探》,上海古籍出版社 2005 年版,第 71 页。
　　③ 冯天瑜:《上古神话纵横谈》,上海文艺出版社 1983 年版,第 145 页。

日"①。"多日神话源自原始初民对幻日这种自然现象的幻想性解释","征日行为是中国原始先民日神崇拜的体现"。②

一种是偏于人类自身的考虑,认为是社会斗争的活动。如说"所谓'十日并出'正是反映着十个氏族的首领同时称王,那些毒蛇猛兽也都是氏族的名称"③,"表示当时有十个集团以日为图腾者,羿曾灭其九"④。又,"羿射十日"神话传说"正是对尧统一各崇日部落战争的描述","尧以羿的帮助或保佑为借口,灭掉了其他几个以太阳为崇拜对象的部落联盟,一举成为天子及部落联盟首领"。由此,"所谓的禅让必须以强大的军事实力为基础"。⑤ 也有学者指出射日的意蕴是"血亲相争":"羿之射日,绝不是人与自然的斗争,而是日神家族内部的争斗。"其意是说,"小儿子羿射落了他的九个哥哥(或姐姐),独立继承了母亲羲和的太阳神籍"。⑥

一种是偏于历法时间的考虑,认为十日就是天干纪时方法。晋杜预在《左传》昭公七年"天有十日"条注曰:"甲至癸也"。朱熹在《楚辞辩证》论"羿焉彃日,乌焉解羽"也说"按此十日本是自甲至癸耳,而传者误以为十日并出之说"。⑦ 近人也有说,"十日之说与古代历法有关"⑧,"实际上暗示了一场重大的历法改革"⑨。

也有学者将上述各观点综合起来,说后羿射日"是借助弓箭的恢复宇宙与社会秩序的文化功能和举行羽舞——雩舞的舞蹈巫术仪式以弭旱祈雨";"另一文化内涵是日月轮回交替","是古老的十干、十二支观

---

① 李约瑟:《中国科学技术史》,科学出版社1975年版。
② 纪晓建:《多日神话原型及寓意探析》,《上饶师范学院学报》2005年第1期。
③ 郭沫若:《中国史稿》第1册,人民出版社1976年版。
④ 李玄伯:《中国古代社会新研》,上海开明书店1949年版,第208页。
⑤ 朱琳、吴静:《"羿射十日"神话的历史真相浅析》,《涪陵师范学院学报》2003年第2期。
⑥ 叶舒宪:《英雄与太阳——中国上古史诗的原型重构》,陕西人民出版社2005年版,第87—88页。
⑦ 朱熹:《楚辞集注》,上海古籍出版社1979年版,第193页。
⑧ 张光直:《中国青铜时代》,北京三联书店1983年版,第274页。
⑨ 何新:《诸神的起源》,北京三联书店1986年版,第171页。

念的起源"。①

由于历史的不可重复性,所以对历史的认识,不同程度上应该说都是一种猜测,而科学的猜测则是符合历史实际的真理性的认识。由此而言,上述各种观点似乎都有一定的道理,仔细分析则各有不足。历法说显然不合实情。因为其他民族尤其是少数民族的射日神话中,有三日、五日、九日,甚至还有十二日的说法,②则这就与天干相违。自然说中的幻日说是特殊的自然景观,不具有普遍性。干旱说虽有自然基础,但当时应是原始农业刚刚起步,原始人对于天旱的认识也是初步的,不可能那么深刻。人类自身说中的日神信仰说也不可信,因为远古时代几乎每个部族都是信奉太阳的,怎可说羿的部族是不信奉太阳? 而王位争夺说过于超前,因为尧舜时期王位传承还使用禅让方式。既然如此,那么,后羿射日神话究竟有何文化意蕴呢?

在此神话中,最为关键的问题是"多日"与"射日"。由于多日并出,才引来善射的后羿挽弓射日。前者是条件,后者是结果。只要弄清"多日"的意蕴,"射日"问题即可迎刃而解。众所周知,在民俗文化中,"日"有两种含义,一是明指太阳,二是隐指男女之间的交媾。由此,这里的"多日"并不是说天上有多个太阳,而是说有多个人在交媾。所谓"十日并出"实际就是说,有十几个人同时媾合。这有两种情况,一是几对男女的媾合,即群交;一是几个男子媾合一位女子,即群奸。"射日"因而也相应有两种情况:作为前者的群交,后羿射杀其他媾合者,只留下一对男女;作为后者的群奸,后羿射杀所有的男子,只留下一个男子(或者只留下女子)。在这里,无论是群交或是群奸,都是违背社会伦理的,都是应该受到惩处的。因为当时随着社会的发展,男女婚媾已经度过了发情期的群交状态和初级走婚阶段即女子的走婚阶段,而进入高级走

---

① 张碧波:《"十日神话"别解》,《学习与探索》2000年版第1期。
② 根据学者指出在布依族、侗族、壮族、瑶族、苗族、土家族、毛南族中太阳为12个,在古代"东夷"(山东半岛)、楚地(湖北等地)、满族、水族中太阳为10个,在哈尼族、纳西族、拉祜族、布朗族、傈僳族、羌族、景颇族、珞巴族中太阳为9个,在土族、仡佬族、黎族、傣族、基诺族中太阳为7个,在蒙古族、彝族中太阳为6个,在赫哲族中太阳为3个,而哈尼族、独龙族、高山族、布农人(高山族)、泰雅人(高山族)、白族、朝鲜族中太阳则为2个(高福进:《射日神话及其寓意再探》,《思想战线》1997年第5期)。

婚阶段即男子的走婚阶段以及男女夫妻婚姻的形成阶段。此时,最易出现的问题一是复活群交婚媾,二是因男子体力强大之特征所出现的恶作剧群奸现象。对于群交,社会曾经给予救济,就是每年制定一个特殊时期,允许人们媾合。但过了特殊时期,将不再允许群交。《尚书·夏本纪》记载君王荒淫,"帝中康时,羲、和湎淫,废时乱日。胤往征之",就是批评的这种现象。对于群奸,社会的变化一方面固然是女子地位的沦丧,另一方面是男子当担负起保护女子尤其是本部族女子的职责。面对强行的尤其是群体的走婚者,本部族的男子应该毅然地挺身而出,勇敢地保护柔弱的女子。可见,射日神话暗喻着男子走婚的合理进行和夫妻婚姻制度的形成,而后羿则是这一过程中的推进者和保护者。传说后羿去世后成为"宗布神"。《淮南子·泛论训》:"羿除天下之害,死而为宗布。"高诱注曰:"祭田为宗布。"可见,"宗布"就是大地,"宗布神"就是保卫大地之神。而大地常常被喻为女性或母亲。就是说,后羿是女性的保护神。① 后羿所使用过的弓矢也成为维护婚媾的强有力的神性之物。所以,在祭祀高禖神时,常常将之摆放在祭案上。《礼记·月令》:"仲春之月……是月也,玄鸟至。至之日,以太牢祠于高禖。天子亲往,后妃帅九嫔御,乃礼天子所御,带以弓韣,授以弓矢,于高禖之前。"由此,说射日神话"是借助弓箭恢复宇宙与社会秩序的文化功能",可说是一语中的。

人类学告诉我们,各民族的远古婚姻进程基本一致。由此,各个民族中都曾经存在着多日神话和射日神话。多日神话的意蕴当是体现群交或群奸现象,这在史前岩画上多有体现。比如图6-3,在甘肃秦安县大地湾仰韶文化遗址中,地面上绘制两个左手把持自己挺直的玉根、右手摸头并跳舞的男子,又绘制一个方框内有两个伸展四肢好似女子的动物。又如图6-4,印度中部地区铜石并用时代的岩画,刻绘15人,其中9人阳具勃起,6人虽然没有"女性身体膨大或者胸部突出的特点",

---

① 有学者竟然说土地神性是黑暗,"黑暗神性",说羿是"刑杀神、黑暗神、死亡神",说"帝生羿—羿射日—逢蒙杀羿"的原型是"以太阳的循环运行为原型的模式,即:光明生黑暗—黑暗杀光明—黑暗孕育光明(逢蒙乃羿的徒弟)—光明战胜黑暗。换一种表述方法,即:太阳从东方运行到西方,沉入黑暗世界,在黑暗世界的尽头,又再度从东方升起。羿正处于这一循环中的黑暗地带"(张开焱:《后羿之死与羿之神性》,《湖北师范学院学报》1995年第4期)。

但仍应视为女子。再如图6-5为新疆裕民县巴尔达库尔山岩画,雕绘三个男子相对,皆向前伸手,阳具勃起。有学者指出,这些画像都体现了男性同性爱,"是一个同性爱型的题材","男性同性爱在史前时期是一个客观存在的事实"。① 其实,这些岩画正是男子走婚阶段所表现出的群交现象,或者男子恶作剧的性游戏。而广西左江崖壁画,有刻绘一象征着女阴的太阳,左下边则刻绘4个挺直男根伸手向着太阳的男子,见图6-6。另一幅则是太阳在左,右下边刻绘3个挺直男根伸手向着太阳的男子,见图6-7。② 显然,这两幅岩画表现的是群奸的现象。由此可以推知,射日神话当体现着婚媾秩序的严肃整饬。③ 这种整饬有对于群交的处理。如云南苗族神话《公鸡请日月》说,苗家四个祖先造出十二对金银日月,可这十二对日月不听吩咐,全出现在天上,烤得大地草木干枯,江水断流。年轻的神箭手桑扎站在不断升高的桑树上,一气儿射落多余的太阳月亮,剩下的一对吓得躲起来。后来公鸡唱歌,请出日月,让她们轮流升天,造福人类。这里十二对日月同时并出,暗喻着男女既不按时又公然的群交;留下一对日月,则意味着维护夫妻婚姻制度。这种整饬也有对于群奸的处理。如云南哈尼族神话《为什么鸡叫太阳就出来》,传说古时有九个太阳并出天上,大地热得像一块烧红的铁,草木不生,庄稼不长。巨人俄普浦罗被请来挽弓射日,射落八个太阳,剩下的一个躲到山后,人们邀请公鸡把他请出来。这里的九个太阳并出,暗含着男子走婚者借机群奸,其中八人被女子的族人所射杀;公鸡暗指女子族人中的小男孩。④ 可见,在走婚阶段,每个部族都是欣然接受来走婚的男子,但是对于乘机捣乱或恶作剧似的群奸,女子所在的部族将给予严惩。

---

① 陈星灿:《大地湾地画和史前社会的男性同性爱型岩画》,《东南文化》1998年第4期。

② 海力波:《左江崖壁画与骆越人之生殖崇拜》,《民族论坛》1995年第3期。

③ 射日神话的基本情节:1.天上有多个太阳。2.太阳祸害人类。3.英雄用弓箭射落多余的太阳。4.剩下的太阳吓得躲藏起来。5.公鸡鸣叫出太阳。6.宇宙恢复正常秩序(李子贤:《太阳的隐匿与复出——中日太阳神话比较研究的一个视点》,《思想战线》1994年第6期)。

④ 李子贤:《云南少数民族神话选》,中国民间文艺出版社1987年版。

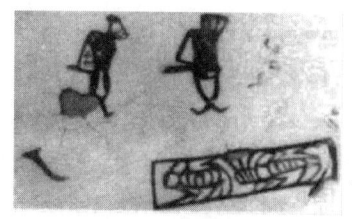 

图 6-3　甘肃秦安县大地湾仰韶文化遗址　　　图 6-4　印度中部地区铜石并用时代的岩画

图 6-5　新疆裕民县巴尔达库尔山岩画

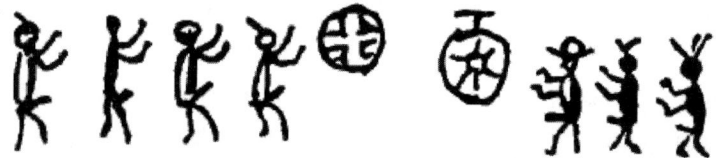

图 6-6、7　广西左江崖壁画

## "奔月"的文化意蕴

　　后羿射日之后,成就了英雄大业,所以得到了社会各个阶层的肯定。于是西王母奖赐他"不死之药"。可惜他还没食用,就被其妻偷食,且独自"奔月"而去。由上所述,我们知道,"射日"的原意就是整饬婚媾秩序,消除群交和群奸的陋习。所以,作为女性的代言人,西王母奖励后羿,也是情理之中的事情。但是,羿妻偷食仙药而奔月,其文化意蕴为何,则需继续讨论。

　　古人认为,嫦娥偷食仙药,独自升天,是背叛丈夫的丑事,因而被惩罚。诗人对此则给予了无限的同情。李白《把酒问月》:"白兔捣药秋复春,嫦娥孤栖谁与邻?"杜甫咏《月》:"斟酌姮娥寡,天寒耐九秋。"李商隐《嫦娥》更是不无指责:"嫦娥应悔偷灵药,碧海青天夜夜心。"《月夕》:"兔寒蟾冷桂花白,此夜姮娥应断肠!"现代学者认为这是"母系社会妇女黄金时代的终结,导致妇女地位骤然下降"。① 有学者认为嫦娥是一个集色衰、无后、嫉妒与盗窃于一身的女子,"奔月"就是被打入冷宫;"不死之药"是"有回春(至少是不再衰老)的功能","偷药的本意应当为驻颜之术,而非有意升天"。② 有学者认为"嫦娥奔月"的深层动因是"生殖求嗣",即"向生殖神月亮祈生求嗣"。③

今人接受女子解放的思想,则认为嫦娥偷食仙药独自升天是女子求解放求自由的事宜。说暗含着一种故事模式"女弃男模式",其特征就是"女子离弃男子而远走高飞","其结局都是悲惨","它实际上反映了一个女子如何获得解放的问题"。④ 说"嫦娥奔月这一神话开启了女性追求的先河","暗示了女性的命运走向",其正反两方面的置换就是"木兰替父从军以及潘金莲为追求理想爱情所付出的毕生奔波"。⑤ 说嫦娥奔月"表层叙事模式下,潜在了一种女子离弃男子并最终受到惩罚的深层叙事模式,这种模式充分体现了在男权统治秩序下女性作为第二性征要求个体解放自由平等独立的思想"。⑥ 说"是女性为了求得真正的平等与解放而反抗男权统治的叙事文本"。⑦ 也有学者把上述的(1)射日之羿和(2)有穷氏之羿相混,说后羿"是个浪荡公子,是个淫君","后羿和河伯之妻雒妃、浞妻纯狐(黑美人)、眩妻都有感情上的纠葛。嫦娥

---

① 陈才训:《嫦娥·蟾蜍·玉兔——月亮文化摭谈》,《江淮论坛》2002年第3期。
② 纪永贵:《嫦娥奔月的寓意分析》,《民间文学论坛》1998年第3期。
③ 阳光宁、何根海:《嫦娥奔月与祈生巫仪——兼论中秋节俗的原始文化意涵》,《池州师专学报》2000年第1期。
④ 周建华、刘汉波:《嫦娥奔月神话的现代变形和原型解码》,《光明日报》2003年4月30日;《赣南师范学院学报》2001年第4期。
⑤ 卢晓侠:《嫦娥奔月神话原型在文本中的置换与变异》,《白城师范高等专科学校学报》2001年第2期。
⑥ 李静:《嫦娥奔月神话在"三言""二拍"中的变形》,河北师范大学硕士学位论文2005年,第10页。
⑦ 刘渊:《同主题变奏:"嫦娥奔月"和"美狄亚出逃"的比较研究》,《外国文学研究》1995年第4期。

作为后羿之妻,感情不免受到伤害……嫦娥整个一感情的'怨妇',冲动气愤之余,偷吃了不死药也无可厚非"。①

也有人从汉代求仙求长生观念出发,认为嫦娥偷食的"不死之药"就是"可令人'飞行长生'、'升为天神'的蟾蜍";"奔月""真正目的就是能使月亮不断地'死而复生'"。② 有学者指出其原意是说"某人为某因缘得到了不死药(或回生药),结果被月亮抢去。月亮因为有了不死药,从此就具有不死或死而再生的能力,而人就变成会死的人"。③ 有人从萨满教仪式出发,认为"奔月""不过是女萨满嫦娥在迷幻状态之中的一次灵魂旅行的经历"。④ 更有人从生理角度出发,认为"奔月、月精是阴性和生理律变的必然联想,桂与蟾蜍隐喻着强盛的化育功能","奔月神话向我们传达的是先民对女性生育功能和生理律变的崇拜和敬畏,其中包含着人类追求自身幸福和永恒的无限遐思"。⑤

对于"奔月",指责也好,肯定也罢,都是基于研究者主观的见解,从原型分析的角度可说无需论争。倒是从汉代人的求长生观念、萨满教或女子的生理角度探究"奔月",有点原型分析的意味。只是给人的感觉还是主观的猜测较多,尚缺符合实际的推断。

我们认为,要正确地解析"嫦娥奔月"的原型,应该主要考虑这样几个环节:"不死之药"、"奔月"和"蟾蜍"。

"不死之药"。所谓"不死之药",按字面理解,就是能够使人长生的药物,其主要的功能是"起死回生"。袁珂先生说:"不死药的功能只是起死回生,未闻服之可以长生不死"⑥。有学者说是"蟾蜍",有学者说是"萨满用于促生迷幻状态的药物"。其实,从两汉乃至以前的社会看,所谓"不死之药"的功效,既不是"长生不死",也不是"起死回生",而是增

---

① 王惠:《"嫦娥奔月"原型及其衍变的生态女性主义解读》,苏州大学硕士论文 2006 年。

② 戴霖、蔡运章:《秦简〈归妹〉卦辞与"嫦娥奔月"神话》,《史学月刊》2005 年第 9 期。

③ 胡万川:《嫦娥奔月神话新探》,《民间文学论坛》1997 年第 3 期。

④ 曲枫:《"奔月"神话的文化人类学释读》,《沈阳师范大学学报》2006 年第 4 期。

⑤ 杨勇:《嫦娥奔月神话的文字学阐释》,《文山师范高等专科学校学报》2000 年第 1 期。

⑥ 袁珂:《中国神话史》,上海文艺出版社 1988 年版。

强性欲的春药。祈盼强烈的性能力是原始人类和文明人类共有的价值趋向。由于生理的特征,男子性能力的强弱比女子更重要;而因在生活中的仔细和经验的积累,女子最初掌握着更多的医药卫生知识。所以,在男子走婚期间,男子需要女性各方面的指导。上述"羿请不死之药于西王母"正源于此。因为春药有着强壮身体的直接功能,所以也可称为健康之药,或"不死之药"。

"奔月"。所谓"奔月",按照以前的理解,就是奔向月亮,进入月亮,成为月亮。实际上,所谓"奔月"则是指"月下奔走",是说嫦娥服食了羿从西王母那里所要来的春药之后,因羿没有在眼前,不能满足其突来的性欲,所以只好在明媚的月下焦急地奔走等待。

"蟾蜍"。古人讲到嫦娥变身为蟾蜍,是对其偷食不死之药的惩罚;今人则说蟾蜍冬眠春醒,具有"死而复生"之效,因而当是古人所谓的"不死之药"。其实这些说法都不对。蟾蜍惩罚说是基于蟾蜍长相丑陋而来,"不死之药"说是基于蟾蜍的蛰伏和古人的求长生而言。实际上,蟾蜍在古人的眼中并非丑陋,而是极为美丽。因为"蟾蜍,其四肢之叉开和滚圆之肚身,正是古人眼中女子被临幸的姿态"。正如学者所指出的:"在先民眼里,蛙之腹大与女性的受孕必定有神秘的联系,都应表示着强大的化育能力,而蟾蜍腹更大,恐怕更适合表现这种能力,也因为这一原因,蟾蜍在月宫里并不损害嫦娥的美好形象。"① 可见,岔开四肢的蟾蜍,是女子性感的象征。在汉砖石西王母的画像谱系中,蟾蜍形象与捣药兔往往同时被刻绘在西王母身边。那碑着大肚皮的蟾蜍,流露着性感和无限的生育能力。由此,说嫦娥"遂托身于月,是为蟾蜍",其意是说,嫦娥因欲火填胸,像蟾蜍一样爬在月光之下。

由此,嫦娥奔月神话的原意是说,羿从西王母处讨来春药,还没有顾上吃。其妻嫦娥出于好奇就自个先吃掉。结果是春情大发,因羿没在身边,不能够满足其欲望。于是着急地在月光下乱跑,甚至躺在地面上,四肢伸开,像蟾蜍一样,企盼着交媾。由此,嫦娥奔月神话的深刻意蕴,则是强调男女关系的和谐相处,不能偏于任何一方。

古文献中又将嫦娥说成是月精。《文选》载王僧达《祭颜光录文》,

---

① 杨勇:《嫦娥奔月神话的文字学阐释》,《文山师范高等专科学校学报》2000年第1期。

李善注引《周易归藏》:"昔嫦娥以西王母不死之药服之,遂奔月为月精。"张衡《灵宪》载:"羿请不死之药于西王母,嫦娥窃之以奔月,嫦娥托身于月,是为蟾蜍。"又载:"月者,月精之宗,积而成精,像兔。"这实际上是以人推物的思维所致,即用神话的形式,将嫦娥的行为解释月中的阴影,由此在认识层面上实现天人合一。虽然荒诞,但却是古代科学发展之体现。此毋庸赘言。

# 七、汉画西王母神话

（建平）四年春，大旱。关东民传行西王母筹，经历郡国，西入关至京师。民又会聚祠西王母，或夜持火上屋，击鼓号呼相惊恐。

（《汉书·哀帝纪》）

（建平）四年正月、二月、三月，民相惊动，讙哗奔走，传行诏筹，祠西王母。

（《汉书·天文志》）

哀帝建平四年正月，民惊走，持槀或棷一枚，传相付与，曰"行诏筹"。道中相过逢多至千数，或披发徒践，或夜折关，或逾墙入，或乘车骑奔驰，以置驿传行，经历郡国二十六，至京师。其夏，京师郡国民聚会。里巷仟佰，设张博具，歌舞祠西王母。又传书曰："母告百姓，佩此书者不死。不信我言，视门枢下，当有白发。"至秋止。

（《汉书·五行志》）

两汉广泛存在的西王母崇拜，在汉画像中得到了充分的反映：举凡在各种材质如砖、石、玉、镜、帛画、瓦当乃至在巴蜀地区所发现的摇钱神树的叶片和陶树树座上，都刻绘有西王母的艺术图像。对此，学术界已经给予了广泛关注和研究。国内外著名学者如德效骞（Homer H. Dubs）、鲁惟一（Michael Loewe）、里卡尔多·弗拉卡索（Riccardo Fracasso)、简·詹姆斯(Jean M James)、巫鸿、吴晗、袁珂、顾森、萧兵、王子今、何光岳等,都对西王母图像及其信仰进行了深入细致的探讨。近年来,令人欣喜地看到,西王母的研究不仅成为学术热点,而且一些年轻学子有赖于此课题的研究,获得了相应的学位。如李淞(《论汉代艺术中的西王母图像》,湖南教育出版社《博士论丛》之一,2000年4月版)、阎红艳(《西王母神话的流变及其民俗文化的形态》,2006年延边大学硕士学位论文)、顾薇薇(《汉镜铭文研究》第四章"镜铭所见的汉代西王母崇拜",2004年复旦大学硕士论文)、张勤(《西王母神话传说研究》,2005年苏州大学博士学位论文)等。众多的研究论著为深入全面的探究提供了宝贵的资料。在这里,笔者以原型分析理论为指导,仅仅对汉画西王母信仰进行分析,至于西王母的配神物象和牛郎织女神话,留待另文专门论析。

# 西王母的原型讨论

西王母神话的研究虽然在学术界目前是一个热点问题,但就其神主的原型却有相当大的争议。有的学者说,西王母是"古今争议最多、身份和性质最不明确的一个神话人物"。①

总起来看,关于西王母原型的研究,可以分为静态的定性与动态的定形两种。

就静态的定性来看,主要是认为西王母是生死、善恶的统一。如有学者认为,西王母"是半人半兽的怪神,执掌瘟疫和刑罚,是死亡之神和刑杀之神";同时,她又是"一位雍容华贵的女性神仙","掌有不死之药和食之使人长寿的蟠桃,变成了生命之神"。考究其因,在于传统中国所特有的生死可以互相转化的阴阳变通观和女性所拥有的主宰生死的自然属性。② 也有学者根据《山海经》所载西王母为"虎"的特征,认为西王母是原始人精神的寄托。"虎豹""是一种异己的、强大的、神秘的力

---

① 叶舒宪:《中国神话哲学》,中国社会科学出版社1992年版,第83页。
② 李小玲:《西王母原型:善与恶的统一》,《江西社会科学》2001年第12期。

量,是生存与死亡的统治者",而原始人"最直接、最强烈的体验就是生存或者死亡",由此,"西王母实际上是自然万物与人类自身神秘力量互渗的缩影,是原始人对生与死这一个永恒命题的回答"。① 也有学者进一步指出,西王母神格中生死二元性的成因在于中国古代哲学思想中的对立统一思想和神话仙话之后道教思想的体现。② 在定性研究中,还有学者根据《山海经》所载,认为西王母有"白虎"和"虎狸"的名号,加上《太平广记》所载"鳄鱼别号忽雷⋯⋯一名骨雷,秋化为虎",以及《夏小正》和《礼记》所载"狸,司杀也",又异写作"离"、"黎"、"厉"等,于是认为西王母的原型是"鳄鱼女神"。在民俗中西王母逐渐演变为"生殖女神"和"社神"。③

就动态的定形来看,主要是认为西王母存在人、神、仙三种形态的转化。有学者认为西王母经历了人到神再到仙的传说。"她应是西部一个原始部族中著名的女酋长",转而成为掌管生死、善恶和福祸的"复合神"即"月亮女神",再转而成为拥有不死之药的"寿星"。④ 但有学者认为西王母经历了由神到人再到仙的传说,原始社会后期,西王母的神话传说还很模糊,"她是兽、人、神的混合体",甚至性别也难以区分;进入文明时期之后,西王母的传说"完全人性化",她自称"帝女",成为"雍容典雅、和眉善目的'人王'";两汉之后,西王母传说成为仙话,她"是一位道教传说中拥有长生不死之药的群仙领袖"和"男女婚配、妇女祈求授子的信仰对象"。⑤ 也有学者认为西王母经历了实际的人到小说中的形象再到神仙的传说,西王母是"西部母(或膜)邦国的王(首领)",该邦国的王"应以男性为多,当然不排除有女性担任者";《穆天子传》中穆王与西王母饮酒瑶池之上,互相唱答歌谣等情节,"是文学创作的内容了,均

---

① 张勤:《西王母原型:生与死的统一》,《贵州文史丛刊》2004年第2期。
② 王项飞:《论西王母神格中生死二元性的成因》,《西北民族大学学报》2006年第2期。
③ 王志强:《"西王母"神话的原型解读及民俗学意义》,《青海民族学院学报》2005年第1期。
④ 张启成、梁葆莉:《论西王母及其历史嬗变》,《贵州大学学报》2004年第6期。
⑤ 赵献春:《论西王母神话的嬗变》,《社科纵横》2004年第3期。

不必当真";汉代西王母"由历史人物演变为神仙"。① 也有学者认为西王母既是神也是人。"西王母的原相是昆仑山神",又是"昆仑之丘的王者"。② 又说"西王母是古代西方蛮荒部落某一以狩猎为生民族之邦国名,也是该邦国的首领名。该邦国当时正处于母系社会时代";由于魏晋方士"造神"的结果,使其"逐步演化为首屈一指的女界尊神"。③ 也有学者推测说,《穆天子传》中的西王母最可能是远嫁西域塞种的羌人美女。④

综上所述,关于西王母的原型认定存在着众多的分歧。考究其分歧的原因,可能主要有两个。其一,是对于相关的文献记载存在着怀疑。有关西王母神话的文献,主要有《山海经》、《穆天子传》、《竹书纪年》、《史记》、《汉书》、《后汉书》、《淮南子》、《易林》、《汉武帝内传》等等。但是由于疑古思想作祟,很多学者对《山海经》等处于民间的古籍文献都视为造伪之物,不敢使用。如巫鸿先生在研究汉代西王母图像时舍弃了《山海经》、《穆天子传》、《竹书纪年》和《汉武帝内传》四部重要的文献,"牺牲了其中包含的重要资料"。⑤ 其二,是神话研究中两种基本观点的对立。自五四运动以降,神话研究中一直存在着"历史的神话化"和"神话的历史化"的悖论。疑古者提出要把神话的内容还给神话,否定神话的历史化。但众所周知的,神话发生的历史实际正是历史神话化的结晶。因此,在神话研究中,正确的方法是首先考虑历史的神话化,然后再考虑神话的历史化。如此,方能正确把握西王母的原型。

在众多的西王母原型论析中,我们还是倾向于动态的定性分析,但是与认定西王母神话经历了人、神、仙三种形态转化的说法略有不同,我们认为西王母神话是人的存在(现实)、神的信仰(民间)、神的仪式(宗教)三种形态之间的互相转化,而其转化的根源在于破坏规范的躁动,其影响在于向外发展。

---

① 崔永红:《西王母考》,《青海民族学院学报》,2003年第4期。
② 刘锡诚:《神话昆仑与西王母原相》,《西北民族研究》2002年第4期。
③ 孙厚岭:《西王母"本来面目"初探——兼及西王母形象之演变》,《枣庄师范专科学校学报》2002年第4期。
④ 萧兵:《西王母传说的人类学重构》,《民族艺术》2001年第2期。
⑤ 李凇:《汉代艺术中的西王母图像》,湖南教育出版社2000年版,第15页。

# 神的信仰：汉代的西王母崇拜

汉代的西王母崇拜，经过一个比较复杂的过程。学者们在谈到这一过程时，略有分歧。有的学者将之分为三个阶段。如信立祥先生的三阶段以汉画西王母构图为识别：西汉哀帝建平四年以前，在祈求祠主升仙的昆仑境界中，出现了西王母仙人世界的祖形；建平四年到东汉初年，以西王母为中心的昆仑仙人世界图式为汉画的主要内容；东汉中晚期之后，出现了东王公所匹配的对应图式。① 李淞的三个阶段则是以汉画西王母面像为识别：西汉后期到东汉初期，西王母的面像为3/4侧面角度，所谓"情节式"构图；东汉初期至中期，西王母的面像为正面角度，所谓"偶像式"构图；东汉中期之后，西王母的图像普遍带有双翼。② 也有学者将西王母崇拜分为两个阶段，如汪小洋也是根据西王母的图像系统演变，以东汉中期为界，之前是西王母为中心的神仙世界，之后是西王母因东王公加入为至上神努力阶段。③ 显然，上述的三个对于西王母崇拜的分期，都囿于汉画图像的研究，忽略了整个社会历史对于西王母的信仰，所以其分期把握尚有局限。在这里，笔者将汉代社会的信仰与汉画图像相结合，认为汉代的西王母崇拜经历了三个阶段，或者准确地说，是三个不同的层次："长寿之偶像"，"神的救赎"，"神的创世"。

## "长寿之偶像"

从先秦到西汉哀帝年间，西王母是"长寿之偶像"。此一时期内，西王母一直是作为老寿星而被世人所尊奉。《庄子·大宗师第六》："西王母得之，坐乎少广，莫知其始，莫知其终。"在庄子的心目中，因为西王母

---

① 信立祥：《汉代画像石综合研究》，文物出版社2000年版，第157—158页。
② 李淞：《论汉代艺术中的西王母图像》，湖南教育出版社2000年版，第312页。
③ 汪小洋：《汉画像石中西王母中心的形成与宗教意义》，《南方文物》2004年第3期。

得到了天地之真谛即所谓的"道",所以成为永葆青春的女子。人们也把西王母看作是拥有长生秘诀之神人。《史记·司马相如传》载司马相如的《大人赋》:"西望昆仑之轧沕洸忽兮,直径驰乎三危。排阊阖而入帝宫兮,载玉女而与之归。舒阆风而摇集兮,亢乌腾而一止。低徊阴山翔以纡曲兮,吾乃今目睹西王母矐然白首。载胜而穴处兮,亦幸有三足乌为之使。必长生若此而不死兮,虽济万世不足以喜。"也许正是西王母长寿的传说和信仰,使得期望长生的汉武帝对西王母是梦寐以求,后人以此为依据,虚以故事,编制《汉武帝内传》,说西王母曾拜访他,赐给他寿桃吃。

在"长寿之偶像"时期,西王母的图像基本上是按照《山海经》的描述来刻绘的。因而画面显得较为简单,除了只身戴胜之外,有捣药兔、九尾狐和三足鸟相伴。如图7-1出土于南阳市茹楼段庄的汉石墓画像。画左刻西王母侧面端坐;画中有一仙人,背生羽毛,手执仙草面向西王母;画右一玉兔捣药。又如图7-2,在郑州新通桥发掘的西汉晚期墓中的画像砖,画面是西王母戴胜,正面打坐于基座上,回首看着左边的玉兔,玉兔正在用长杵在臼中捣药。① 显然,这些汉砖画像印证了西王母戴胜、穴处、捣药兔、九尾狐、三足鸟等记载。

图 7-1　南阳市茹楼段庄的汉石墓画像

1996年洛阳市第二文物工作队征集到一批西汉晚期的画像砖,其中有一幅"蟾蜍、玉兔、西王母"画像,如图7-3。其图案由两组内容相同的画面组成,画面上方有双线三角加卷云纹作边饰。左组画面完整,右组只绘蟾蜍、玉兔。画面中为西王母,西王母身前有一几案,左为蟾蜍、玉兔捣药,右为三足鸟与九尾狐。据介绍,"'蟾蜍、玉兔、西王母、九尾

---

① 周到、吕品、汤文兴:《河南汉代画像砖》,上海人民美术出版社1989年版;《郑州新通桥汉代画像空心砖墓》,《文物》1972年第10期。

图 7-2　郑州新通桥汉砖画像

狐、三足鸟'同时出现于一幅画面的现象,以前尚不多见。"①另一块在郑州发掘的西汉晚期墓中的画像砖较为复杂,如图 7-4。画面上有两座山峰,西王母打坐右边山顶上,戴"胜",她身右的山坡上,玉兔左手扶臼、右手执杵正在捣药;玉兔身后是一棵常青树,树巅立着鸟儿;山坡下面,一只九尾狐正爬向西王母。画面正中,西王母身左上面飞来三足鸟,下面是深谷;深谷中有一棵常青树,一鸟儿正飞上树巅,一只鸟儿站立树巅,背向西王母而面对着左边更高的山峰;山峰正面为山洞口,下面有一株常青树。②

图 7-3　洛阳汉砖画像

图 7-4　郑州汉砖画像

由上述的以西王母为核心,配之以捣药兔、三足鸟、蟾蜍和九尾狐的西王母艺术图像,相对比较简单,可以说是汉画西王母的简单形式;因

---

① 史家珍、李娟:《洛阳新发现西汉画像砖》,《中原文物》2005 年第 6 期。
② 周到、吕品、汤文兴:《河南汉代画像砖》,上海人民美术出版社 1989 年版;《郑州新通桥汉代画像空心砖墓》,《文物》1972 年第 10 期。

其主要发现于以南阳为中心的河南汉画像区域,所以,我们称之为汉画西王母的"南阳模式"。

### "神的救赎"

从西汉哀帝开始到东汉中期,西王母是救难之英雄,因而对其崇拜可以说是"神的救赎"时期,其主要特征是把西王母当作辟邪祈福的救世主。西汉末年哀帝建平四年,民间掀起了西王母崇拜运动。其时谣传有瘟疫将要侵来,防卫的办法就是相互传递所谓粘有西王母灵气的草或木棍之"筹",或到西王母祠堂祭拜,《汉书》对此作了较为详细的记载。《哀帝纪》:"(建平)四年春,大旱。关东民传行西王母筹,经历郡国,西入关至京师。民又会聚祠西王母,或夜持火上屋,击鼓号呼相惊恐。"《天文志》也载:"(建平)四年正月、二月、三月,民相惊动,讙哗奔走,传行诏筹,祠西王母。"《五行志》记载更详细:"哀帝建平四年正月,民惊走,持槁或棷一枚,传相付与,曰'行诏筹'。道中相过逢多至千数,或披发徒践,或夜折关,或逾墙入,或乘车骑奔驰,以置驿传行,经历郡国二十六,至京师。其夏,京师郡国民聚会。里巷仟佰,设张博具,歌舞祠西王母。又传书曰:'母告百姓,佩此书者不死。不信我言,视门枢下,当有白发。'至秋止。"可见,"从关东直至京师,从正月直至秋季,政府实际上已经失控。其狂热程度之惊人,说明了当时民间西王母崇拜的深刻影响,已经足以策动变乱,掀起社会政治波澜。"①

西汉末年全国范围内的西王母崇拜运动,在汉人心灵深处烙上了深刻的印痕,其最直接的结果就是丰富了汉画西王母的艺术形象,即,给西王母画像添加了配偶东王公画像。从已经公布的汉砖石画像看,大致上,汉画西王母、东王公有三种形式。

第一是西王母、东王公同处于一个画面,如图7-5,出土于南阳市熊营的汉墓门柱画像。画面上刻一乘鹿的仙人,其下刻一凤凰,中间刻西王母和东王公坐于豆盘形的"悬圃"之上,下刻玉兔捣药。又如图7-6,朱存明先生所收藏的徐州汉石画像,上层刻绘六人,左二人跽坐下六博

---

① 王子今、周苏平:《汉代民间的西王母崇拜》,《世界宗教研究》1999年第2期。

棋,右二人跽坐游戏划拳,身后各站立仆人;中层为相连的菱形图案;下层刻绘西王母、东王公分左、右打坐,其左右各刻绘一仙人侍奉,中刻捣药兔、蟾蜍。

图 7-5　南阳市熊营汉墓门柱画像　　图 7-6　徐州汉石画像

第二种形式是西王母、东王公同处于墓中的左、右壁上,各自是该壁画像的核心,两者又相互照应,构成墓中画像的主体。如图 7-7、8,武氏祠左石室西壁、东壁画像石。西壁上画像分三层。上层,锐顶部分,中刻绘西王母打坐,周围有羽人、捣药兔、应龙、扁鹊;二层刻绘孔门弟子二十人,皆冠服执简左向立;三层刻绘车骑出行,但是已经漫漶不清。东壁上画像也分三层。上层,锐顶部分中刻东王公打坐,周围有羽人、蟾蜍、扁鹊、神兽;二层刻绘孔门弟子十八人,皆冠服执简右向立;三层刻绘车骑出行,略有漫漶。此画像时间大约为东汉桓帝建和年间(公元148 年)。① 又如图 7-9,武梁祠西、东壁画像。西壁画像分为五层。上层锐顶部分,中刻绘西王母打坐,周围有羽人、捣药兔、蟾蜍、扁鹊;二层刻绘伏羲、女娲等十一个远古帝王,并有榜题;三层刻绘曾母投杼等孝子故事,并有榜题;四层刻绘曹子劫桓等历史故事,并有榜题;五层刻绘车骑左向出行。东壁画像也分为五层。上层锐顶部分,中刻绘东王公打坐,两侧有羽人、神兽;二层刻绘京师节女等列女故事,并有榜题;三层刻绘孝孙原穀等孝义故事,并有榜题;四层刻绘齐丑女钟离春、聂政刺秦王等列女、刺客故事,并有榜题;五层刻绘辎车跪迎、庖厨等图像。

---

①《中国画像石全集》第 1 卷《山东汉画像石》图版第 75－76,山东美术出版社 2000 年版。

此画像时间大约在东汉桓帝元嘉元年（公元151年）。①

图 7-7、8　武氏祠左石室西壁、东壁石画像

图 7-9　武梁祠西、东壁画像

第三种形式是西王母、东王公刻绘于墓门左右门柱上。如图 7-10，陕西绥德王得元墓门左右立柱画像。画像分两层。上层内部上边分别

---

① 《中国画像石全集》第1卷《山东汉画像石》图版第49—50，山东美术出版社2000年版。

刻绘东王公、西王母坐于仙山神树上,两边侍者跪奉,山中有羽人、九尾狐、鹿;下边刻绘门吏执彗侧立;外部刻绘异兽托举卷云,卷云中有小兽。下层刻绘玄武。门楣上则刻绘着捣药兔、羽人献灵芝、朱雀、麒麟、异兽等,左右上角有日、月。时间为东汉永元十二年(公元 101 年)。①
又如图 7-11,绥德墓门左右门柱画像。画像分上下两层。上层内部分别刻绘牛首东王公、鸡首西王母坐于仙山神树上,树两旁生有灵芝仙草,山上有九尾狐、三足鸟,树下有门吏;外侧则刻绘仙人手托卷云,卷云中有九尾狐、三足鸟、猴子。下层左边刻绘神树拴着马,右边刻绘玄武。此画像时间在东汉。②

图 7-10　陕西绥德王得元墓门左右立柱画像

图 7-11　绥德墓门左右门柱画像

由上所述的以西王母、东王公为对偶神像为核心的汉画像,发现最多的区域是山东、陕西等地。其中山东多出现于墓壁画像上;陕西则多出现于墓门门柱上,且为鸡首西王母、牛首东王公,所以可以称之为汉画西王母的复合模式,或者说是"山东模式"。

---

① 《中国画像石全集》第 5 卷《陕西、山西汉画像石》图版第 73—74,山东美术出版社 2000 年版。
② 《中国画像石全集》第 5 卷《陕西、山西汉画像石》图版第 131—132,山东美术出版社 2000 年版。

## "神的创世"

从东汉中期到东汉末年,是西王母信仰的创世时期。此一时期关于西王母信仰的文献资料,基本上还是延续"神的救赎"时期的传说,并没有更多新鲜的东西,但是在画像上相对有了重要的变化:由于当时对西王母的过于崇拜,西王母画像逐渐取代了作为祖先和创世神信仰偶像的伏羲女娲背景神像,成为创世神"太一"。由此,我们把此一时期的西王母信仰称之为"神的创世"时期。

在此一时期,汉画西王母主要是以太一神像的人化倾向出现(此外尚有西王母为核心而左右为龙虎所构成的"几"或"座"的打坐形式)。此种形式详述于下:(1)图 7-12,南阳英庄画像石墓出土。画面刻四人,中一人为西王母,戴胜坐于悬圃上;其左右两侧各刻一羽人侧立,手中各持一株仙草,面向西王母;画面上左、右两角刻绘人首蛇躯之女娲伏羲。在这里,伏羲女娲尚未交尾,且右上角的伏羲也未刻成。可以推知,此幅画像正处于西王母信仰由"神的救赎"到"神的创世"过渡阶段。(2)前图 4-12,山东微山两城镇出土汉画像,浅浮雕,画面刻西王母正中端坐,头上栖息一鸟,身后两缕云气;伏羲女娲各执便面于左右,下身蛇尾绞缠呈双璧,尾部各连一朱雀。西王母左肩上有榜题"西王母"。(3)前图 4-11,山东滕州市桑村镇大郭村出土汉石画像,浅浮雕,画面分为两层。上层中间刻西王母头戴凹冠和胜,端坐,两侧为手执便面的伏羲女娲,蛇尾相交于下。

图 7-12 南阳英庄汉墓画像

汉画西王母以伏羲女娲为配神的形式,同西王母、东王公为核心的西王母画像一样,都属于复合形式。但是由于西王母以伏羲女娲为配神形式多出现在山东地区，且数量不多，而西王母打坐龙虎座形式多出现于四川地区，且数量特别多，所以这里就把这种带有创世神性质的西王母画像称为"西王母打坐龙虎座"，或简而言之为"四川模式"。

## 人的存在：西王母信仰的原始形态

1. 尚处于母系阶段的氏族部落

《山海经》中有几处描写西王母的形象。

《西山经》："又西三百五十里，曰玉山，是西王母所居也。西王母其状如人，豹尾、虎齿而善啸，蓬发戴胜，是司天之厉及五残。"

《大荒西经》："……其外有炎火之山，投物辄然。有人，戴胜虎齿，有豹尾，穴处，名曰西王母。此山万物尽有。"

《海内北经》："西王母梯几而戴胜（杖），其南有三青鸟，为西王母取食，在昆仑虚北。"

《山海经》传说是夏禹、益所撰写，所反映的事情可能还要比夏禹、益时间更早。换句话说，《山海经》所记载的西王母事迹，实际上反映这样一个情况：生活在中原的各个部族已经进入到男子走婚阶段的后期，开始向夫妻婚制过渡；而同时生活在西部近邻的部族尚处于母系氏族阶段。中原部族的男性走婚者曾经到西部走婚，幸遇到母系氏族的西王母。走婚者回来后就把他们的所见所闻向其他年轻人做了描述。他们讲了西王母的穿戴、举止、声音，讲了西王母母系氏族的生存环境和生活习惯，甚至还讲了西王母所拥有的权力。

在这里，西王母的奇特装扮，豹尾、虎齿、戴胜，应该说正是原始人基本的衣饰。有不少学者据此认为西王母是一个巫师，似乎有一点道理，其实是误解。西王母实际上是尚处于母系氏族社会的女性首领。很多学者根据"司天厉及五残"而说西王母是刑杀之神，似乎小瞧了母系氏族阶段女性的权力，而放大了其刑罚之职能。其实，在母系氏族阶段，女性基本上掌管着社会生活的全部，男子更多的是处于被动的享受地位。

2. 稳定的母系氏族结构

依笔者之愚见，文明的萌生和进步最初是在婚俗中展开的。文明史的基本线路，是由发情期血缘群婚发展为外婚制的走婚（先由女性，而后为男性),再发展为男娶女嫁式的夫妻婚制。中原文明的发展所以能够引领中华民族之先导,就是因为自传说的炎黄尧舜开始,男性走婚和夫妻婚制的痕迹就越来越凸显,而自夏禹、启始,由夫妻婚制逐步扩充到国家政权的特征愈益显明。而此时,周边的部族仍多处于走婚阶段,与中原部族已经不可同日而语。所谓"夷夏之辨",其基本的区别正在于斯。据此而言,西王母所在的母系氏族,与处于中原的部族相较,似乎整体的社会习俗和制度没有大的变动。

当夫妻婚制渐趋稳定和规范之时,原始的走婚记忆时时提醒着那些不愿受拘束的人士,他们敢于突破现实的礼教约束,寻求自己的欢爱。而周边相对稳定的氏族走婚习俗,也给予他们便利。这样,处于母系氏族阶段的西王母族人既不断地得到来走婚的中原男子,有时又到中原去走婚。

《艺文类聚》:"帝伐蚩尤,乃睡。梦西王母遣道人披玄狐之裘以符授之。"

《新书·修政语上》:"尧……身涉流沙,地封独山,西见王母。"

《大戴礼记·少闲》:"昔虞舜以天德嗣尧。""出入日月,莫不率俾,西王母来献其白琯。"

《古小说钩沉·玄中记》:"殷帝太戊,使王英采药于西王母。"

《竹书纪年》:"(穆王)十七年,王西征昆仑丘,见西王母。其年,西王母来朝,宾于昭宫。"

对于这些文献记载,假如我们从口述史学的角度认可它,不怀疑其真伪,那么,我们就会惊奇地看到,处于母系氏族社会的西王母族人,在历史的不同阶段都与中原部族有着亲密的联系:要么到中原来走婚,寻找自己的男性挚爱;要么接受来自于中原地区的男性求偶者。由此,可以得出两个结论:其一,西王母作为接受中原男子的走婚的女性,不是一个人,而是包含着历史时期的每一位靓女;其二,西王母所生活的氏族,其婚俗一直停留在母系氏族女子走婚的阶段,长期以来没有大的进展。这样导致了历代中原男子对于西王母的想象,如图7-13为明代蒋应镐《山海经图绘全像》中的西王母形象。

3. 西王母与摩梭人

作为接受外来男子走婚的母系氏族,其具体的情形如何,由于文献记载的疏漏,于今我们已不得而知。但是,目前生活在我国滇川交界的

七、汉画西王母神话　167

图7-13　明代蒋应镐所绘西王母形象

泸沽湖畔的摩梭人,依然处于母系氏族社会,为我们理解西王母族人的生活情况提供了参照。

据学者介绍,摩梭人的社会以女性为主导,特别崇拜母亲,虽然也存在着父系家庭形式,但家庭主体是母系。其基本的特征:家庭成员以母系纪年,没有外来人;家长"达布"由德高望重的女子担任,男子(舅舅)只能充任"顾问"、"参谋";家庭成员之间的称谓只有母亲(阿咪)、舅舅(阿乌)、姐(阿木)、妹(各美)、儿子(若)、孙女(入咪)、孙子(入乌)等,没有父亲、丈夫、媳妇、妯娌、婆婆等等称谓;成年女子和男子都承担着生产任务,女子甚至比男子更劳累,男子还要担负着养育侄儿侄女的责任;只有成年女子的专用住房,成年男子要出外走婚。摩梭人过着"男不婚,女不嫁,性爱自由"的走婚制。成年男女两情相悦,即可互为"阿夏",以女子为主,男子晚上到女子家过夜;其关系完全以情爱为基础,合则聚,不合则散;"阿夏"关系不限数目,但是一次只能结交一个,基本是公开的;禁止血缘之间的结合,若结合将被人们所鄙视;所生育的子女男子可以相认,但不承担抚养义务;成年男女之间不存在"争风吃醋"、"情杀"、"情敌"事件。摩梭人实行火葬,人死后要经过"报丧"、"洗尸"、"捆布"、"安魂"、"停尸"、"诵经"、"洗马"、"焚尸"等程序。摩梭人信奉"干母(格姆)女神",传说她是一位美丽善良的姑娘,为躲开权势之人的纠缠,追逐自己的爱情,逃避到这里,变成保护摩梭人的神山。每年阴历七月二十五日,摩梭人穿上节日盛装,聚集在干母山下,隆重祭奠"干母古"(转山活动)。此一仪式规模大,时间久,是青年男女寻找"阿夏"的良机。所以,可以说,七月二十五日是摩梭人的"情人节"。

有学者曾指出,"摩梭风情是人类发展史,特别是婚姻家庭发展史上关于母系氏族社会形态的活的博物馆","是人类发展历史上母系氏族社会及相关的婚姻家庭形态的活证据"。① 摩梭人现存的母系社会的特征,使得我们猜想西王母氏族的生活似乎有了一定的指南。

巧合的是,学者一致认为,摩梭人的祖源是位于昆仑山的羌人。由于气候变冷等因素,羌人的一支——摩梭人逐水草而居,辗转来到这里。在摩梭人的内心深处,还保留着昆仑山的记忆。巫师"达巴"在每位死者的葬礼上都要念诵《开路经》,以引渡灵魂能循着祖先的足迹回到遥远的家乡。由此可见,那位昆仑山之女神西王母,随着羌人的南下,也走到摩梭人中,演变为"干母女神",见图 7-14。有学者考证,"干母"是"西王母"的音转:"'干',其音'Gang',与'王母'的'王'的音'Wang'韵相同,可知'王'为'干'的音转。"可见,"昆仑山那位古羌民族的祖母神——西王母,就是摩梭人的上帝——干母女神。西王母这个'总先妣'的形象依然还活在摩梭人的心中'"。干母与西王母的神格相同:西王母有"不死之树",能赐人不死,是长寿的体现者;永宁喇嘛寺壁画的干母女神左手执"不死鲜花",能使五谷丰登、人丁兴旺,也是长寿之神。西王母"虎齿豹尾",古羌族崇拜喇(虎);摩梭人也以虎为尊,将村命名为"阿拉瓦"(即虎村),"拉垮"(即虎爪)。② 如此说来,摩梭人当属西

---

① 和家修:《简论摩梭风情的实质和存在价值》,《学术探索》1999 年第 5 期。
② 冯文俊:《干母女神神话与西王母神话相似性研究》,《寻根》1999 年第 5 期。

王母的后裔呢。①

图 7-14　摩梭人的"干母女神"像

---

①　但是有学者指出,摩梭人与远古的母系社会截然不同,不是"母系社会活化石"。其因:1.摩梭人作为羌人的后裔,但羌人处于父系社会阶段。2.摩梭人自称为"纳日","纳"是黑的意思,"日"为"男子""儿子"之意。3.新中国以前的摩梭人已经进入"发达的封建领主制阶段"。4.婚姻形态既有母系制,又有父系制及父系母系交叉。5.创世神话讲的是对夫妻,始祖神"纳木一埃佳若"是位男子。6.所信奉的本土宗教达巴教,教徒称作"达巴",是男性;佛教徒男性几乎占男性的总数一半以上。7.摩梭人有男性的称谓,"祖父""伯父""叔父""姑父""姨夫""岳父""丈夫""女婿""孙子"等。8.摩梭人土司实行男权而不是女权。9.摩梭人生产水平、商品经济相当发达。10.周边民族实行的都是母父系制,"阿夏"的情侣关系称谓来自于"藏语"(白庚胜:《摩梭为"母系社会活化石"说质疑——摩梭文化系列考察之一》,《云南民族大学学报》2003年第6期)。也有学者认为,摩梭人的母系社会与原始母系制的显著不同在于:第一,摩梭人的母系制是基于男权的土司登记统治制度之上的,当地的社会生产力已经进入犁耕农业时代,商业也有一定的发展;第二,摩梭社会接受中央政府的管理,与周边民族(西番即普米族、藏族、彝族、汉族、纳西族、白族、壮族)保持着密切的经济和文化交往;第三,摩梭人母系制的核心是个体小家庭,不同于氏族社会的核心是以群体为单位的集体性生活。并指出,摩梭人由父系回归到母系的走婚制,是从元代之后开始的,其因主要是经济:土司规定当地百姓结婚,必须缴纳与地租相同数量的订婚税和结婚税。所以当地民歌唱道:"贫民结婚要娶一个媳妇,比上天摘星星还难,比到东海捞珍珠还难。"(和钟华:《生存和文化的选择——摩梭母系制及其现代变迁》,云南教育出版社2000年第46—72页)也有学者指出,摩梭人的"阿夏"婚制是纳西人与蒙古人的融合。1254年忽必烈征服泸沽湖地区之后,蒙古军人与"当地缺少男人的摩梭妇女产生婚配关系","军人多,求偶时先到者只要在门前挂上自己的帽子或别一标志,后到者便知道屋里有人,会自动离去","蒙古士兵过着走婚的生活"。而所生的小孩不知其父,只能跟随母亲,长大后也过起了走婚的生活(刘遂海:《摩梭的母系家庭和阿夏婚姻探源》,《西南民族大学学报》2004年第9期)。这些学者的观点,对于我们准确认识摩梭人的社会,无疑有着重要的指导作用。但是,我们若以摩梭人的母系社会情况作为参照,模糊地认识原始母系社会,似以为可。正如学者指出的,这种形式的社会,"仍是我们研究远古时期母系家庭形式很有用的参考"(赵光贤:《我国远古史鸟瞰》,《人文杂志》1999年第6期)。

# 祈福成仙：西王母信仰的现实基础

从远古到汉代，西王母的神话在不断丰富润色，由虎齿豹尾的怪物到多情温淑的少妇再成为神仙，而其职能也在逐渐放大：长寿之神→救世之神→创世之神。由此也就出现了大量的形式各异的西王母图像。无疑，这是汉代对于西王母的信仰愈来愈炽热和执著的结果。而因为信仰之炙热和执著，西王母的崇拜从群体的无意识逐渐上升为集体的显意识，并演绎为一般的格式。换句话说，汉代人的西王母信仰已经成为汉代社会信仰和宗教教化的一种基本仪式。正是这种仪式的定格，才使得汉画像中的西王母形象比较成熟和纷繁。

对于西王母信仰仪式的内在的社会心理基础，一些学者已经作了一些论述。如有学者依据《焦氏易林》相关文献指出，西王母在汉代具有"护佑"、"赐福"、"长寿"和"凶相"等方面的功能特点。① 在我们看来，西王母崇拜所以成为宗教仪式，主要是因为它有祈福、成仙以及图谶的功能。

## 祈福

所谓祈福就是盼望西王母能够赐福寿和子女。《焦氏易林》坤卦第二："稷为尧使，西见王母；拜请百福，赐我善子。"鼎卦第十五："西逢王母，慈我九子，相对欢喜，王孙万户，家蒙福祉。"汉代铜镜铭文中祈福的话语更多："元兴元年五月丙午日，天大赦，广汉造作尚方明竟（镜），幽湅三商，周传无极，世得光明，长乐为英（央），富且昌，宜侯王，师命长，生如石，位至三公，寿如东王公西王母，仙人子，立（位）至公侯。""延喜三年五月丙午日□□竟（镜）中□□，寿如东王公西王母，常宜子孙乐未央，士（仕）至三公宜侯王。汉西蜀刘氏作竟（镜）。[内]吾作明竟（镜），

---

① 李淞：《论汉代艺术中的西王母图像》，湖南教育出版社2000年版，第32—33页。

幽涑三商,□□。""尚方作竟（镜）自由纪,良时日家大富,九子九孙各有喜,位至三公中常侍,上有西王母东王公,山（仙）人王子乔赤由（松）子□。"①"建宁元年九月九日丙午,造作尚方明镜,幽涑三商,上有东王公、西王母,生如山石,长宜子孙,八千万里,富且昌,乐未央,宜侯王,师命长。买者太吉羊,宜古市,君宜高官,位至三公,长乐□。"②

　　汉代期盼西王母赐福的观念,在汉画像中多有体现。如图7-15为四川新都县清白乡1号墓出土汉砖画像。画面正中上部刻绘瓶形带盖儿的龛,周围有云气环绕,象征传说中的西王母"石室"。西王母打坐在龙虎座上,其面前有一直立而舞的蟾蜍。右上为九尾狐,下为献灵芝的玉兔。蟾蜍左有三足鸟,三足鸟后站立一蓬发、怒目、张口,双手捧荣的"大行伯"。右下有女左男右二人端坐,前置一案,案前一人匍匐拜谒。③又如图7-16四川彭山江口乡双河崖墓的汉石画像。画面中刻绘西王母坐于龙虎座,左侧上有三足鸟、下有九尾狐,右侧有蟾蜍直立而舞,有一放置耳杯的几案,案周围有三女子,上女子吹箫、中女子抚琴、下女子恭拜。④ 在这里,匍匐拜谒者和女子恭拜者,都是期盼西王母能够赐寿或子女于己。

## 成仙

　　所谓成仙就是不仅把西王母看做是已经脱离了人世躯体的束缚,成为不死不老永葆青春、拥有健康之神,同时还认为西王母是拥有青春、健康秘诀且能够普度凡人之仙。《焦氏易林》讼卦第六:"弱水之西,有西王母,生不知死,与天相保。"损卦第四十一:"戴尧扶禹,松乔彭祖,西遇王母,道路夷易,无敢难者。"由此,西王母成为得道成仙的楷模。人

---

① 李新城:《东汉铜镜铭文整理与研究》上篇"铜镜铭文整理"第"0010"、"0018"、"0398",华东师范大学人文学院中国语言文学系2006年博士学位论文。

② 王子今、周苏平:《汉代民间的西王母崇拜》,《世界宗教研究》1999年第2期。

③ 高文主编:《中国巴蜀汉代画像砖大全》图版第181,国际港澳出版社2002年版。

④ 《中国画像石全集》第7卷《四川汉画像石》图版149－151,河南美术出版社2000年版。

图 7-15　四川新都县清白乡 1 号墓出土汉砖画像

图 7-16　四川彭山江口乡双河崖墓的汉石画像

们只要拜谒西王母,讨要修炼秘诀,即可成为神仙。

　　成仙愿望体现在汉画中,有这样几种形式:一是西王母、东王公处于天堂仙境。图 7-17 为南阳师范学院汉文化研究中心汉代雕刻艺术馆所藏的收集于宛城区熊营村的西王母东王公汉石画像。画面分两层。上层为东王公、西王母对坐。东王公平冠戴胜,左边一侍者跪坐敬献物品;西王母山字形发髻,戴胜,左边一侍者跪坐侍奉,右边一侍者手捧仙草敬献;东王公、西王母前边是两个门吏,左边的左手执盾,右手执剑,右边的右手执钩镶,左手执钺;门吏前后是星象图形。下层是猴脸人身的四灵拉着星轮车,车上乘坐的是方相士,车后一方相士右手拿一鼗鼓,左手抓一好似鼓的圆球;四灵与车下是云气和星象图。显然,从图像的内容看,这是一幅天上仙境图像。

　　二是西王母处于象征着昆仑的树座之上。如图 7-18 山东沂南汉墓的画像,画面上部刻绘怪兽(图略),中部刻绘白虎;下部刻西王母,戴胜,有翼,拱手打坐于三危山中央,两只捣药兔分别跪立两侧的山峰上捣药。

　　三是西王母引导俗世之人成仙。图 7-19 为洛阳卜千秋墓中的西王

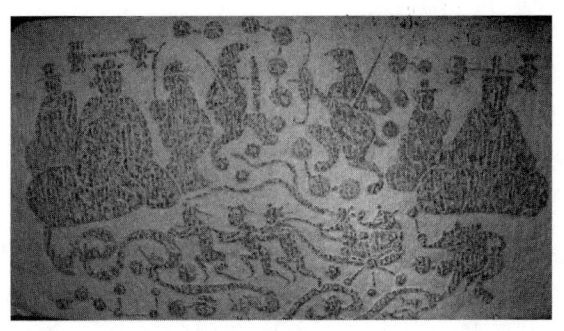

图 7-17　南阳师范学院汉文化研究中心汉代
雕刻艺术馆所藏汉石画像

母壁画像。画面构图十分简单,在伏羲、女娲画像之间是西王母画像,西王母位于云端,头梳"凵"字形发髻,面前一衔仙草乘云而来的玉兔;继玉兔之后,上层飞驰而来的是乘着三头凤和大蛇的墓主夫妇,下层则是奔跑而来的九尾狐和玉猴。

 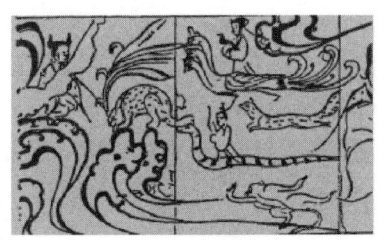

图 7-18　山东沂南汉墓　　图 7-19　洛阳卜千秋墓中的
　　　　　的画像　　　　　　　　　　西王母壁画像

在汉代,祈福主要是一般百姓的事情,成仙则可能更多是统治者或士人的事情。前者体现着社会民俗的价值,后者孕育着原始道教的萌芽。而本质上祈福和成仙难以区别。因祈福主要是期盼长寿,成仙的本质就是不死,只有长寿才能成仙。在汉代人看来,西王母长寿为仙,所以才值得崇拜。这是汉代信仰西王母的现实基础。众多的学者已认识到这一点,并指出这是汉代西王母崇拜的原因。但是我们的分析不能就此结束,我们应该进一步考察,西王母为何成为长寿神仙的象征。

从中原人的视角看,西王母所以长寿为仙,其因是在婚俗上,西王母氏族的基本习俗没有变动,所以当中原人在不同时期去寻欢走婚时,走婚者所见到的女性,尽管已是不同辈分,但因其装扮、举止和接待仍然为传统的方式,在集体的记忆中似乎还是那一位女性。于是,西王母在中原文化中逐渐升华为拥有长寿秘诀的主宰者,成为长寿的象征。

从西王母氏族的角度看,西王母拥有能够医治疾病、养颜强身的药物。根据相关文献记载,这种药物就是枸杞和大枣等。关于枸杞的药效,《陆氏诗疏广要》说是滋阴补肾,强身健体。"枸杞,味苦寒,久服,坚筋、骨轻、身不老。"而枸杞名称很多,其中有一个就叫做"西王母杖":"一名杞根、一名地骨、一名枸忌、一名地辅、一名羊乳、一名却暑、一名仙人杖、一名西王母杖,生常山平泽及诸丘陵阪岸。冬采根,春夏采叶,秋采茎、实。"由此,我们知道西王母并不是如传说的长寿不老,而是经常服食药物,身体健康,性欲较强。① 在朝鲜古老的民俗中,祈求长生的东西是太阳、山、石、水、云、松、鹤、龟、鹿等等,其中有"不老草",而其功能则在于"富贵多男,希求多产"②,与性欲和生育密切关联,与长生则无关系。由此也可佐证西王母所谓的长生不老药,实际上就是催生性激素的药物。《淮南子·览冥训》:"譬若羿请不死之药于西王母。"这里的所谓"不死之药",应该就是"枸杞"。除枸杞之外,西王母还有能够补肝益气的"枣"。《六家诗名物疏》卷三十解释"枣"时说,"罗氏云:枣有十一名,郭氏得九焉。后世有紫枣、玄枣、西王母枣、东海蒸枣、洛阳、夏白,与夫鸡心、牛头、羊矢、猕猴、细腰,其名不可胜载。"枣也可以益寿延年,《神农本草经》云:"大枣,味甘平,主心腹邪气,安中养脾,助十二经,平胃气,通九窍,补少气,少津液……和百药。久服,轻身长年……八月采,曝干。"此外,尚有桃和桑葚。《齐民要术》卷十记载,《汉武内传》曰:"西王母以七月七日降……令侍女更索桃。须臾,以玉盘盛仙桃七颗。大如鸭子,形圆色青,以呈王母。王母以四颗与帝,三枚自食。"此桃是"三千年一着子",可以增寿。又载西王母自己说,"仙上之药有碧海之琅菜","有扶桑丹椹"。

### 图谶

汉代的西王母崇拜所以成为一种宗教仪式,除了源自于上述的祈福

---

① "西王母的不死之药的原料有三:一是蟾酥,二是灵芝草,三是桂枝"(赵峰、杨畬:《蟾文化书考》,《青海社会科学》2005年第5期)。

② 王纯信:《朝鲜族的"十长寿图"》,《社会科学战线》1994年第6期。

成仙之内在的社会价值诉求之外,还有外在之现实政治的推动因素。这就是王莽欲借助于民间的西王母信仰运动而为自己夺得政权制造理论依据。《西汉文纪》卷二十四《尊元后为新室文母诏》:"予视群公,咸曰:'休哉!其文字非刻非画,厥性自然'。予伏念皇天命予为子,更命太皇太后为'新室文母太皇太后',协于新室,故交代之际,信于汉氏。哀帝之代,世传行诏筹,为西王母共具之祥,当为历代为母,昭然著明。予祗畏天命,敢不钦承。谨以令月吉日,亲率群公、诸侯、卿士奉上皇太后玺绂,以当顺天心,光于四海焉。"所谓西王母"历代为母"的图谶,应验着所谓太皇太后既是汉政权的主子也是新莽政权的主子,亦即赞同王莽夺汉称帝。可见,王莽借西王母的信仰,悖逆篡权,可谓司马昭之心,路人皆知。

## 文化躁动:西王母信仰的精神诉求

西王母所拥有的巨大的祈福和成仙功能使得古代人对西王母充满着好奇与向往,从而追逐西王母真实之所在。大体上,这种追逐是以古人的经历视野为前提的。

先秦由于走婚最远到达昆仑山附近,所以就认为西王母是居住在昆仑山上。如《山海经》有三处记载西王母在昆仑:(1)《西山经》:"玉山为西王母所居。"(2)《海内北经》:西王母"在昆仑虚北"。(3)《大荒西经》也说:西王母穴处昆仑之丘。又:"西海之南、流沙之滨、赤水之后、黑水之前,有大山,名曰昆仑之丘。有神,人面虎身,有文有尾,皆白,处之。其下有弱水之渊环之。其外有炎火之山,投物辄然。有人戴胜,虎齿,有豹尾,穴处,名曰:西王母。此山万物尽有。"《穆天子传》:"乃纪名迹于弇山之石,曰:西王母之山也。"晋郭璞《河图玉版》亦称西王母居昆仑之山。在这里,如果说"昆仑虚北"、"昆仑之丘"和"昆仑之山"皆指的是昆仑山的话,那么加上"玉山"和"弇山之石",西王母的居所就有三处。对此,晋郭璞解释说是因为西王母有别宫,"然则西王母虽以昆仑之宫,亦自有离宫别窟,游息之处,不专住一山也,故记事者各举所见而言之"。也有学者考证说,所谓的玉山乃是昆仑的别名。《淮南子·地形训》:"西北方之美者,有昆仑之球琳琅玕焉。"高诱注说:"球琳琅玕,皆美玉也。"可见,是因为昆仑出产美玉,"所以又名玉山"。[①]

进入汉代之后,由于通使西域远走西亚等地,所以人们认为西王母居住在更遥远的西方。《史记·大宛列传》:"安息长老传闻条枝有弱水西王母,而未尝见。"《史记正义》解释"弱水"注引《后汉书》云:"桓帝时大秦国王安敦遣使自日南徼外来献,或云其国西有弱水、流沙,近西王母处,几于日所入也。"由此之故,《史记正义》指出,《山海经》所记载的西王母在昆仑山是错误的,"然先儒多引大荒西经云弱水云有二源,俱出女国北阿耨达山,南流会于女国东,去国一里,深丈余,阔六十步,非毛舟不可济,南流入海。阿耨达山即昆仑山也,与大荒西经合矣。然大秦国在西海中岛上,从安息西界过海,好风用三月乃到,弱水又在其国之西。昆仑山弱水流在女国北,出昆仑山南。女国在于寘国南二千七百里。于寘去京凡九千六百七十里。计大秦与大昆仑山相去几四五万里,非所论及,而前贤误矣。此皆据汉括地论之,犹恐未审,然弱水二所说皆有也。"

东汉以降,也许是因边疆的经营只限于西域以还,所以更多地认为西王母的地望在昆仑山。《禹贡指南》卷二"弱水"条注引《汉志》云:"在西王母石室近,酒泉昆仑山。"《水经·删丹》:"弱水出酒泉合黎,以居延泽为流沙河在东,合黎在西。班固、许叔重同此说。"《禹贡论》"弱水"条说:"自汉武帝后,西域始通中国。两汉诸儒并附雍境以西而言弱水者,大抵两出:《西域传》'条支'临西海,长老闻有弱水西王母,一也。《地理志》:'金城临羌及张掖删丹,弱水之所源委,二也。'就二者言之,条支弱水,其时以为传闻,未尝亲见,则信否,未易轻判。至金城临羌,虽班固之所定着,而亦绝无参证。岂以临羌之地有山而名昆仑,有石室而名西王母室,固因弱水西王母旧同一传,因遂举弱水附着其间也邪?"由此可见,无论是西亚的"弱水"或是昆仑山的"弱水",都没有证据可以证实。但是昆仑山确实有传说中西王母在的昆仑山,以及所居住的石室。

由上所述,西王母的具体地望由昆仑山到西亚,又由西亚回归到昆仑山,似乎流动不居。"它似乎总是在寻找地理位置上的对应点,由甘

---

[①] 朱芳圃:《中国古代神话与史实》,中州书画社1982年版,第148页。

肃、青海一带西移至中亚,再西移至地中海沿岸。"① 今天的民俗传说中,西北各地几乎到处都有西王母的传说。据相关介绍,在西北,四个地区有西王母的传说。一是甘肃泾川回山有所谓的西王母石室,"据记载始建于西汉元丰年间(公元前107年左右),为历代拜谒西王母的圣地"。二是当在今青海西宁附近,"以兰州为其前庭,以新疆为其后庭,中心在酒泉、敦煌一带"。三是说今新疆天山天池,"天池即是瑶池,是西王母的淋浴地","是西王母举办'蟠桃盛会'的地方"。四是昆仑山说,"位于青海、新疆、西藏境内"的昆仑山,应该是西王母的活动地区。② 因此,有学者曾经深情地呼唤:"西王母啊,你在哪里?"③

论笔至此,西王母具体在哪里,似乎已经没有意义,关键的是为何在寻求西王母,换句话说,寻找西王母的文化意蕴何在? 上述的祈福成仙固然是其成因,但那是已经成为定式的宗教仪式,而隐匿于仪式之后的又有什么因素呢? 有学者认为,"它是古代中国人对西方世界的想象(知识)和来自西方世界的宗教神话传说重叠的产物";"它又是一种典型的宗教,由崇拜对象、巫觋方士、信徒、祭祀活动和实物组成一个完整的、标准的信仰体系"。④ 在这里,从知识论和宗教学的角度揭示寻求西王母之文化动因,应该说,已经讲得够深刻的了。

但是若从原型分析理论看,知识论和宗教学的分析,依然是表层的现象。质而言之,寻求西王母尚有着深层的文化因素。此文化因素可以从以下三个方面来论述。

简而言之,寻求西王母是男性为冲破夫妻婚制的束缚而对性自由的企盼,或者说是对于远古那种来去自由的走婚制的记忆和怀念。文明进展的轨迹,实际上是婚姻制度的渐趋严密。由群聚的血缘杂交,到走婚的可意媾合,再到夫妻婚的媒介牵合,人类的性关系日渐得到限制,社会也逐渐得到进步。但是这种进步显然是以牺牲自由为代价的。在

---

① 李淞:《论汉代艺术中的西王母图像》,湖南教育出版社2000年版,第290页。
② 张伟:《西王母会见周穆王地点国内外研究概况》,《兰州学刊》1996年第5期。
③ 萧兵:《西王母传说的人类学重构》,《民族艺术》2001年第2期。
④ 李淞:《论汉代艺术中的西王母图像》,湖南教育出版社2000年版,第290页。

人们的内心深处,每个人都在期盼着自由媾合。可是因为夫妻婚制的确立,加之长期的生活习惯,社会内部的肆意交往不仅受到现实的法律惩戒和道德的谴责,更受制于内在的良心自责。如南阳武侯祠南墙有一幅碑文,就是谴责外遇者,说是"务外非君子,安内真丈夫"。因此,在本社区里,或者在一个较为熟悉的环境里,人们一般能够恪守夫妻婚制;而在别的社区里,或陌生的环境里,往往会肆情任性,听命于自身的性情。这样,渴望外遇,渴望到陌生的社区闯荡,就成为成年男子的普遍志向。《尚书全解》卷38注引《左传》评穆天子约会西王母:"穆王欲肆其心,周行天下。"由此,远古走婚的情景在每代男子的记忆里时常被唤醒。而经过洗刷和筛选过的记忆,已经忘却了实际走婚过程中的辛劳和艰苦,回想起来的,都是美好的、幸福的情景。《穆天子传》中所描述的西王母就是那么多情和温柔。至于汉画像中的西王母形象,"尤其面部形象的勾勒,尽显女性的柔美和温雅;鼻部的曲线上至细眉,鼻头弯曲而小巧,现出娇小的媚态;双眼间距离较宽,大嘴相配,体现出和蔼、宽厚、仁慈的精神状态"[①]。可见,寻求西王母,蕴含着文化的躁动。

推而言之,寻求西王母也是冲破现存社会政治制度的束缚而对自身价值的肯定,或者说是对于现存制度的超越。从先秦迄两汉,中国社会是在礼治思想指导下的讲究血缘出身的等级社会。这一社会主要特点是"长子继承,别子为宗"、"君君、臣臣、父父、子子"、"刑不上大夫,礼不下庶人";汉代更是推行"世卿世禄制"和"荫庇制"。这样,大量的社会下层人士不能够跻身到社会上层,禁锢了社会之发展。但是经过秦汉之际以及两汉之际的战争,英雄迭出,群英云集,更多的人士渴望建立惊天动地的伟业,而走反政府颠覆政权的道路显然是不行的,普遍的西王母崇拜则为建功立业者提供了指南。西汉的傅介子、张骞,东汉的班超,都是在出使西域、经略边疆中立下了不朽的功勋。《后汉书·班超传》记载班超曾嫌抄写劳苦,"尝辍业投笔叹曰:'大丈夫无它志略,犹当效傅介子、张骞立功异域,以取封侯,安能久事笔研间乎?'左右皆笑之。超曰:'小子安知壮士志哉!'"

追而言之,寻求西王母是远古以降祭祀大母神的遗续。目前发现最

---

[①] 李立:《汉墓神话研究——神话与神话艺术精神的考察与分析》,上海古籍出版社2004年版,第224页。

早记载西王母的是殷墟的甲骨卜辞。其时称作"西母",与"东母"相对。如"尞于东母三牛"(上23·7),"尞于东母九牛"(续1·53·2),"尞于东母豕三犬三"(铁142·2),"虫于东母、西母,若"(上28·5),"虫于东母"(前7·11·1;粹77)。根据《礼记·祭义》"祭日于东,祭月于西"的说法,丁山《中国古代宗教与神话考》和陈梦家《殷墟卜辞综述》都把"东母""西母"说成是日月之神。叶舒宪则纠正说,"应把东母和西母看成是生育出十日十二月的地母神,而不是日月神本身",并进而指出,地母神包括掌管生育的"东母→女娲→高媒"和掌管刑杀的"西母→西王母"。① 在这里,我们不同意丁山先生和陈梦家先生的祭祀日月神之说法,也不同意叶舒宪先生的地母神说法。我们认为,"东母"和"西母"之祭,当是远古走婚习俗在殷商时期的遗续。其时,夫妻婚姻制度已经形成并且成为定制,但是距离男子走婚制度的结束尚不太远。此时祭祀东母和西母有两种含义,一是在夫妻婚姻制度的束缚下对于先前走婚的美好记忆和怀念,二是在对于人类自身生育的祈祷中所逐渐孕育的祖先崇拜意识。到春秋时,越王仍然在祭祀西王母。《左传纪事本末》卷51记载说,越王勾践听从大夫种的建议:"立东郊以祭阳,名曰:东皇公;立西郊以祭阴,名曰:西王母。"虽然这里的西王母已经成为"阴"和"西方"的象征,但是说明西王母的信仰崇拜是固定的,已经形成习俗。

　　试图冲破制度的束缚以寻求情欲的满足和自身价值的实现,加之传统的祖先崇拜观念,就成为寻求西王母的巨大的文化动力源泉。由此可见,传统中国文化蕴含着一贯的开放意识。"适彼乐土,爰得我值",《诗经·硕鼠》可以说风趣地描绘了传统文化的这一特点。近代以来,许多学者指责传统文化是闭锁的、保守的,显然是不符合历史之实际的。

　　话说回来,西王母就真的消失了吗?汉代人强烈的信仰中,多次出使甚至镇守西域,就没有见到西王母族人?回答是肯定的。

　　随着中原文明的扩散,不愿接受夫妻婚制的西王母族人,选择边缘居住。这种选择,可能有两条道路。一条是因汉人通使西域,西王母族人逐渐西迁。《汉书·西域列传》:"自宛以西至安息国,虽颇异言,然大

---

① 叶舒宪:《高唐神女与维纳斯》,陕西人民出版社2005年版,第69—70、79页。

同。自相晓知也。其人皆深目,多须髯,善贾市,争分铢,贵女子,女子所言,丈夫乃决正。其地,无丝漆,不知铸铁器。及汉使亡卒降,教铸作它兵器。"显然,"善贾市"、"贵女子"是母系社会的基本特征,所以可看作是西王母族人。另一条是当时的羌人,南下到四川、云南和贵州交界的较为荒芜的地方定居下来,这就是我们今天可以看到的摩梭人。至于汉代人为何视若无睹?可能是现实的母系社会的女性与传说中的西王母神的形象有一定的距离,故意讳饰,以保留西王母神圣而美好的形象吧!

# 八、汉画西王母戴胜与配神鸟儿

汉砖石西王母画像不仅风姿绰约,而且配备有神态各异且又比较固定的神灵画像。诸如三足鸟、捣药兔、蟾蜍、九尾狐、昆仑山、东王公、龙虎座,以及伏羲女娲人首蛇身交尾画像,等等,这些神灵与西王母图像汇成一个整体,形成所谓西王母的神仙画像境界。由此,在充分地揭示了西王母画像信仰之后,有必要对西王母的配神物象进行研讨,揭示其原型内涵,以进一步挖掘西王母信仰的精神境界。

## 汉画西王母的戴胜图像

汉画西王母的图像都是头上戴胜,迎合了《山海经·大荒西经》所描绘的西王母是"蓬发戴胜"的形象。如前所述的图7-2郑州汉砖画像西王母和图7-12南阳英庄汉墓汉石画像西王母就是戴胜的。

那么,胜是什么东西呢?

在汉人的心目中,胜是王者的象征。山东武氏祠祥瑞画像中,有一幅图像是两个中间呈圆形、两端各有梯形突出的版状物,中间有一根轴相联结,榜题曰"玉胜王者",见图8-1。小南一郎认为这与"王者施行善政"有关。① 在汉画中,西王母大都头戴玉胜,说明其时人们就是把她当作王者看待。

图 8-1 "玉胜王者"

作为王者象征的玉胜,其原型又是什么呢?

有的学者从动物崇拜方面考察胜的原型,认为是对于某种动物形象的模仿。如说"胜"即鸟,而西王母所戴之胜,只不过"是头上长了一个介于兽和禽之间的生物而已"②。又如说"戴胜"就是"在'椎结'式的朝天髻上饰以某种玉石饰品",是对"猩狒猿猴之类额部丛毛的夸张或模仿",此源自于"西王母是以猿猴为图腾"。③ 又如戴胜与獬豸冠相联结,说獬豸是一种独角羊,"性知有罪","触不直者"。传说舜时的大臣皋陶就用獬豸断案。古代羌族人崇拜羊,就把羊角做成帽子,名曰獬豸冠。而西王母所戴胜与獬豸冠"形状近乎一致","非常相似","说明西王母是一位生活在这个地区的羌人部族部落首领","能够公允地惩治犯罪"。由此,西王母戴胜的头饰"源出于古羌人崇拜羊图腾'獬豸'",其意在于"借獬豸的神力惩罚犯罪"。④

也有学者把戴胜与生产实际相结合,认为是某种生产的体现。如说

---

① [日]小南一郎:《中国的神话传说与古小说》,孙昌武译,中华书局 1993 年版,第 52 页。
② 吴晗:《西王母的传说》,《清华周刊》1931 年第 11 期。
③ 萧兵:《楚辞与神话》,江苏古籍出版社 1987 年版,第 453 页。
④ 陈荣:《论獬豸冠与"西王母"》,《青海社会科学》2004 年第 5 期。

是"织机上用来卷经线的横轴的'滕'",又叫做"摘"或"胜"。① 因此,"胜本是与机织有某种关系的东西",而"西王母曾被认为实际从事养蚕纺织"。可见,戴胜"表示它本身与养蚕纺织有密切关系"。② 有学者从文字学角度,从"戴"字之"异部和戈部"分析,指出"'戴'字极有可能是对狩猎场景中狩猎之人的形象描绘";"胜"是指能用刀割兽皮的人。由此,"戴胜""实际上是对狩猎场景的描绘:手持戈盾、面部绘以'田'或'十'字形花纹的狩猎者们成功捕获猎物后,正在对猎物进行分割。"这实际上"是对狩猎民族生活方式及惯有习俗的描述"。③

还有的学者把戴胜看做是权威的标志。如把"玉胜"视为"插虎豹之尾自以为尊荣的表征",它既是"一种权威的标志",同时也"可以作为一种厌胜护身的发物"。④ 又如认为西王母"戴胜"如同"秋收之神"的蓐收执钺,"此'钺'可名'刑胜'之具,即西王母的'玉胜'",二者都是"神权"的标志。⑤ 还有的学者认为,"'戴胜'二字正是其状如人的西王母的原相,他应该是披头散发、头戴鬼面、手持干戈、身穿兽皮的月王之神"⑥。

以上关于戴胜的论述虽然都颇有见识,但似乎仍然有讨论的余地。就动物说而言,无论说是鸟或是獬豸,都与汉画像中西王母头上的酷似纺锤的形象相去太远;生产说法似乎过于超前,当时的西王母族人尚处于更为原始的采集生活时代,纺织技术应该没有达到那么高的水平,狩猎更多是男子的事情;戴胜本来就是西王母的标志,所以权威说等于没有解释。

我们认为,玉胜可能与远古的男根崇拜相关。从汉画像看,单个的"亚"字形玉胜与象征男根的"祖"或"且"颇为相似。如图8-2 汉阙中间的玉胜和图8-3 双鱼中间的玉胜,与图8-4 西汉铜镜中的"且"字非常相

---

① 郭宝钧:《古玉新诠》,《中央研究院历史语言研究所集刊》1949年第20期。
② [日]小南一郎:《中国的神话传说与古小说》,孙昌武译,中华书局1993年版,第53、54页。
③ 张勤:《西王母原相初探——兼论"戴胜"之原义》,《苏州大学学报》2005年第1期。
④ 郭元兴:《西王母与西域》,《活页文史丛刊》1981年第6卷,第125期。
⑤ 陆思贤:《神话考古》,文物出版社1981年版,第110页。
⑥ 王孝廉:《岭云关雪——民族神话学论集》,学苑出版社2002年版,第263页。

似。这片铜镜被称作"西汉四祖镜"(直径11.8厘米,厚0.4厘米),镜背面刻绘四个相互对称的"且"字形图案,或者说是"螺丝钉状纹饰"图案,"应为男性生殖器之抽象检阅的表达方式,顶部成圆凸状之部位是龟头的简化表形"①。而这四个象征男性生殖器的"且"字形图案,与胜图案很相似。图8-5为东晋墓砖画像,画面中间刻绘一足怪人,双手捧举并口衔一蛇,左边边框内刻绘着上中下三个单玉胜,右边边框内则刻绘着中轴联结的双玉胜。三个单玉胜与男祖极为相似。又如图8-6在新疆吐鲁番中唐墓出土的寓意为招魂的剪纸"七人胜",每个直立的胜也都像男根。

图8-2 汉阙中间的玉胜

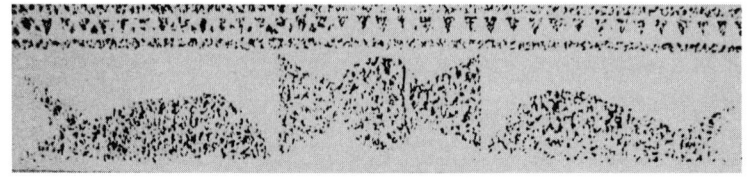

图8-3 双鱼中间的玉胜

图8-4 "西汉四祖镜"

---

① 王趁意:《中国东汉龙虎交媾镜——一个青铜镜收藏爱好者的发现》,中州古籍出版社2002年版,第50—51页。

图 8-5　东晋砖画玉胜　　　图 8-6　新疆吐鲁番唐剪纸"七人胜"

而用一根轴相联结的双"亚"字形玉胜,应该是男女交媾之抽绎中的具象。如图 8-7 为河南浚县姚厂汉墓壁画,画面中间上部刻绘玄武,下部刻绘羊,正中一中轴贯通左右的玉胜。这里的羊就是吉祥的"祥",玄武就是以男女交媾为象征的吉祥灵物,由此推知,中轴贯通的双玉胜的吉祥意蕴其基础当也是以男女交媾为象征的。如图 8-8 为唐代铜镜画像,中间刻绘中轴相接的双玉胜,胜有齿形;左边榜题曰"金胜",右边榜题曰"同心鸟",其男女交媾意蕴不言而喻。

图 8-7　东晋砖画玉胜　　　图 8-8　唐代铜镜"金胜同心"玉胜

文献记载和民俗文化也说明胜与男根相关。南朝梁宗懔《荆楚岁时记》:"正月七日为人日。以七种菜为羹,剪彩为人,或镂金箔为人,以贴屏风,亦戴之头鬓。又造华胜以相遗,登高赋诗。"正月初七是人的节日,为庆贺人的诞生,人们做七种菜的羹来食用,用丝绵或金箔剪制成人像,贴在屏风或人的面部,同时纷纷制作胜互相赠送,登高赋诗。这里所谓的华胜,也就是西王母所戴之胜,即象征男根的头饰。在人的节日里,互赠男根的象征物品,当然有着很鲜明的再造人的寓意。记得儿时在农村,每当有兄长在田野里小便时,其他兄长就恶作剧地唆使小朋友高喊:"那不是个驴,那不是个驴在亮胜哩!"惹得小便的老兄一顿笑骂和暴打。那时虽然还不甚明白这些恶作剧的意思,但是已经朦胧地感觉到,这是把男人的"小鸡"叫做"胜";而说老兄小便像驴一样伸出自己的生殖器,当然会痛遭老兄的反击。

在西王母所生活的母系社会里,将象征着男根的胜戴在头上,既蕴含着崇拜男根的意向,同时也是原始巫术思维中袪凶辟邪、祈福趋吉的观念反映。从这个角度,认为"胜"是代表一种阴阳原理的观念①,应该说是对的。

## 汉画西王母配神鸟儿图像

在汉砖、石画像中,西王母与鸟儿的关系大致上有以下几种情况:

一种是西王母与鸟儿同处于画面中,如前述图 4-12 山东微山两城镇出土的"西王母·伏羲女娲交尾画像",西王母头上栖息一鸟,伏羲女娲相交的尾部各连一鸟儿。

一种是西王母与鸟儿不在同一画面,但是属于同一单元中,如图 8-25。

一种是西王母身旁没有鸟儿,鸟儿不再是西王母的配角,而是有单独的寓意,如射鸟、衔鱼、太阳鸟画面等等。此一画面当另外讨论,此不赘言。②

与西王母处于同一画面或单元中的鸟儿,有的是三足,有的则是传说中的凤凰。那么,这些鸟儿与西王母是一种什么样的关系,其原型又是什么呢?③

据《山海经》记载,鸟儿是专门为西王母带来食品的:"其南有三青鸟,为西王母取食。"至于三青鸟为西王母所取食为何物,《山海经》没有明言,《艺文类聚》卷 90 所引《庄子》转引老子的话则说是"琅玕":"吾闻南方有鸟,其名为凤,所居积石千里。天为生食,其树名琼枝,高百仞,

---

① [韩]全虎兑:《汉代画像石中的西王母》,韩国国立中央博物馆编:《美术资料》1997 年第 59 期。

② 详细可参阅:陈勤建:《中国鸟文化》,华东师范大学出版社 1994 年版;庞进:《凤图腾》,中国和平出版社 2006 年版;何新:《谈龙说凤——龙凤的动物学原型》,时事出版社 2004 年版。

③ 相关的文献:牛天伟:《试谈凤凰花乡的民俗文化意蕴》;唐光孝:《试析汉代比翼鸟是传说中的凤凰合体画像》;王良田、陈钦元:《玄鸟扶桑画像研究》;赵赟、古克:《汉画石中的百鸟朝凤图》。以上四篇论文刊登在郑先兴执行主编:《汉画研究——中国汉画学会第十届年会论文集》,湖北人民出版社 2006 年版。

以璆琳琅玕为实；天又为生离珠。一人三头，递卧递起，以伺琅玕。"这就是说，神人培植"琅玕"、"离珠"，然后再由凤鸟带给西王母食用。在山东临沂的汉石画像中，有一幅画像，其上层刻绘一株神树，树下有一人首鸟身者手执带钩长杆；其下层刻绘一羽人用珠子喂凤鸟，大凤鸟张嘴吞食，小凤鸟仰头乞食。时间大约为东汉，如图8-9。① 在山东滕州的汉石画像中，有一凤鸟，口衔之连珠上呈"×"字形，下呈"◇"字形。时间大约为西汉哀帝至平帝之间（公元前6年～公元5年），如图8-10。② 邹城汉石画像中，画面下部刻绘神树，树座为双虎共头，神树左右各有一人挽弓射鸟，神树上面站立凤鸟，口吐连珠，下有一鸟儿、二羽人接珠子。此幅画像时间为东汉晚期（公元147—189年），如图8-11。③ 在一幅顾森先生所提供的汉石画像中，画右凤鸟展开羽翼，阔爪奔向西王母，并伸喙于西王母左手中；画左西王母跽坐面右，戴胜，伸左手于前，接应凤鸟所衔来之"琅玕"或"离珠"，如图8-12。④ 而如果我们把以上汉画像贯穿在一起，那么，就可以看出西王母通过凤鸟食用"琅玕"、"离珠"的过程：神人用长杆摘下成熟的"琅玕"，交给凤鸟衔着，凤鸟将之衔来，或者由西王母身边的羽人接应，或者西王母亲自接纳。由于西王母是以长生不老而著称的，所以，这里的"琅玕"、"离珠"当然就是所谓的"不死药"。换句话说，在汉代人看来，西王母是因为经常食凤凰所衔来的"琅玕"、"离珠"才得以长寿的。因此说，凤凰是不死鸟，是西王母长寿的缘由。所以在汉画像中，凤鸟往往被刻绘得雍容华贵且又充满着神圣。如图8-13，河南汉砖画像，画面"凤头戴华冠，嘴含一珠，羽毛飘逸，四周饰有云气。俯视造型，秀丽洒脱，耐人寻味"。而在南阳汉画像中，凤鸟干脆成为门神，如图8-14，方城汉石门扉画像，画面上刻一羽人，手执丹丸，朱雀欲衔丹丸，中刻铺首衔环，环内雕一柏树，下刻一熊。另一幅方城汉石门扉画像，如图8-15，画面上刻一羽人，手执灵芝，面向朱雀，中刻铺首衔环，环内刻一柏树，下雕一白虎。

---

① 《山东汉画像石》第3卷图版第28。
② 《山东汉画像石》第2卷图版第194。
③ 《山东汉画像石》第2卷图版第73。
④ 顾森：《渴望生命的模式——汉代西王母图像研究之一》，载郑先兴执行主编：《汉画研究——中国汉画学会第十届年会论文集》，湖北人民出版社2006年版，第14页。

图 8-9　山东临沂的汉石画像　　图 8-10　山东滕州的汉石画像　　图 8-11　邹城汉石画像

图 8-12　顾森先生所提供的汉石画像　　图 8-13　河南汉砖画像

图 8-14、15　方城汉石门扉画像

而"琅玕"、"离珠"又是什么？《说文》："琅玕，似珠者。"就是说，"琅玕"、"离珠"都是像珠子似的果实。此果实到底是什么样子呢？牛天伟先生认为这是"鸟生卵"自然现象"深化的结果"。"因为鸟卵的外形大都圆滑洁白，宛若玉石宝珠。再者，鸟卵又可用来果腹充饥，且具有较高的营养价值。基于此，古人凭借丰富的想象力，臆造出这些美丽的

'凤凰吐珠'神话图像。"①

虽然牛先生的解释不无道理,但是我们认为,这里的"琅玕"、"离珠"不是"鸟卵"的想象升华,而是确有其实物的因子,同时尚有基于现实生活基础之上的神话因素。

就其实物因子而言,所谓三青鸟为西王母所取的食物,实际就是林木的果实。众所周知,远古母系社会的生产主要是采集,即采摘和捡拾植物的果实和动物的卵。随着人类从树居到地面生活,其攀缘能力则随着直立行走的进化越来越下降,所以高耸入云的林木果实对于人类而言,是可望而不可即的。而其时鸟儿在高擎细枝中随意觅食,成熟的果实因此而坠落,于是对于采集食物的人来说,可说天降馅饼。据此而言,我们推测所谓"琅玕"、"离珠"当为大枣。其因一在于红红的大枣呈椭圆形之珠子形态,与《说文》所谓的"似珠者"相一致。二是因大枣有延年益寿之功效。如前所引《神农本草经》云:"大枣,味甘平,主心腹邪气,安中养脾,助十二经,平胃气,通九窍,补少气,少津液……和百药。久服,轻身长年。"三是根据历史自然环境的特征,远古时期祖国的西北部地区盛产大枣。《淮南子·地形训》:"西北方之美者,有昆仑之球琳琅玕焉。"高诱注说:"球琳琅玕,皆美玉也。"其实,这里的"球琳琅玕"当是指林木的大枣,不是指美玉。《六家诗名物疏》卷30解释"枣"时说,"罗氏云:枣有十一名,郭氏得九焉。后世有紫枣、玄枣、西王母枣、东海蒸枣、洛阳、夏白,与夫鸡心、牛头、羊矢、猕猴、细腰,其名不可胜载。"在枣类中有一种被专门称作"西王母",既说明当时西北部地区出产枣,又说明西王母的长寿秘诀中有枣的成分。可见,高诱的解释是错误的。

就其现实生活来说,西王母所处的母系氏族社会,正处于走婚阶段。所以她特别欢迎来自于中原地区的男子。因为此时中原地区已经步入男子走婚阶段,男子走婚的特点是不仅要带给女子性欲的满足,同时还要带来实物如食物或如玉似的纪念品,并为女子干一些相应的体力活。所以,《山海经》所记载的"三青鸟为西王母取食",就是指的走婚男子所带来的大枣;而郭璞在注释中所补充的"又有三足鸟主给使",就是指走婚男子为其临时的配偶劳动之情况。由此,无论是"三青鸟"或是"三足

---

① 牛天伟:《试谈凤凰花乡的民俗文化意蕴》,郑先兴执行主编:《汉画研究——中国汉画学会第十届年会论文集》,湖北人民出版社2006年版。

鸟",都是走婚男子的象征。洛阳出土的汉砖画像,如图 8-16,画面分为上下左右四格,内容相同,都是凤鸟、人物。一只凤鸟占去画面约五分之四面积。凤长尾展翅,作回首鸣叫状,凤身羽毛刻画清晰。画中人物昂首,头挽高髻,面向右,着右衽长衣曳地,坐卧于地。人物和凤鸟间有不死树和灵芝各一棵。这里的人物就是西王母,凤鸟就是象征来走婚的男性。① 另一幅郑州新通桥出土的汉砖画像,如图 8-17,同样地,凤鸟占去五分之四面积,余下的是西王母坐于瑶池之上,凤鸟与西王母之间,有捣药兔和果盘。② 有学者把鸟儿与男子生殖器相提并论,其因即在于此。如说"'鸟'与'屌'音同意通",鸟"是男根的隐语"。③ 实际上,把鸟儿说成是男性生殖器,对于远古的西王母来说,有点过于粗鄙。因为当时的鸟儿象征走婚的男子,是指"阳"。《席上腐谈》卷上:"兔四足,汉张衡以为阴类其数偶;乌有三迹,阳之类其数奇。"从远古到秦汉,在中原地区曾经先后拥有政权的几个部族,曾以鸟儿为其族徽。如少昊氏,《左传·昭公十七年》记载,说少昊执政,恰好有凤鸟飞来,于是就以鸟儿为标志,命名其各种职能的官员;又如虞舜,舜就是骏鸟,俊鸟,刘向《孝子传》说舜是凤鸟转世;又如商,也是以鸟儿为标志的,《诗经·玄鸟》:"天命玄鸟,降而生商。"又如秦人,《史记·秦本纪》说其远祖女修吞噬鸟卵而生大业:"玄鸟陨卵,女修吞之,生子大业";楚人,《白虎通·五行》言其祖先祝融也是凤鸟:"其精为鸟,离为鸾。"由此可知,前来走婚的中原男子,就有少昊、虞舜、殷商以及秦、楚等以鸟儿为族徽的族人。《尚书》曰:"凤凰来仪。"就是指有男子来走婚匹配。依据《山海经》和老子所说的"其南"、"南方",我们可以推知,此时的鸟儿主要象征来自楚地的走婚者。

鸟儿作为走婚者之象征,并不说明母系氏族社会只求物质实惠,而实际上更注重双方精神的愉悦交流。换句话说,来自远方的走婚者与女性的结合,前提条件是自由相爱、两情相悦,然后才是物质的相互赠送。古人通过自身的体验,观察到鸟儿的交配也有过程:婉鸣呼应、厮缠嬉戏、交欢情浓。如图 8-18 郑州汉砖画像,画面两凤长尾曳地,前凤

---

① 史家珍、李娟:《洛阳新发现西汉画像砖》,《中原文物》2005 年第 6 期。
② 张秀清:《汉砖上的远古神话与动态形象》,《舞蹈》1997 年第 3 期。
③ 启良:《西王母神话考辨》,《湘潭大学学报》1994 年第 3 期。

图 8-16 洛阳出土的汉砖画像

图 8-17 郑州新通桥出土的汉砖画像

回首,后凤鸣应,周围饰有丹珠,画面生动有趣。于是古人就把鸟儿的鸣叫转换为人类的歌乐。同声相伎,同气相应。就像现在壮族青年男女通过对歌以求得佳偶一样。但其时所吟唱的歌,我们现在已不得而知,而其所用的乐器,则可通过文献记载管窥其貌。大致上,与鸟儿相关的是管乐器。它有两种形式,一种是单独一根管,即今天所谓的"箫",一种当如今天的笙。前者如《大戴礼记·少闲》说虞舜时"西王母来献白玉琯",《礼书》卷117《管》则说"汉章帝时,零陵文学奚景于泠道舜祠下得白玉琯",可见西王母与虞舜不仅情意缠绵而且曾经是知音。后者因为其主体主要使用长短不一的玉管或竹管插入一个碗状器中,颇似凤翼,而其吹奏的嘴喙又像凤头,所以这种乐器又称为"凤凰"。《礼书》卷125转引荀卿话说:"凤凰于飞,其翼若干,其声若箫。盖箫比竹为之,其状凤翼,其声凤声。"但是根据《礼书》所谓"凡言箫,多在笙竽之后。则箫之奏,盖后于笙矣"之记载,可见最早的"箫"就是"笙"。按《尚书全解》卷6:"古今《尚书》'箫'字,从竹从削。箾,舞者所执之物。箫与箾音虽同而义实异。《说文》于管箫之'箫'注云:参差管,而从竹,从削之箾。"由此可推测,西王母赠送虞舜的"白玉琯"以及荀子所说的"箫",皆应为"箾",即今日之"笙"。《尚书·禹稷》:"箫韶九成,凤凰来仪。"这里的"箫韶"、"凤凰",古今学者意见纷纭,在我们看来,都是以乐器代指男女之间的情歌,以鸟儿的嬉戏交配暗喻男女之间的欢情。又,《吕氏春秋》:"仲春:是月也,玄鸟至。至之日,以太牢祀于高禖。"当新春来临之时，候鸟儿飞来，预告着新的男女婚配之开始。

图 8-18　郑州汉砖画像

后世儒家去鄙从雅，将"箫韶"、"凤凰"男女求偶之器乐升华为政治理念，把凤凰赞誉为至德之物。《尚书全解》卷 6 说，"凤皇，羽族之最灵者。其为物也，治则见，乱则隐。不可求而得，不可豢而养"；"自古太平之世，凤皇出，而为瑞气。"汉代统治者深浸其味，虔诚相信。特别是汉宣帝，《汉书》本纪多次记载其因见凤凰之"善政"：

元平元年："五月，凤皇集胶东、千乘。赦天下。"

元平四年："五月，凤皇集北海安丘、淳于。"

地节二年："夏四月，凤皇集鲁，群鸟从之。大赦天下。"

神爵二年："春二月，诏曰：乃者正月乙丑，凤皇、甘露降集京师，群鸟从以万数。朕之不德，屡获天福，祗事不怠，其赦天下。"

神爵四年："春二月……鸾凤万举，蛮览翱翔，集止于旁……或降于天，或登于地，或从四方来集于坛。上帝嘉飨，海内承福。其赦天下，赐民爵一级，女子百户牛酒，鳏寡孤独高年帛。"

甘露三年二月，诏曰："乃者凤皇集新蔡，群鸟四面行列，皆乡凤皇立，以万数。"

惟缘于此，汉画像中有众多的凤鸟图像。而且大多潇洒飘逸，气势恢弘，令人望而肃然起敬。

但是，作为民间文化的折射，汉画像中的凤鸟图像还是透露着远古走婚和婚配的痕迹。如图 8-19 睢宁县出土的汉石画像，画面分两层，下层是屋内主仆二人对坐，屋外二仆人侍奉；上层两只凤鸟，左鸟扇形小冠，右鸟长羽冠，它们颈喙相对，作接吻状，其下左右有五只小鸟。① 又如图 8-20 滕州千庄出土汉石画像，右边刻绘二龙交身，左边二凤鸟口衔

---

① 《江苏、安徽、浙江汉画像石》图版第 121。

连珠相对,意蕴着交媾。① 如果说这些画面尚显得温文尔雅、比较含蓄的话,那么,也有赤裸裸表示交媾的。如图 8-21 铜山县茅庄征集的汉石画像,画面分为三层。上层右格刻绘二龙交颈,左边为一鸟站立在另一鸟背上,二鸟头尾相悖;下层刻绘房屋,屋内有二人交谈,屋顶上右边一鸟儿爬向顶部,一三足鸟站其背上,二鸟儿呈交媾状,左边一凤鸟爬向屋顶。②

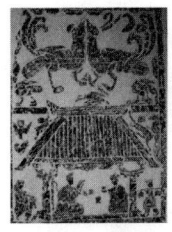 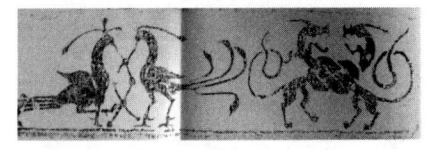

图 8-19 睢宁县汉石画像 　　图 8-20 滕州千庄汉石画像

也许是因为凤鸟代表着男女的交媾,与创世神话有所关联,所以汉代人甚至将之与伏羲女娲的创世神话相置换了。如图 8-22 东汉晚期滕州汉石画像,画面分上下两层。上层中间刻绘铺首衔环,两侧则刻绘两只凤鸟、两只小猴儿相对应;下层刻绘二马、二人相对。③ 再如图 8-23 河南汉砖画像中,以两个相对的"S"为中心,两凤鸟左右对称,拖尾,华丽舒展。另一如图 8-24 陕西汉砖画像则是以花儿(上)和仙珠儿(下)为中心,两凤鸟口衔仙珠儿,步履轻盈地相背而舞。④

如果说以上的画像都是凤鸟,与西王母无直接关系的话,那么也有将象征着交媾的凤鸟与西王母绘制在同一单元内的。如图 8-25 征集于睢宁县的门扉画像,画面分三层,上层刻绘西王母坐于榻上,手执灵芝,其右一侍者,左下一羽人做接纳灵芝状,左上有二相对的捣药兔和蟾蜍;中格刻绘两只凤鸟交颈;下层刻绘一白虎,左上一羽人,右上一青龙。⑤

---

① 《山东汉画像石》第 2 卷图版第 186、187。
② 《江苏、安徽、浙江汉画像石》图版第 62。
③ 《山东汉画像石》第 2 卷图版第 159。
④ 《中国汉画像砖全集·全国其他地区汉画像砖》。
⑤ 《江苏、安徽、浙江汉画像石》图版第 127。

图 8-21　铜山县茅庄汉石画像　　图 8-22　滕州汉石画像

图 8-23　河南汉砖画像

图 8-24　陕西汉砖画像

图 8-25　征集于睢宁县的门扉画像

# 九、汉画捣药兔与蟾蜍

## 汉画西王母配神捣药兔图像

汉画西王母身边的捣药兔,有的是一个,有的是两个。在早期的汉砖画像中,西王母身边只有捣药兔。而在东汉之后的画像中,几乎都有九尾狐、捣药兔、三足鸟等复合图像,而捣药兔多是两只,甚至也有三只的。

在汉画像中,玉兔除了被刻绘在西王母身边,有的是刻绘在圆轮中以象征月亮:如图9-1淮北汉墓墓顶石"日月同辉"画像,上部刻月轮,其中有捣药兔和蟾蜍;下部刻日轮,其中有鸟儿。① 也有的捣药兔是单独的,没有西王母、月轮作陪衬:如图9-2山东沂南县任家庄一幅汉石画像,左右刻绘龙虎相缠,中间画面上层为仙人手举仙树,下层为二个面对面的捣药兔。②

---

① 《中国画像石全集》第4卷《江苏、浙江、安徽汉画像石》图版第188。
② 《中国画像石全集》第3卷《山东汉画像石》图版第118。

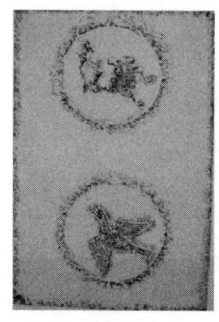  

图 9-1　淮北汉墓墓顶石画像　　图 9-2　山东沂南县任家庄汉石画像及捣药兔细部

也有比较特殊的,将月轮中的玉兔和西王母身边的捣药兔刻绘在同一画面中。如图 9-3 陕北绥德墓门门楣画像,画面左边西王母戴胜打坐,其左右为执便面的侍者,右边依次是鸟人执仙草跪拜,三足鸟,二只相对的捣药兔,九尾狐,双手分别执锤、帚跽坐的玉兔,上举着两把宝剑的蟾蜍,奔向西王母的裸体人,半立抚琴的白虎;最右边为三只仙鹤拉着车,周穆王坐于车厢中,御者挥鞭,车厢后竖立铭旌。画面左右两边分别是月轮和日轮,月轮中有蟾蜍和玉兔,日轮中有飞鸟。① 由此可见,月轮中的玉兔与西王母身边的捣药兔是有所区别的:前者主要是月亮的象征,后者则是中医药的象征。

图 9-3　陕北绥德墓门门楣画像及玉兔及捣药兔细部

相对于西王母其他配神图像而言,捣药兔是比较受关注的话题。古人谈到这一话题,大多是从阴阳二元世界观的角度,讨论玉兔的阴阳属性。有说玉兔是"阴"的标志。《锦绣万花谷》前集卷 1"捣药兔"条:"张

---

① 《中国画像石全集》第 5 卷《陕西、山西汉画像石》图版第 153。

衡《灵宪·序》云：'月者，阴宗之精，积而成兽象。'杜诗注：'兔，阴之类，其数耦。'"而《古今合璧事类备要·前集》卷1"捣药兔"条在"积而成兽象"后加"兔"字。这就是说，阴气的精华是月，进而成兔形。但是也有学者根据张载的"阴阳之精互藏其宅"的观点，说玉兔是"阳"的标志。《席上腐谈》卷上："兔自属日，所谓月中兔者，月中之日光也。丹家借此以喻神入气中，犹日光照入月内，乃着兔于月，以为法象。"这就是说，玉兔象征着太阳，隐藏于月中，因至阴为之阳。无论玉兔是阴是阳，在古人看来，都是增福添寿的。"白兔捣药，兴福降祥"。《九家集注杜诗》卷19载杜甫《月》："入河蟾不没，捣药兔长生。"所以，在汉砖画像中，玉兔成为吉祥物，多被刻绘。如图9-4南阳汉砖画像中的玉兔，"画中两兔，长耳、短尾，奔跑迅疾，身下有条带状的云气"。①

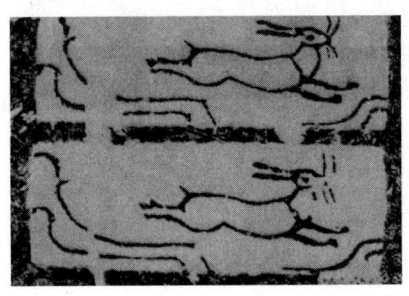

图9-4　南阳汉砖玉兔画像

说捣药可以长生没错，但是为什么一定要说玉兔捣药呢？对此，古今学者好像都没有疑问。在我们看来，其实这是一个非常关键的问题。因为它隐喻着中医药的诞生。众所周知，中医治病依靠的是各种植物药材，而要把药材炮制成中药，尚需极为复杂的程序，其中最基本的就是将植物药材切成碎片，而切碎药材的过程正如兔子咬碎草茎。兔子的牙齿非常尖利，食草物时，不急不缓，咬嚼细碎，方咽进肚内。古人有鉴于斯，就把炮制草药的事情与兔子食草相联系。四川汉画像中就体现了玉兔对炮制药物的作用。图9-5为四川渠县王家坪无名汉阙的背面画像，画面刻绘一玉兔双手捧药罐，一仙女头绾双髻，腿长羽，飞身而

---

① 赵成甫主编：《南阳汉代画像砖》图版第128，文物出版社1990版。

下,伸手取罐。①

图 9-5　四川渠县王家坪无名汉阙的背面画像

　　发现植物可以医治人的疾病,增进健康,毫无疑问,这是增进人的寿命的捷径。而在原始社会,中医药的进步是非常缓慢的。因为其时懂得中草药的是少数巫师,他们为维护其神秘性,不愿将其所知传给更多的人。而且实际上他们自身所掌握的中草药也是十分有限的,就目前可以推知的,应该主要是以增进性欲为主的春药:如西王母所主管的枸杞子,此外还有所谓的"瑶草"。

　　将捣药兔置放在西王母身边,其实也大有深意。这说明中医药的发明,首先源自于女性。女子在原始采集生活中一直占据主导地位,在生活实践中处于一线岗位,哪些植物能食用,哪些不可以食用,哪些可以医治疾病,甚至于医治何种疾病,她们都有实际操作之经验。尤其是在走婚生活中,女子所遭遇的疾病困扰远远大于男子,她们需要更多的医药知识来保护自己。母女相传,经验积累,于是中医药知识不断得以传承。直到进入父系社会之后,男子逐渐在生活中占据主导,才把过去女子所发明创造的文明成果据为己有。由此可见,把捣药兔放在西王母身边,寓意着传统中医药学创源于远古的女性。

## 汉画西王母配神蟾蜍图像

　　汉画蟾蜍图像有两种形式。一是将蟾蜍绘制在西王母身边,与三足

---

①　《中国画像石全集》第 7 卷《四川汉画像石》图版第 77,河南美术出版社 2000 年版。

鸟、捣药兔、九尾狐等构成西王母神话体系图：如图9-6山东宋山小石祠西壁画像的最上层左边捣药兔与西王母、羽人之间为一蟾蜍，蟾蜍左上肢执杵与兔一起在高臼中捣药。① 一是绘制在圆轮中，象征着月亮：如图9-7南阳汉画像一圆轮中绘制蟾蜍，周边有星星。此外，在江西高安出土有东汉蟾蜍砚滴雕刻，见图9-8②；在四川彭山所发现的摇钱树座也是蟾蜍雕刻，见图9-9。

图9-6　山东宋山小石祠西壁汉石画像

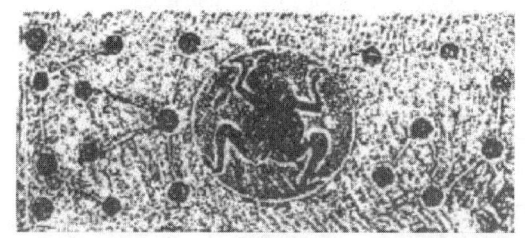

图9-7　南阳汉石画像

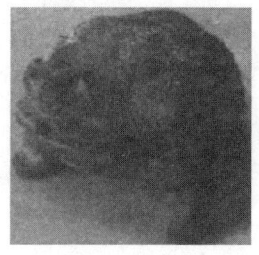 

图9-8　江西东汉蟾蜍砚滴雕刻　　图9-9　四川摇钱树座

　　蟾蜍既有图像又有雕刻，说明汉代对它异常崇拜。这样一个满身疙瘩、两眼突出、长得奇丑的家伙，为什么汉代人那么崇奉呢？有学者认为，蟾蜍信仰的意蕴在于"祈求生殖旺盛"，"阴性之物，在汉画中和阳性之物组合则喻为有阴阳和谐的功能"，"祈求风调雨顺"，"助升仙和多种

---

①　《中国画像石全集》第1卷《山东汉画像石》图版第91。
②　肖锦秀：《东汉蟾蜍砚滴》，《南方文物》2000年第2期。

巫术的作用"。① 也有"生殖崇拜","长生不死","阴阳双居","祈求风调雨顺","辟五兵、镇风邪"的意蕴。②

在我们看来,蟾蜍在古代受到崇奉,固然是因为生殖崇拜,但首先是源自对性的崇拜,从而产生对女子胴体的信仰。因为蟾蜍趴在地面的姿势,与女子的裸体颇为相似,尤其是孕妇的体型与腆着大肚皮的蟾蜍相像。远在新石器时代的人们就将女子的胴体与蟾蜍相提并论:如图9-10甘肃出土的一件有裸体女像的彩陶壶。此壶正面是裸体女像,周边及背面是蛙肢纹,两侧各有抽象蛙腹纹;裸体女像的面容被置于陶壶颈部,其身躯上的乳房、脐窝、阴部均在器腹部位,有明显而突出的强调,其双手捧腹,腹部浑圆、双腿细瘦。这种裸体女像与蛙纹的有机结合,显然是告诉人们蟾蜍与女性所共有的生殖能力。再如图9-11为大洋洲巴布亚新几内亚的树皮画面,画中的主题是一个四肢伸开的蛙人,蛙人的肚皮硕大,阴部鲜明。可见,用蟾蜍象征女子裸体,是远古不同区域的人类具有的共识。汉代的雕刻艺术家当然也不能例外,如图9-12,长沙马王堆汉墓出土的帛画,右上角绘制有蟾蜍,白色的月牙上匍匐着蓝色的蟾蜍,丰硕的身躯象征着强大的生育能力。

  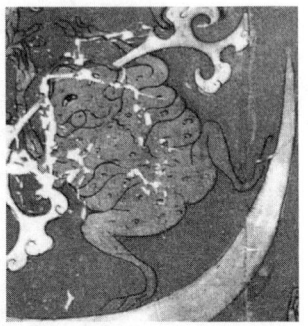

图9-10 甘肃彩陶壶　图9-11 大洋洲树皮画　图9-12 长沙马王堆帛画

1988年在南阳市麒麟岗汉墓出土的汉石画像中,其中就有几幅非常奇妙的蟾蜍画面。图9-13蟾蜍瞪着圆圆的双眼,右前肢上举,后肢高抬,左肢前肢扶腹,后肢立地,后肢漂浮着彩带,给人以腾跃而起的感觉。又如图9-14,蟾蜍前肢双双偏右上举,后肢则成右弓步,似乎遨游

---

① 李真玉:《试析汉画中的蟾蜍》,《中原文物》1995年第3期。
② 梁燕:《中国古代蟾蜍图像及其象征意义》,《株洲工学院学报》2002年第2期。

在云气缭绕的太空中。再如图9-15，蟾蜍二目圆睁，肩部、腋部、脚部羽毛翻飞；其左右各刻一神人，神人人首龙尾，双爪生羽毛；画像左上方有一小神人，其衣裙硕大，乘风翻飞；画间云气密布。这几幅画中的蟾蜍，其腰身皆有两个圆组成，胸部一圆，腹部一圆，整体看圆润丰满，像成熟女子的腰肢，又像现代时装模特裸露身躯，以展示其性感美妙的胴体。

  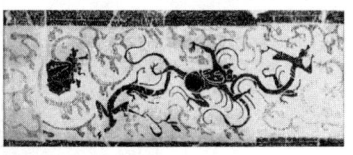

图 9-13、9-14、9-15　南阳麒麟岗汉墓汉石画像

　　在汉画像中，蟾蜍不仅象征着女子性感的胴体，而且也有比较直接表达交媾的意蕴。如图9-16为南阳汉砖画像，画面下部雕刻伏羲女娲人身蛇腹交尾，其下为一玄武；上部则雕刻一只彰显强壮体魄的熊，熊的右边雕绘着一只丰硕的蟾蜍。从伏羲女娲的交尾和玄武象征自身的交合可以推测，这里的熊是男子的象征，而蟾蜍是女子的象征，两者所在的位置说明，这一幅画像表征的是男女的交媾，是新生命的孕育。另两块新郑汉砖画像也表示了相同的意蕴。如图9-17，为双阙中的虎牛斗，翼虎张牙舞爪腾空扑来，而牛则勾头伸角跳跃而应战；虎下为蟾蜍，牛上则是熊。这里的虎与蟾蜍象征女子，而牛与熊则象征男子。虎牛斗，熊蟾戏，下边有云气缠绕，意味着天堂仙境。① 如图9-18，为双龙穿璧，左龙嘴下为玄武，右龙嘴下为蟾蜍，也是男女交媾的象征。

图 9-16　南阳汉砖画像　　　图 9-17　南阳汉砖画像

　　沿着熊与蟾的画面象征交合的思路，我们在汉代瓦当图像中见到了

---

①　赵成甫主编：《南阳汉代画像砖》，图版第58、70，文物出版社1990年版。

图 9-18　新郑汉砖画像

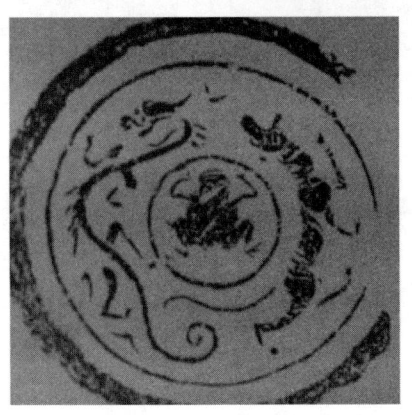

图 9-19　汉瓦当图像

蟾蜍有发展为大母神的趋向。如图 9-19,瓦当直径 15.5 厘米,瓦心圆环内刻绘一蟾蜍,左右各饰一龙一虎。① 这种龙虎相会的画面,作为男女交合的象征是极其普遍的。而其中或为西王母,或为其他神像,都与"背景神像·伏羲女娲人首蛇身交尾"图像的意思一样,表征大母神的意义。

由蟾蜍作为女子胴体的象征这一点,就可以正确识读所谓"嫦娥奔月"题名的汉画像。如图 5-2 是在南阳市西关出土的一幅汉石画像,画面左刻一圆轮,内有蟾蜍。中右部刻一神人,人首蛇躯,头梳高髻,身着宽袖长襦,后拖曲尾;有双爪,双手前拱,面向圆轮作匍匐状,周边雕刻着九颗星宿,空间饰以云气。这就是众所周知的被题名为"嫦娥奔月"的汉画像。实际上,它应该是"夸父追日"。"从面容或冠饰看,画面上的神人当是一男子,而其匍匐之状正是交媾时的姿势;月轮及其中的蟾蜍,都是女子的象征,尤其是蟾蜍,其四肢之叉开和滚圆之肚身,正是古

---

① 傅嘉仪:《秦汉瓦当》图版 642,陕西旅游出版社 1999 年版。

人眼中女子被临幸的姿态。而神人那恰似奔腾的行为,似乎描绘了追赶着交媾的场面,应验着'夸父追日'神话"。由此,关于嫦娥偷食"不死之药"而"奔月"的神话,我们认为,"不死之药"就是春药,是西王母奖励给后羿的。而嫦娥出于好奇,在夜晚明媚的月光下,后羿尚没有到来之时,就独自一人吃食;由于后羿没有在身边,不能满足其性欲,所以受性欲的驱使,也就趴在地面,像蟾蜍一样。由此,嫦娥与蟾蜍就连在一起,正如学者所指出的,"嫦娥=蟾蜍;蟾蜍=嫦娥"①。

  蟾蜍在古代得到崇拜,又与秦汉时期崇尚仙道有关,是长生不死的象征。蟾蜍的不死之谜,第一,从其生理特征看来,因其作为冬季蛰伏、春季复出的动物,加之繁殖力特强,所以给人的印象好像是死而复生,永远不死。正如学者所指出的,蟾蜍"与鱼相似,多卵子为其最值得自豪的优点,所谓'青蛙产仔多,繁殖快,有较强的生殖力'。其形似孕妇肚腹,更能表现出旺盛的繁殖力,说是象征孕妇,实是对生命力的尽力张扬,这是蛙图式的第一个意义。第二,蛙有冬眠之习,推而演之当有再生之意,祈求死者复苏、复生,蛙可说是最能被人们所领会接受的图式"②。蟾蜍长生不死的表象对于讲究长生不老的汉代,特别引人注目,因此被作为寿星西王母的配神刻绘在身边。因而,蟾蜍象征着长寿吉祥。《道书》:"蟾蜍万岁,背生芝草。出,为世之祥瑞。"晋代葛洪《抱朴子》曰:"蟾蜍寿千岁。"第三,从其功用看来,蟾蜍的长生不死之意蕴,实际上是因其本身就是一味中药,叫做蟾酥。《本草纲目》:"宗奭曰:眉间白汁,谓之蟾酥。以油单纸裹眉裂之,酥出纸上,阴干用。时珍曰:取蟾酥不一,或以手捏眉棱,取白汁于油纸上及桑叶上,插背阴处,一宿即自干白,安置竹筒内盛之,真者轻浮,入口味甜也;或以蒜及胡椒等辣物纳口中,则蟾身白汁出,以竹篦刮下,面和成块,干之。其汁不可入目,令人赤、肿、盲。或以紫草汁洗点,即消。"蟾酥是做"紫金锭"的重要材料。明蒋一葵《长安客话》:"太医院例于端午日官差至南海子捕蛤蟆,挤酥以合药,制紫金锭。"紫金锭药用价值主要是消肿祛痛。明汪机《外科理例·附方》:"一名神仙追毒丸,又名太乙丹,治一切痈疽。"《辞海》说:"(蟾蜍)耳后腺和皮肤腺的白色分泌物可制成'蟾酥',供药用。"同释:

---

① 赵峰、杨爵:《蟾文化考》,《青海社会科学》2005 年第 5 期。
② 唐长寿:《四川汉墓画像中的死亡与生命》,《四川文物》2004 年第 2 期。

"(蟾酥)性温、味甘辛、有毒,功能解毒消肿、强心、止痛,主治毒疮、咽喉肿痛及心力衰竭等,还用于治疗白血病、肝癌。"这在明清两朝的宫廷内,被誉为"大内珍品"。当时被宦官偷卖宫外,"得借此裨益斯民"①。清世宗喜欢将紫金锭赏赐给大臣,大臣则以此为荣。② 南阳麒麟岗汉墓画像中的蟾蜍,就有嘴叼着被认为是可以增寿祛病的仙草,充分体现了蟾蜍的长生不死的意象,见图9-20。第四,从其象征意象看来,蟾蜍作为女性的象征,经过与男子的交媾使男子获得健康,由此成为道教修炼的道具。图9-21是1950年发现的四川彭山双河乡崖墓出土的汉石双阙画像,左边的蟾蜍高抬右脚,左侧身回首左顾,而其上肢则拿毛巾,右上方一鼎,鼎右下为道士执刀站立。显然这是一幅炼丹场景,说明蟾蜍与道教有着密切的关系。

图9-20　南阳麒麟岗汉石画像　　　图9-21　四川汉阙画像

也许是基于女阴崇拜和蟾酥药效的信仰,或者依据阴阳学说所谓蟾蜍四肢属阴的观点,蟾蜍在被视为原始巫术道具的基础之上成为防备敌人攻击的兵器。晋葛洪《抱朴子》:"肉芝者,谓万岁蟾蜍,头上有角,颔下有丹书八字再重。以五月五日日中时取之,阴干百日。以其左足画地,即为流水。带其左手于身,辟五兵。若敌人射己者,弓弩矢皆返还自向也。"这就是说,如果在端午节中午捕捉的蟾蜍经过百天晾干,然后战争时将其左足画地,地面就会出水。再用左手将此水涂抹于身,即可防御敌人的攻击:敌方发射过来的弓箭会折回头射杀敌人自己。显然,这是原始巫术的思维,也是道教的基本观念。其原型可能是远古西王母族人曾经帮助过黄帝战胜蚩尤。《春秋纬》:"帝伐蚩尤,乃睡。梦西王母遣道人披狐之裘以符授之。"可见,西王母帮助黄帝主要是用带

---

① 张江裁:《北平岁时志》卷5,娄子匡编《国立北京大学中国民俗学会民俗丛书》,台湾东方文化书局1973年,第86册第2页。
② 陈宇赫:《明宫廷内的捕蛤蟆习俗》,《民俗研究》2002年第4期。

来的防御性工具"符"。推测此"符"可能就是蟾蜍的毒液。而究其实，可能是西王母使用的美人计。因所谓的"披狐之裘"的"道人"，可能就是披着狐狸皮的漂亮的女巫（即所谓的狐狸精），而用蟾蜍汁液的"符"则象征着女阴，女巫与蚩尤的士兵交媾，致使其失去战斗能力，从而使黄帝获得胜利。后来人们讳饰此事，称蟾蜍能防御武器进攻。如图9-22为陕北绥德墓门门楣的西王母画像中的配神蟾蜍图像，蟾蜍上举着两把宝剑，其根即在于此。

图9-22　陕北绥德墓门门楣蟾蜍图像

在汉画西王母身边，蟾蜍图像比较晚出。早期的西王母身边只有捣药兔、九尾狐和昆仑山，中期才出现了蟾蜍。而在汉画月轮中，早期只有蟾蜍，中期蟾蜍与玉兔并存，后期则只有玉兔。如图9-23为汉砖画像，上有人首鸟身的月亮鸟儿，其中一圆轮，里面有桂树，桂树下有蟾蜍。又如图9-24汉瓦当图像，玉兔于瓦当上部，长耳大眼，奔驰向前；瓦当下部饰一蟾蜍，瞪目鼓腹，四肢亦作腾跃状；周边饰以桂枝纹。此瓦当直径18厘米，出土于淳化县董家村。①

文献记载与月轮一致，也是月中先有蟾蜍，后并有蟾蜍与玉兔，之后就只有玉兔。

《淮南子·精神训》："日中有踆乌，而月中有蟾蜍。"

《五经通义》说："月中有兔与蟾蜍何？月，阴也；蟾蜍，阳也，而与兔并，明阴系于阳也。"

长沙马王堆汉墓出土的帛画上写："月三日成魄，八日成光，蟾蜍体就，穴鼻始萌。"（宋均注："穴，决也；穴鼻，兔也。"）

---

① 傅嘉仪：《秦汉瓦当》图版611，陕西旅游出版社1999年版。

汉乐府《董逃行》:"采取神药若木端,白兔长跪捣药虾蟆丸。"
《握斗枢》:"月中有黑兔。"
《春秋运斗枢》:"行失瑶光则兔出月。"

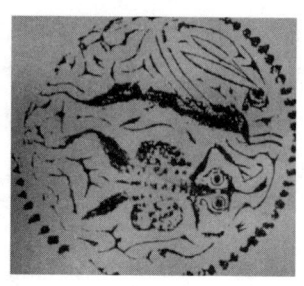

图 9-23　汉砖画像　　　　图 9-24　汉瓦当图像

　　由此可以看出,捣药兔与蟾蜍,应该分别属于两个不同的神话系统:西王母神话系统和嫦娥神话系统。前者属于边疆文化(当然是中原人心目中的),其旨意在于提供希望,为已经成为夫妻婚制下的人指明一条不受制度束缚的、能够满足欲望的合理途径;后者属于中原文化,其旨意在于警告两性之间的和谐相处,不允许单独的肆情乱性。也许是因为都是关于已婚女子的事情,或者是后羿射日神话的作用,这两个神话联系起来,体现在汉画中,就是西王母身边的捣药兔进入月轮,而月轮中的蟾蜍也进入西王母神话。当然,两支神话融合的基础是两汉的统一所促使的民族融合,显示了汉文化的包容和博大。后来众多的学者都接受闻一多先生的观点。① 闻一多《天问释天》说蟾蜍与玉兔,"谅以蟾蜍为最先,蟾与兔次之,兔又次之"。分析其因:"以语音讹变之理推之,盖蟾蜍之蜍与兔音近易混,蟾蜍变为蟾兔,于是一名析为二物,而两设蟾蜍与兔之说生焉。"实际上,蟾蜍与玉兔分属不同的神话,只因政治统一、文化的交流,致使其融为一体。可见,如果不了解历史文化的背景,只从音训上去寻求承传契合,恐怕有悖事实。

---

　　①　陈才训:《嫦娥·蟾蜍·玉兔——月亮文化摭谈》,《江淮论坛》2002 年第 3 期。

# 十、汉画九尾狐、东王公与龙虎座图像

## 汉画西王母配神九尾狐图像

所谓九尾狐,是指长着九条尾巴的狐狸。它是汉代人对于真实存在的动物狐狸的美化和抽绎,所以,汉画中的狐狸确实刻绘着九条尾巴。如图 10-1 是顾森先生拍摄的三幅九尾狐的汉画图像。作为配神,九尾狐一般刻绘在西王母的身边。但是也有将九尾狐和鸟儿绘制在一起的,如图 10-2 在河南新密出土的汉砖画像;也有将九尾狐和白虎联系在一起的,如图 10-3 徐州汉画馆收藏的墓顶汉石画像,侧面刻绘九尾狐,肩生双翼,身有纹饰,口衔一物(正面刻绘一白虎肩生双翼),整个图像雕刻精美。①

关于狐狸的寓意,古今学者给予很多探究。有说是长寿者。《抱朴子·玉策记》:"狐及狸狼,皆寿八百岁。满三百岁暂变为人形。"有说是淫妇者。干宝《搜神记》卷 18 引《名山记》云:"狐者:先古之淫妇也,其名曰阿紫,化而为狐。"《初学记》卷 29 引郭氏《玄中记》云:"千岁之狐为淫妇,百岁之狐为美女。"狐狸不仅淫荡,而且狡黠善变。《太平广记》引

---

① 杨孝军、郝利荣:《徐州新发现的汉画像石》,《文物》2007 年第 2 期。

图 10-1　顾森先生所拍摄的汉画九尾狐

图 10-2　新密出土的汉砖画像

图 10-3　徐州墓顶汉石画像

《玄中记》:"狐五十岁,能变化为妇人,百岁为美女,为神巫,或为丈夫与女人交接,能知千里外事。善蛊魅,使人迷惑失智。千岁即与天通,为天狐。千年之狐姓赵、姓张,五百年狐姓白、姓康。"基于以上之共识,钱钟书先生说:"古来以狐为兽中黠,而淫之尤;传虚成实,已如铁案。"①但是这些都说的是狐狸,而不是我们这里所讲的九尾狐。

至于九尾狐,中国汉画学会现任会长顾森先生作过非常精彩的论述。他认为,它主要是"体现的生殖功能"。"尾""作动词是动物的交配、人类男欢女爱等行为","九尾狐""则是'德'导致的子孙繁昌";同时,"尾""也是一种天象或星宿名,即东方天区苍龙星座的尾宿",根据《史记·天官书》"尾为九子","说明尾宿象征多子"。这样,"西王母身

---

① 钱钟书:《管锥编》第 2 册,中华书局 1979 年版,第 822 页。

边的九尾狐,是一种生殖崇拜的天象和生殖旺盛的天象"。① 之后,顾先生又补充解释说,九尾狐的"九"字,在传统文化中"象征阳数,而且是极阳之数","阳之极数","它体现阴阳中'阳'的变化"。根据《楚辞·天问》"女岐无合夫,焉取九子",九尾狐的深刻寓意在于,"中国自先秦以来就一直认为血脉的承传体现在男性身上"。② 也有学者从民俗学的角度验证了顾先生的观点:"白狐而九尾,并非故为虚诞,其中包含着生殖崇拜的意义。雌狐阴户临近尾根,所以兽类交配叫交尾。因而这里显然存在着这样一种含义,尾多则阴户多,阴户多则多产子,结果是子孙昌盛,氏族兴旺。这里九尾狐尽可理解为九阴(阴户),是女阴崇拜的曲折表现。"③可以说,顾先生的说法,已经准确地揭示了两汉的九尾狐信仰之基本原因。但是支撑这一原因的历史因素,亦即九尾狐的文化原型是什么呢?因顾先生没有讲,使我们有了可以接着说的空间。

在我们看来,九尾狐之所以在汉代受到广泛地崇信,还有自然、历史和文化生态因素。

从自然生态来说,在古代尤其是西王母所生活的时代,当时应该有很多的狐狸。《山海经·大荒东经》:"有青丘之国,有狐,九尾。"《南山经》:"又东三百里,曰青丘之山。……有兽焉,其状如狐而九尾,其音如婴儿。能食人,食者不蛊。"据《大甸子》报告附录二描述,当地距今8000~4000年间,考古所发掘的野生动物骨骼,经过鉴定是有狐狸的。因为狐狸生性爱吃鸡和老鼠,而鸡与老鼠一个是人们饲养的家禽,一个是贪恋人们食物的"家贼",因而都与人类居住在一起,所以,狐狸常常在人们居住地附近做巢。加之,古人祭祀祖先多在坟墓上设祠堂,所用之祭品一般放置在祠堂案几上,这就为狐狸觅食提供了方便。又因古人的墓室比较大,且有更多的陪葬品,由此,狐狸的巢穴一般也会设置在坟墓里。于是人们将对死人的观念转移在狐狸身上,狐狸由此具有了人们所企盼的灵气;同时,狐狸也给人们带来了实际功效,即剥其皮为衣裳。而狐狸本身花纹之奇美,使每一个见到之人都铭记于心。在

---

① 顾森:《中国汉画图典》,浙江摄影出版社1997年版,第597页。
② 顾森:《渴望生命的图式——汉代西王母图像研究之一》,载郑先兴执行主编:《汉画研究——中国汉画学会第十届年会论文集》,湖北人民出版社2006年版。
③ 李剑国:《中国狐文化》,人民文学出版社2002年版,第27页。

远古社会，大型动物捕获相对困难，也相对危险；像狐狸这样的动物，捕获的程序简单，危险系数相对也小。由此，狐狸成为人们生活中不可或缺的东西，即使在今天，狐狸皮依然是众多女性所钟爱的衣饰。

从历史生态来说，远古时代，也有一些氏族部落可能是周边狐狸过多，或者是出于对狐狸美丽的皮毛之喜爱，就把狐狸作为自己部族的标志。《吕氏春秋》等文献所广为转载的大禹娶涂山之女为妻，所谓九尾狐为征兆，似乎涂山氏族人就是以白狐作为其氏族的标志的。"禹年三十未娶，行于涂山，思时晚慕失制，乃曰：'吾之娶，必有应焉！'乃见白狐九尾，而造于禹。禹曰：'白者，服也；九尾，其征矣。'涂山人歌曰：'绥绥白狐，九尾庞庞。成家成室，我都彼昌。'禹因娶涂山氏女。"又如，《左传》记载，乐正国母玄妻，为后羿看上，后羿灭乐正，就射杀夔，娶她为妻子。但是她又与韩浞合谋杀害后羿，嫁给寒浞。屈原在《天问》中称她为"纯狐"："浞娶纯狐，眩妻爱谋，何羿之射革，而交吞揆之？"蒋骥《山带阁注楚辞》引纬书《湘烟录》说："嫦娥，小字纯狐。"顾颉刚、童书业等认为玄妻就是纯狐，是个黑色狐狸。在这里，"玄妻"也好，"嫦娥"也好，言其为"狐"，除了貌美之外，可能就是指其出身于以狐狸为标志的部族。据此推测，后世将北方少数民族称为"胡人"，也许就是从此而来。唐宋时期，"胡"与"狐"通用。在民俗中，人们把比较妖娆的女子称作是狐狸精，其原型就在于她是以狐狸为标志的部族的长得漂亮的女性，或者也可以说是由母系社会走出的走婚女性。

从文化生态来说，狐狸是生殖崇拜的象征。狐狸尾巴意味着多生多育，已如前述学者所说。而狐狸的脸面则象征着男子生殖器：明亮的双眼象征着睾丸，坚挺的鼻子则象征着男根。考古发现证明，将狐狸脸面比喻成男根是原古先民的普遍观念。比如图10-4内蒙古白岔河岩画的人面像，就刻绘着狐狸的眼睛，长长的鼻子；又如图10-5山东日照出土的龙山文化石斧上的纹饰，也是两只大大的眼睛，宽大的鼻子。这两幅画像都与狐狸的脸面相像，可以说是狐面纹。据学者分析说，"那两个同心圆的眼睛就是一对睾丸，而棒槌形的长鼻子就是阴茎的象征"，而"图像下部与线段交接，隐约表现阴阳结合、男女媾精、化生万物的哲学观念"。又说，"这幅图像是一男根纹样，是由男根生殖器变形演化而来。那其中两只所谓的眼睛，不过是两个睾丸的象征。而所谓的鼻子不过是阴茎的移写而已。它是远古先民生殖崇拜的产物"。① 可见,狐面纹实际上是男子生殖器的象征。在二里头文化遗址中,出土有如图10-6绿松石做成的狐面纹饰牌。它被置放在死者的胸部,鲜明地表示生命再生的意向,体现着生殖器崇拜的意蕴。"明确表示心脏跳动是生命的象征";"反映二里头文化的先民们,在婚丧礼俗中,以狐为爱神、生育神、生命之神,寓意墓主人能死而复生,诞生新的生命"。又如图10-7,夏家店下层文化的狐面纹,眼睛用弧线纹。发掘报告说"绕器三匝画三个单元","两眉相连呈'v'形卷曲"。这"正是狐子脸面的特征,是写实性图案,妙极了","是人格化的狐"。② 这种"狐子脸面"固然是"写实性图案",是"人格化的狐",但其实更是男根的象征。理解了这个,方能理解前述顾森先生所说的九尾狐是阳性,其深刻寓意为"中国自先秦以来就一直认为血脉的承传体现在男性身上"的语义。

 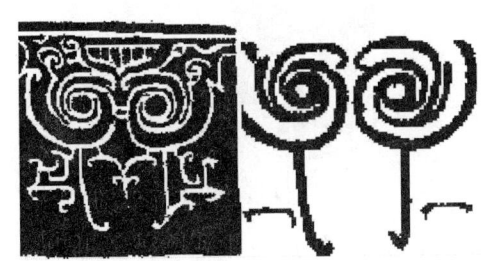

图 10-4　内蒙古白岔河岩画　图 10-5　山东日照石斧纹饰及其简图

作为自然生态中的狐狸,给人们带来了衣饰之便,因而引起人们的重视,在此毋庸赘言。而作为原始氏族尤其是美女标志的狐狸,则成为政治统一的吉兆。《艺文类聚》卷99所引《瑞应图》曰:"九尾狐者,六合一同则见。"当周初将要统一时,东方有人献出九尾狐。"文王时,东夷归之"。《宋书》卷28:"九尾狐,文王得之,东夷归焉。"由此我们推测,东夷所献给他的"九尾狐",实际上是东夷族的美女,是东夷族试图用联姻的方式来实现政治的妥协和联合。《尚书大传》曰:"文王拘羑里。散宜生之西海之滨,取白狐、青翰,献纣。纣大悦。"散宜生通过美人计麻痹商纣王,以拯救文王,结果纣王落套,文王得救。同时,作为男子生殖

---

① 孙新周:《中国原始艺术符号的文化破译》,中央民族大学出版社1999年版,第59—60页。
② 陆思贤:《二里头遗址出土饰牌纹饰解读》,《中原文物》2003年第3期。

器的象征,狐狸也成为君王诞生的前兆和儆诫其不贪色的借口。《艺文类聚》卷99所引《河图》曰:"皇帝生,先致白狐。"又引《瑞应图》曰:"王者不倾于色则至。"由此,不管是政治统一的吉兆或是君王不贪色的前兆,都与政治相关联。因为只有政治统一和社会太平,没有了权势的骚扰,美貌的女子才敢走出家门,一展芳姿。可见,九尾狐是政治清明和君王强大的象征。所以后世的君王,为证明自己的治理有效,将狐狸作为祥瑞大书特书。《艺文类聚》载:"《周书》曰:'成王时,青邱献狐九尾。'"正史记载,"汉章帝元和中,九尾狐见郡国"。到了曹魏时,所记载的白狐更是不胜枚举,这相对于当时的政治局势,无疑具有讽刺的意味。

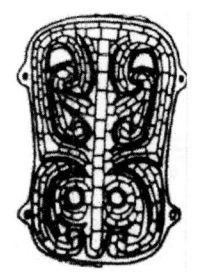 

图 10-6 二里头绿松石狐面纹牌饰    图 10-7 夏家店下层文化的狐面纹

九尾狐既是美女的象征,又是男子生殖器的象征,而且又得到全社会的崇信,这对于关注"文不雅训"的儒家来说,是极其难堪的。但也许是迫于习俗的压力,他们也不得不撇开自己的清高,开始谈论九尾狐。自然地,他们依然按照故有的政治伦理学思维,将之升华为政治统治者的道德素质。《艺文类聚》载:"《孝经援神契》曰:'德至鸟兽,则狐九尾。'"《白虎通》曰:"狐死首丘,不忘本也。……九妃得其所,子孙繁息也。"由美女而联想到子孙的繁育,还算是有理。《说文解字》:"狐,妖兽也,鬼所乘之。有三德,其色中和,小前大后,死则首丘,谓之三德。"既是"妖兽",并且被鬼所利用,好可怕呀!但是又说其有德,而且为三,很矛盾吧?其实,这正反映了汉代文化的博大、宽容,也折射出儒家学者在情色面前的无奈和可爱。

# 汉画西王母配神东王公图像

　　相对于西王母的配神图像如捣药兔、九尾狐和三青鸟来说，东王公是出现时间较晚的图像。其出现时间，大约在西汉末年到东汉中期。其图像的形式，主要是与西王母对应：有的是与西王母处于同一画面中，有的是与西王母处于同一墓中的左右墓壁，有的则是与之处于同一墓中墓门的左右门柱上。

　　东王公的出现，应该是西汉末年阴阳谶纬思想盛行的一个折射。当整个社会都在讲究阴阳和谐时，独自存在的西王母，作为女性，作为阴性的象征和代表，当然不能再单独存在。于是民间的有识之士即道家就拟造出一个东王公，作为男性，作为阳性的象征和代表，与西王母共存。《云笈七签》卷18所讲的"第三神仙"东王公和"第四神仙"西王母就恰好是相对应的：

　　"东王父者，青阳之元气也，万神之先也，衣五色珠衣、冠三缝。一云：三峰之冠。上有太清，云曜五色，治于东方，下在蓬莱山。姓无为，字君鲜。一云：君解。"

　　"西王母者，太阴之元气也。姓自然，字君思。下治昆仑之山，金城九重，云气五色，万丈之巅；上治北斗，华盖紫房，北辰之下。"

　　明周祈撰《名义考》卷2"木公金母"条："木，东方生，气有父道，故曰公。金，西方成，气有母道，故曰母。曰王公王母者，尊之也。"

　　东王父—青阳—蓬莱山—木与西王母—太阴—昆仑山—金的对应，表面看来是男女—日月—东西之对应，实际上正是阴阳家的思维，是阳与阴的对应。因为该书接下来讲的，是说每一个人的脸面上，都有东王公和西王母。"人亦有之"，"王父在左目，王母在右目"，"人须得王父王母之两目，乃能行步、瞻视、聪明，别知好丑"。

　　可见，东王公与西王母实际上象征着阳与阴，表示世界构成的基本元素。由此逆推而知，东王公本无其人，只是阴阳道家为迎合人们的世俗时尚，为了给深入人心的西王母配对，才虚构出一个能够与之匹配的神仙。由此，汉画像中东王公身边的配神除了象征阳性的龙之外，其他的图像几乎全部采自西王母。正如学者所指出的,东王公"并无什么可供其驱使的神兽灵禽,他的神仙生活内容远不及西王母丰富。但汉代民间确曾流行过这位东王公的神仙,或者竟是为了配合西王母的存在而塑造出来也未可知"①。如图10-8为1954年山东沂南县北寨村出土汉墓墓门画像的下部,三危山上,西王母、东王公各自打坐在中间的山峰上,左右两山峰则是捣药兔;山下,西王母下是白虎,东王公下则是青龙。② 显然,白虎与青龙、西王母与东王公分别代表在神仙境界中的阴阳成分。

图10-8 山东沂南县汉墓墓门画像

然而根据任何意识都是社会存在的产物的原理,尽管东王公是虚构的,依然有其原始的形态。粗而究之,一是来自历史上周穆王会见西王母的事迹。《穆天子传》记载周穆王曾经西征到昆仑山约会西王母。由此,东王公的基本原型当是周穆王。"东王公是神化了的穆天子,即周穆王。他为了扩大西周版图,曾西征至昆仑山麓与居住在那里的以西王母为图腾的原始氏族结盟。西王母也曾来中原朝见周穆王。"③这在汉画像中以东王公乘龙拜谒西王母的图像形式表现出来。郑州出土的汉砖画像有两幅东王公的图像。图10-9为东王公乘龙渡弱水,东王公

---

① 刘道广:《略论汉、宋铜镜纹饰中的西王母故事》,《东南大学学报》2000年第1期。

② 《中国画像石全集》第1卷《山东汉画像石》图版第182、184,山东美术出版社2000年版。

③ 张秀清:《汉砖上的远古神话与动态形象》,《舞蹈》1997年第3期。

肩生两翼,骑乘在张翼飞驰的龙背上,两手前伸扶龙颈;龙有翼,为应龙,昂首伸颈,张口吐舌,牙齿锋利,屈身卷尾,四肢伸展;龙下有一鱼,象征着在水中游。图 10-10 为东王公乘龙会见西王母。画面一龙,怒目巨口,奔腾向前;龙背之上一人,手执玉圭;龙尾上有玉兔捣药,其下为西王母戴胜,拱手跽坐,左上角有三足鸟。①

图 10-9  郑州出土的汉砖画像　　图 10-10  郑州出土的汉砖画像

东王公的另一原始形态来自三足鸟神话。三足鸟是中原走婚男子的象征,东王公借助此神话而进入新的神话。《艺文类聚》卷 17 引《神异经》曰:"东荒山中有大石室,东王公居焉,长一丈,头发皓白,人形鸟面而虎尾。……恒与一玉女投壶。"因为传说西王母曾经居住在石室之中,皓然白首,所以东王公也是居住在石室之中,也是头发皓白。唯一不同的是,西王母身边有象征男子的三足鸟,而东王公身边干脆出现所谓的"玉女"。由"人形鸟面而虎尾"可知,汉画西王母身边的鸟首人身图像,应该就是东王公的象征。

若深而究之,东王公这一形象是夫妻婚制确立之后家庭观念的结果。随着文明的进步,夫妻制婚姻在中原地区日趋稳定,家庭观念也日渐加深,人们对于婚外恋和走婚制也逐渐予以排斥和拒绝。而适龄婚配成为中原文化的一大特色。加之汉代是以孝治天下,更加注重家庭生活。这样,单身而美丽的女性,即使是神仙,也必须有其相应的配偶,所以东王公就出现在西王母身边了。尤其是在汉代铜镜中,凡是有西王母的图像,就必有东王公图像。"在汉镜中凡有西王母,则必有东王公与之相伴。个中原因,我以为是由于铜镜是家庭生活用品,自然寓意要在夫妇家庭生活的圆满。所以铜镜中的西王母身边可以缺少捣药的兔子、取食的青鸟、王天下象征的九尾狐,却不可缺少一位老伴。这也

---

① 张秀清:《汉砖上的远古神话与动态形象》,《舞蹈》1997 年第 3 期。

是汉人所谓'阴阳互倚'五行观念在家庭伦理生活中追求'完整'的一个表现。"①此话讲得甚是。如图10-11为"神人车马画像镜",该镜钮座为龟,以龟钮为中心,分出米字四区:上区是东王公及羽人,东王公头戴高冠,正面端坐,两侧上下铸有侧面侧身正在飞舞的四羽人;下区有神情慈祥、合掌安坐的西王母,西王母一侧是两羽人飞舞,另一侧是一持灯站立的玉女,身后有一飞舞的小羽人。如图10-12为"重列式神人神兽画像镜",镜中铸二神,左为西王母,头系皇冠,玉手纤纤;右为东王公,头带圆帽,双袖合拢,二神面部五官刻画精致,服饰华丽。镜中上方为一条昂首挺立的青龙,龙头狰狞,肢体强悍;镜中下部为一匹回首嘶鸣的奔马,小头大嘴,身躯雄伟,两兽造型美轮美奂,为同类图像中的代表。该镜四组图像用长条形细框连接,周围铸有禽鸟、祥云,构成了汉画像似的平面欣赏图画。②又如图10-13,2003年鄂州市收藏家协会鉴定的东汉中期环状乳画纹带神兽镜,上面"东王公头上戴着一个如三根棘式的三山帽,坐于龙凤座上;西王母头上两边翘的为戴胜,身下亦有龙凤座。东王公与西王母在镜背纹饰中仍是隔钮对置,代表着东、西两个方位,为便于读者比较今将两神合并在一起"。③

---

① 刘道广:《略论汉、宋铜镜纹饰中的西王母故事》,《东南大学学报》2000年第1期。

② 杨金平:《东汉铜镜和画像石的图像比较》,《东南文化》2005年第5期。

③ "此镜直径13cm,圆钮,连珠纹钮座,四只兽每兽两个环状乳,口中皆衔矩,间以东王公、西王母、黄帝、伯牙,半圆方枚一周,方枚上每枚一铭合为:'吾作明镜,幽涷三商,雕刻无极,配象万疆,白牙作乐,□□目□,天□西□,君□官□,□□□□,□□□□,子孙番昌,其师命长。'由鸟、兽、句芒、羽人导龙组成画纹带,其外为菱格云纹一周。此镜通身为江南典型的古黑漆,铸造十分精良,镜背纹饰中的神及兽形象清晰,虽然每个形象的个体都很小,但都雕塑得一丝不苟,为画纹带神兽镜中少见,而在此镜背纹中的四个神人正位的形象也都一目了然。如图所示,上面东王公头上铸有三根冒刺,下面西王母头上两边翘的冠与东王公截然不同,可谓是泾渭分明;而在左面神人的头上戴皇帝冠者显然为黄帝,右面神人双手抚琴,旁立一灯侍者明显为伯牙。像这么清晰明确的神人形象,在东汉至三国时期的神兽镜中并不多见"(董亚巍、郭永和、李从明:《从一枚环状乳画纹带神兽镜中看东王公、西王母、黄帝及伯牙的形象》,《鄂州大学学报》2003年第3期)。

图 10-11 "神人车马画像镜"　　图 10-12 "重列式神人神兽画像镜"

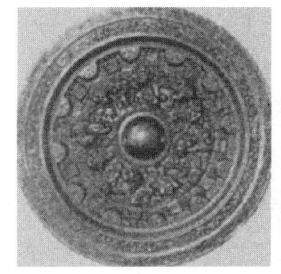 

图 10-13　东汉中期环状乳画纹带神兽镜及其细部

## 汉画西王母配神"龙虎座"图像

"西王母打坐龙虎座"图像出现于东汉中晚期,是汉画像中最为常见的图像之一,多出现在四川地区。

"龙虎座"的艺术图像引起学者们的特别关注。专门对之进行研究的论文,有李凇的《汉代龙虎图像的含义》(《西北美术》2000 年第 1 期)、王苏琦的《四川汉代"龙虎座"西王母图像初步研究》(《四川文物》2005 年第 2 期)和仝涛、邹芙都的《西王母龙虎座造型源于西方考》(《西南师范大学学报》2006 年第 3 期),以及黄佩贤的《汉代流行的四灵图像始见于新石器时代?——河南濮阳西水坡及湖北随县曾侯乙墓出土龙虎图像再议》(朱青生主编:《中国汉画学会第九届年会论文集》,中国社会出版社 2004 年版),其他散见于相关论著中的研究那就更多。

此一图像的蕴意是什么?其原型是什么?学者们的研究见仁见智。

简·詹姆斯(Jean·M·James)将龙虎视为西王母的陪伴者和守护者,"龙在其左,虎在其右,守护她(西王母)的宝座,龙和虎表现为侧面相,面向左右……她(西王母)坐在垫子上,头上罩着华盖,龙和虎守护在两旁"①。黄佩贤则认为"龙虎图案是四灵中的青龙与白虎形象",因而代表了东西两个方向。② 因为传统文化讲究四灵,所以,黄佩贤的观点可以说代表着绝大多数人的意见。如日本京都大学教授小南一郎认为,四川的龙虎座"清楚地表明西王母的权限被理解为处在东与西两个要素之上,并把它们结合了起来"③。但是李淞不同意这个观点:"龙、虎与人(或神)相联系时,是比喻气派和身份的象征物,而不是东与西两个方向";"是九五之尊的表征,神性的体现。三位一体才构成完整的偶像:帝王之像";"西王母的龙虎座除了象征西王母的身份和地位外,还有以其凶猛之形象避邪驱恶之作用"。④

我们认为,要认识龙虎座的原型,必须弄清龙虎座出现的时代含义。由汉代的西王母信仰知道,龙虎座的出现是东汉中晚期的事情。其时,西王母信仰崇拜已经逐渐升级,由单纯的"长寿之偶像"到"神的救赎"进入"神的创世"阶段。换句话说,西王母已经有一个长寿嬷嬷变为人类的创始者。这表现在汉画像中,就是西王母逐渐替代伏羲女娲人首蛇身交尾背景神像即太一神,而成为开天辟地者。由此可见,西王母打坐龙虎座,实际上不是什么打坐,只是表明了西王母与龙虎的一种关系而已。"严格说来龙与虎并不是方位(东与西)",但也不"是九五之尊的表征,神性的体现",而是世俗的见解,是世俗意识的讳饰。这就是视西王母为大母神,而左右的龙虎则象征着饮食男女的交合创世。用《道德经》的话说,西王母就是"一",龙虎就是"二",然后龙虎结合生育,创造人类。而作为具象艺术,表示出来就是"西王母打坐龙虎座"。

---

① 简·詹姆斯(Jean·M·James):《汉代西王母的图像志研究》,贺西林译,《美术研究》1997年第2、3期。
② 黄佩贤:《汉代流行的四灵图像始见于新石器时代?——河南濮阳西水坡及湖北随县曾侯乙墓出土龙虎图像再议》,朱青生主编:《中国汉画学会第九届年会论文集》,中国社会出版社2004年版。
③ [日]小南一郎:《中国的神话传说与古小说》,孙昌武译,中华书局1993年版,第102页。
④ 李淞:《汉代龙虎图像的含义》,《西北美术》2000年第1期。

但若跳出四川画像石的局限，就会看到，这种具象艺术，实际上还有比较直接的表现形式。如图10-14是征集于南阳市的一幅墓门门柱汉石画像，上部刻绘一人，大头细颈，肥身小脚，被学者指称为"武士"，其实应该就是西王母图像；下部刻绘青龙、白虎相嬉戏，如果面对着西王母看，正好成左青龙右白虎之势。又如图10-15、10-16为徐州汉画馆收藏的横幅、横楣汉石画像，"正面画像有熊、翼龙和翼虎。四

图10-14  南阳门柱画像

周刻有边框。框内左右刻翼龙、翼虎，龇牙咧嘴，竞相嬉戏中间的熊，上边以云纹补白。熊为大耳，瞪眼，张口吐舌，双手上举，两腿后退弯曲，呈正面蹲踞状。熊身裸露，乳房、肚子和肚脐均凸起。背面画像与正面相类，也是熊及翼龙、翼虎图。只是在翼虎与熊之间加刻一小兽，小兽仅刻上半身，仰首张口。"① 其实所谓的"熊"应该是西王母；"熊为大耳"应该是西王母所"戴胜"。再如图10-17是汉画像石网上所披露的一幅汉石画像，也是西王母蹲立中间，左右为龙虎相绕。

图10-15、16  徐州门楣画像

图10-17  西王母与龙虎画像

而汉代铜镜中的画像，对于西王母的大母神或太一神地位，表达得就更清楚了。如图10-18和图10-19，这两幅分别被称为"东汉杵杖老者平缘抽象蟠螭纹显形龙虎交媾镜及杵杖老者细部"（直径11厘米，厚

---

① 杨孝军、郝利荣：《徐州新发现的汉画像石》，《文物》2007年第2期。

0.4厘米)和"东汉杜氏铭杵杖老者平缘抽象蟠螭纹显形双龙交媾镜及杵杖老者细部"(直径17厘米,厚0.4厘米)画像,十分耐人寻味。据相关的文献介绍,龙虎之下的杵杖老人被认为是"怪神"。[①] 实际上,这应该是西王母。《海内北经》:"西王母梯几而戴胜(杖),其南有三青鸟,为西王母取食,在昆仑虚北。"后世学者都采纳赫懿行的观点,说"杖"是多余字;但是如果不看做是多余字,说西王母挂着拐杖,显然也照样能够讲得顺畅。而这里的铜镜画像中的人物,坐卧于地面,双手拄着杖;其面前有龙虎相戏(即交媾),龙的胯下玉根及两只睾丸清晰可见。显然,此幅画像与"太一神·伏羲女娲人首蛇身交尾"汉画图像有异曲同工之妙。在此,西王母的太一神之地位和身份就鲜明地凸显出来了。

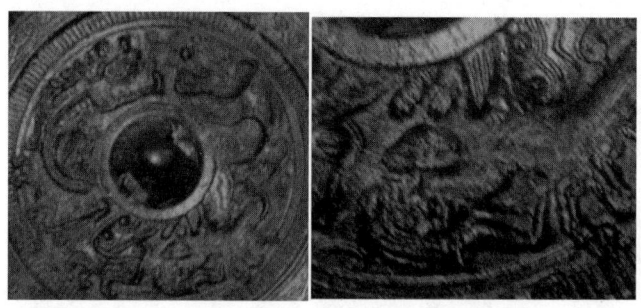

图 10-18　东汉杵杖老者平缘抽象蟠螭纹显形
龙虎交媾镜及杵杖老者细部

图 10-19　东汉杜氏铭杵杖老者平缘抽象蟠螭纹显形
双龙交媾镜及杵杖老者细部

---

[①]　王趁意:《中国东汉龙虎交媾镜——一个青铜镜收藏爱好者的发现》,中州古籍出版社2002年版,第71、73—75页。

再请看图 10-20 是四川荥经县发掘的石棺左侧画像,画面上有四个大斗拱,中设一门,分隔为两组图案。右端帷幔下,端坐一人,头戴胜,身前一几,捧一圆形物,此人当为西王母;门庭两侧各有一朱雀,右门未开,左门半掩,站出半个人,头戴冠饰,正向外张望;左边房间内,一对男女相拥盘腿而坐,男子的右手正托举着女的下颌,正欲亲吻。①

如果说西王母与龙虎座构成了创世神话的图像,但以龙虎象征男女有些神秘的话,那么,四川荥经的西王母、凤鸟和接吻的石棺汉画像,则是直接以人的行为坦言其创世的功能,并且异常地世俗。以此世俗的明喻更可以推知"龙虎座"威严神秘之原型亦即创世神话之寓意。

 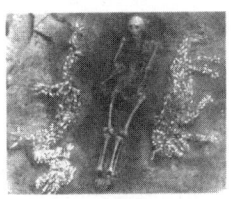

图 10-20　四川荥经县发掘的石棺左侧画像　　图 10-21　濮阳蚌壳龙虎

具象的"西王母打坐龙虎座"图像寓意着创世神话,而其作为具象艺术形式,其渊源在哪里呢?

我们认为,这一图像形式直接来源于"太一神·伏羲女娲人首蛇身交尾"图像模式;如 1933 年河南南阳市区出土的东汉汉石画像,画面正中为赤身裸体的太一(高禖)神,头梳高髻,面方目炯鼻挺,宽肩蜂腰,玉根微凸,怀拥人首蛇躯、互相面对的伏羲女娲。而其历史渊源则可追溯到濮阳西水坡所发现的蚌壳龙虎塑像。1987 年,濮阳市修建水利工程时,在西水坡发现了仰韶时期的文化遗址,有三组用蚌壳材质雕塑成的动物图案。其中第 45 号墓墓主仰身躺在墓中,头南面北,左青龙右白虎,龙形在东,虎形在西。时间大约距今 6000 年左右,见图 10-21。对于此龙虎图像,学术界争议颇大。有的学者认为"蚌壳龙虎是墓主地位

---

① 《中国画像石全集》第 7 册《四川汉画像石》图版第 111－114,河南美术出版社 2000 年版。

和权力的象征"。① 也有学者否定这一说法,而认为蚌壳龙虎是巫师的道具,"是巫师通天地的助手"②。还有学者认为:"蚌壳龙虎是东宫苍龙、西宫白虎的象征。"③从四灵图像的角度看,龙虎座与其相通。由此有学者否认西水坡蚌壳龙虎是后来四灵图像中的龙虎之根源。之后再没有发现同样的图像,直到战国时期才出现曾侯乙墓的龙虎图纹④,所

---

① 发掘者认为,M45号墓内埋葬4人,"墓主人的左右两侧用蚌壳精心摆塑的龙虎图案更是前所未有。……自古以来,龙虎在人们的观念中都是威武和权力的象征。濮阳西水坡第45号墓主人死后有3人殉葬,而且还在人骨架的左右两侧,用蚌壳精心地摆塑龙虎图案,充分反映了墓主人生前的地位和权力"。濮阳市文物管理委员会、濮阳市博物馆、濮阳市文物工作队:《河南濮阳西水坡遗址发掘简报》,《文物》1988年3期。"濮阳西水坡蚌壳龙虎墓的主人,可能就是部落或部落集团的最高军事首长。为他的人殉和用蚌壳摆塑龙虎图案,表明他的身份已凌驾于整个部族之上"(丁清贤等:《从濮阳蚌壳龙虎墓的发现谈仰韶文化的社会性质》,《中原文物》1988年1期)。

② 孙其刚:"只是反映了巫师召唤动物的作法能力,并没有反映出巫师的尊贵地位。"又说,"西水坡遗址位于古河道旁,当时有丰富的蚌类资源,遗址地层中有成堆成堆的蚌壳,摆塑图案时,只需俯身拾取即可,不会花费太大的劳动量,并且河蚌没有特殊的经济价值。"(孙其刚:《对濮阳蚌塑龙虎墓的几点看法》,《中国历史博物馆馆刊》2000年第1期)张光直教授认为:"蚌壳龙虎鹿等是墓主驯使动物助手或伙伴,与原始道教的三蹻有渊源关系。""濮阳第45号墓的墓主是个仰韶文化社会中的原始道士或巫师,而用蚌壳摆塑的龙、虎、鹿乃是他能召唤使用的三蹻的艺术形象,是助他上天入地的三蹻的形象"(张光直:《濮阳三蹻与中国古代美术上的人兽母题》,《文物》1988年11期)。

③ 李学勤先生在《西水坡"龙虎墓"与四象的起源》一文中称:"45号墓蚌壳图形和青龙、白虎之相似,实在是太明显了";"我们不妨大胆地猜想,西水坡45号墓室内的龙、虎图形是象征死者魂升天上,而墓室外人骑龙图形则表示其升天的过程。"(李学勤:《西水坡"龙虎墓"与四象的起源》,《中国社会科学院研究生院学报》1988年5期;冯时:《濮阳西水坡45号墓的天文学研究》,《文物》1990年3期)

④ "问题是,若被塑绘于墓主人两旁的龙虎图案是四灵中的青龙与白虎形象,则为何它出现于一个新石器时期墓穴中,却随即消失,然后又突然在四千年后的战国时期再度出现。我们实在无法解释这个疑点。因此我们认为,要把西水坡的蚌塑龙虎图案确定为四灵中的青龙白虎图像,还需要等待更多的出土实证和进一步的研究"(黄佩贤:《汉代流行的四灵图像始见于新石器时代?——河南濮阳西水坡及湖北随县曾侯乙墓出土龙虎图像再议》,朱青生:《中国汉画学会第九届年会论文集》,中国社会出版社2004年版)。

以,曾侯乙墓龙虎图纹才是四灵中的龙虎图纹的渊源。① 在这里,要说明的是,龙虎图像与四灵中的龙虎图像虽然有着直接的承继关系,但是最早的龙虎图像只是巫师用于做法的道具,其寓意在于表明墓主人灵魂升天和再次转世。"主要目的是祈求墓主的神灵和龙、虎神灵回归人间和转世";"一是祈求神灵转世,二是送神灵回归天界"。② 而其原型则是男女的象征,是人的孕育。具体言之,这是企盼墓主人的再生;从更高的层面来说,则是创世神话的重演。从这个意义上说,西王母作为母系氏族社会的代表,其龙虎座的寓意当源于此。

  从美学的基本原理看,龙虎座则源自对称形式的艺术审美意识。众所周知,对称是审美的最基本的范畴。在自然界中,凡是对称的事物,尤其是长宽高三维尺寸以中轴线为核心分配恰当的话,那么应该是最美的东西。据此,人类生活中的产品、物什,其设计与制作中往往遵守对称的原则。如家喻户晓的司母戊大方鼎,其形制横看是以左右耳柄为对称,纵看则是以耳柄为中轴对称的;最有意思的是耳柄上部有小"熊脸","熊脸"下的左右柄上,分别雕刻着一只大耳的熊,"熊脸"与二熊构成一个有机的整体。这与西水坡的墓主人与蚌壳龙虎所形成的创世神话图像,以及汉画中的"太一神·伏羲女娲人首蛇身交尾"图像,都有一定内在联系。总而言之,它们都是以创世神话为内涵,以对称图像为审美形式的。由此而言,龙虎座艺术形式实际上拥有一定的普遍性。有论者注意到这一特点,于是说龙虎座缘起于西亚。他们说,在西亚等地发现很多"对称双头神兽形象应该为女神的坐骑,而且几乎所有的乘坐者为女像,不少双马型的坠饰发现于女性墓中"。它们集中在西亚的"伊朗西南部卢里斯坦地区"和"高加索地区","时代集中在青铜时代末

---

  ① "它应该是目前最早的出土青龙与白虎图像,表示东、西两个方向";"衣箱上虽然没有绘画整套的四灵提箱,但衣箱两侧出现了很可能是南、北两个方位的象征。衣箱一侧(青龙图案下面),有一以粗线钩划成的'火'型图案,图案中间有一个大圆点,四周围绕有小圆点和'十'字纹。衣箱另一侧(白虎图案下面),有一反转的蘑菇图案,蘑菇图案下面是一只以西线钩划成四脚的动物,它被小圆点围绕着。我认为衣箱两侧的'火'型图案和四脚动物形象很可能分别象征南、北两个方位"(黄佩贤:《汉代流行的四灵图像始见于新石器时代?——河南濮阳西水坡及湖北随县曾侯乙墓出土龙虎图像再议》)。

  ② 何星亮:《河南濮阳仰韶文化蚌壳龙的象征意义》,《中原文物》1998年第2期。

期和早期铁器时代"。"这些图像的造型与西王母及其神兽座有着惊人的相似",这些图像通过"游牧民族活动"传入国内,"通过中亚和中国北方草原地区的发现,进一步同中国内地的西王母龙虎座及其他神兽座图像产生关联,而这种关联又通过文献记载中的周穆王西征会见西王母得到了加强,而且周穆王西征之时,也是此类图像在西亚地区流行之时"①。老实说,如果单从审美的对称形式讲,说龙虎座缘起于西亚,还是很有道理的。由此可见,艺术具有超出民族局限的更为普遍的共性。

---

① 仝涛、邹芙都:《西王母龙虎座造型源于西方考》,《西南师范大学学报》2006年第3期。

# 十一、汉画牛郎织女神话

迢迢牵牛星,皎皎河汉女,纤纤擢素手,札札弄机杼,终日不成章,泣涕零如雨。河汉清且浅,相去复几许。盈盈一水间,脉脉不得语。

(《古诗十九首》)

在汉画西王母配神中,尚没有见到牛郎织女的画面,但是在汉画中确有牛郎织女的图像。而在文献记载和民俗传说中,牛女故事又与西王母有着密切的关系。我们认为,牛女故事体现着远古社会婚姻制度由走婚到夫妻婚制形成过程中传统的女性走婚制和新的夫妻婚制之间的矛盾冲突。

## 牛女神话的结构、嬗变与楚文化属性问题

牛女神话的版本很多,但其基本结构为:
(1)牛郎年幼失去了父母,依靠给哥嫂放牛过活。
(2)哥嫂虐待牛郎,牛郎和老黄牛相依为命。
(3)兄弟俩分家,牛郎只得到了老牛和破车,于是离家出走,到荒山开荒种地。

（4）牛郎待老牛很好，牛也通人性；牛郎的庄稼种得好，独身的生活倒也自在。

（5）老牛会说话，叫牛郎去偷仙女的衣裳。

（6）七仙女趁王母睡觉，偷下凡间游玩，在湖水中洗澡。牛郎按照老牛的嘱咐，藏起七仙女的衣服。

（7）七仙女在天上就暗恋牛郎，答应了牛郎的要求，由老牛主持婚礼。

（8）成家后，牛郎种地，织女织布，互敬互爱，并生下一双儿女。

（9）老牛老死，临死劝告牛郎留下牛皮。牛郎照办了。

（10）王母一觉睡三年，醒来发现织女偷偷下嫁人间，便亲自来到人间将织女带回天庭。

（11）牛郎披上牛皮，带着一把瓢，挑着小孩飞赶上天追织女；眼看要追上，王母娘娘拔下头上的簪子往身后一划，划出天河，隔开了牛郎。

（12）牛郎拿起瓢往外泼水，王母娘娘怕牛郎把天河中的水泼完了，就被迫答应每年七月七日让二人见一面。

（13）牛郎和织女都化成了星星，这就是牛郎星和织女星；牛郎所带的瓢成了北斗星。

（14）从此之后，每年七月七，喜鹊去天上搭桥，让织女与牛郎相会；人间都会下雨，那是他们的眼泪；若在瓜棚豆架下，还可以听到他们的私语。

（15）民间陈瓜果于庭院案几上，供奉牛郎织女，女子们则乘机向织女学习纺织技艺，谓之"乞巧"。

牛女神话的传诵，历经几千年。学者们对此的看法也有分歧。有的学者认为牛女神话经过以下三个阶段：从夏朝至东汉末三国以前为萌芽时期，出现了牛郎织女的夫妻关系；从六朝到明朝为发展时期，出现了多种版本，"主要特征是'天神恋爱'"；明清民国以来为定型时期，"主要特征是'人神恋爱'"。① 也有学者将牛女神话的演变看作这样几个阶段："最初，牛、女是天上两颗星宿的名称（原型）→西汉初年，两颗星宿变成两位神人，并出现两两相对的塑像（牛、女故事雏形）→到汉魏

---

① 杜汉华、汪碧涛、余海鹏：《"牛郎织女"流变考》，《中州学刊》2005年第4期。

之际,才衍化成爱情悲剧故事(牛、女故事的定型)。此后文人在这一爱情悲剧故事基础上赋予新意,使牛、女意象的内涵有所增殖,但爱情悲剧的基本含义则始终未变,今天如说某人与某人两地分居时还用牛郎织女作比,而把解决夫妻两地分居称作'搭鹊桥'。"①

牛女神话在嬗变中定型于何时?学者们的见解显然不太一致。依照前一说法,是民国之后才定型的;而依照后一说法,汉魏之际已经定型。在我们看来,既然西汉统治者已经笃信牛女神话,其定型当然应该在此时,甚至更早。至于后来,虽然不断地踵事增华,但如学者所言,它都没有更改"爱情悲剧"的基调。

"牛郎织女"神话传说的性质,学术界颇有争议。其关注的焦点,集中在起源地和产生的时代。

关于起源地的争议,其意义在于牛女神话所属的地域文化性质。目前已经提出的有"河北鹿泉说"②、"江苏太仓说"③、"山东沂源说"④、

---

① 周达斌:《古诗中的"牛、女"意象》,《高等函授学报(哲学社会科学版)》2005年第3期。

② 依据是当地有个"抱犊寨",相传得名因有个叫二小的放牛郎赶着老牛,抱着初生牛犊上了山寨,感动了天上的金牛星。于是在金牛星的帮助下,牛郎与天上的织女喜结良缘。当地许多地方也流传有牛郎织女的传说故事。查《史记·淮阴侯列传》与《元和郡县志》,此山汉代叫"萆山"。因"后魏"战乱,有百姓藏山中"抱犊而死","遂名抱犊山"。金代在山上建寨屯兵,又有抱犊寨之名。看来,抱犊寨与"牛郎织女"传说联系起来,历史不会超过二三百年(卢伟丽:《首届中国七月七爱情节鹿泉开幕》,《燕赵都市报》2004年8月23日)。

③ 根据是宋代《中吴纪闻》和《吴郡志》的记载,相传这里曾有"牵牛织女星精"降临,建有"牵牛织女"祠庙,当地百姓形成了七夕"乞巧会"习俗(倪敏毓:《900年前中国的情人节起源于太仓南码头》,"中新江苏新闻网"2004年05月24日)。

④ "山东大学专家结合史料记载并经过实地考察后认为,牛郎织女文化源地可能在山东省沂源县"。唐宋时期,这里建筑了织女洞和牛郎庙;如今牛郎庙遗址牛郎官庄村民仍自称是牛郎的后人,沿袭着养蚕、耕织、"乞巧"、取"双七水"等习俗。而山西省和顺县委、县政府在太原举行中华爱情故事"牛郎织女"起源地研讨会及新闻发布会,认为牛女神话发祥地在和顺县(本刊综合:《牛郎织女爱情文化源地在哪》)。

"汉水襄阳、南阳说"①,此外还有"山陕蒙黄河河套说"、"昆仑神话说"、"日本福冈说"等等。②

  关于产生时代的争议,其意义在于牛女神话所属的时代文化性质,而在讨论实践中仍然涉及地域文化性质。目前业已提出的观点有:(1)虞舜冀州说。论者认为织女是舜的孙女,舜的二妻女英→巧工(巧神)→座桥娘娘(手握织梭,就是织女,为王母娘娘的外孙女)。当然,据此而言,牛女神话产生于冀州的蒲坂。③(2)周秦天水说。论者认为,"织女乃是由秦人始祖女修而来",牛郎"是由商先公王亥而来","可见牵牛、织女作为星名在西周时已流传十分广泛";"先秦之时称银河为'汉'、'云汉'、'天汉',乃源于秦人关于织女的传说。也就是说织女的故事传说是同秦民族的始祖女修有关的。'牛郎织女'故事的形成,则是周文化同秦文化交融后,在漫长的奴隶社会和封建社会中逐渐形成的"。而牛女神话的地望,论者认为有"两条汉水、两条漾水、两个嶓冢山"。新编《辞源》对"汉水"和"西汉水"都作了解释,内容相似。而在解释"嶓冢"条云:"山名。1.在陕西宁羌县北,东汉水发源于此。《尚书·禹贡》:'嶓冢导漾,东流为汉。'2.在甘肃天水县西南,西汉水发源于此。又名兑山。为秦国最初封地。""我的看法,是发源于天水的汉水在先,发源于宁羌(今陕西宁强县)的汉水是因它而得名。"因此,在甘肃西和、礼县今天仍然举行"持续时间长""很隆重"的"七月七的乞巧活动"。④(3)战国楚汉水说。论者认为,"古称为'云汉'等等能和地上河流专用

---

  ① "襄阳是牛郎织女故事和七夕节的源头、发端、种子,而南阳是这朵奇葩绽开,并像蒲公英的飞蓬一样向外传扬的根据地。牛郎织女美好传说和七夕佳节,就这样像盛开的黄花,开遍了祖国大地,开遍了东北亚、东南亚,乃至一切有华人华裔生活的地方"(杜汉华、汪碧涛、余海鹏:《"牛郎织女""七夕节"源考》,《襄樊职业技术学院学报》2005 年第 5 期)。

  ② 杜汉华:《"牛郎织女""七夕节"源考》,《襄樊职业技术学院学报》2005 年第 5 期。

  ③ 任振河:《舜居妫是"牛郎织女"爱情故事的发源地》,《太原理工大学学报》2006 年第 3 期。

  ④ 赵逵夫:《汉水与西、礼两县的乞巧风俗》,《西北师大学报》2005 年第 6 期;《连接神话与现实的桥梁——论牛郎织女故事中乌鹊架桥情节的形成及其美学意义》,《北京社会科学》1990 年第 1 期;《论牛郎织女故事的形成与主题》,《西北师大学报》1990 年第 4 期。

名称对应的也只有'汉'字"。"'汉'的本义指'汉水',由地上的汉水比拟天上的星河,因此称星河也为'汉',然后演变成'云汉''银汉'等等"。"七夕节的起源,当始于楚国的汉水流域",明代的罗颀在《物原》中说"楚怀王初置七夕"。牛女神话的原型是《诗经·汉广》记载郑交甫遇神女,至今这里民间还有"老河口"、"穿天节"等习俗。①

在以上的讨论中,我们倾向于战国楚汉水说。因为其理由不仅充足,而且出土文献也给予了证明。因为云梦睡虎地秦简《日书》记载了牛女神话,尽管具体内容与传说有所不同(详如下文),但说明当时牛女神话已经十分流行。同时在南阳郊区还出土有汉石牛女画像。

由上所述,牛女神话传说当属于楚文化的范畴,其地域当在今天的南阳与襄阳之间。

## 婚姻制:传统走婚制与新夫妻婚制的妥协

牛女结缘,愉快地度过了三年的幸福时光,结果被王母娘娘即西王母生生拆散,其寓意何在?论者颇有歧义。有的学者指出,牛女神话体现着反封建的意味,牛女神话定型的东汉末年是封建的中央集权制初步完成,"统治阶级和劳动人民的矛盾日益尖锐,人民向往男耕女织、自给自足的生活";"而王母的思想行为正反映了封建势力的冷酷无情,对人民的压迫","人民的理想很难实现","这便产生了牛郎织女天各一方,只能一年相会一次的情节"。② 也有的学者说牛女神话是反对皇权的,"织女下凡与牛郎结为夫妻是向天神的挑战","上帝和西王母对织女与牛郎婚事的干涉,是为了维护和巩固皇权与帝权,是企图维护和巩固天子至高无上的权威";而织女不屈不挠的斗争,甚至"容貌不暇整"、"遂罢废织",终于感动了王母娘娘,同意牛女每年相会。③ 还有的学者

---

① 杜汉华、汪碧涛、余海鹏:《"牛郎织女""七夕节"源考》,《襄樊职业技术学院学报》2005年第5期。
② 王晓渔:《"牛郎织女"的五种解读》,《小康》2005年第4期。
③ 任振河:《舜居妫是"牛郎织女"爱情故事的发源地》,《太原理工大学学报》2006年第3期。

指出，牛女神话是炎黄两个民族融合的象征。"织女应当属于黄帝族里纺织部落的成员"，因黄帝的妻子嫘祖就是养蚕纺丝的发明人；"牛郎应当属于炎帝部落的成员（那头老牛代表了炎帝族图腾）"，而牛郎星又名"河鼓"，是远古黄帝族作战的"鼓"部落。炎黄两大民族以今日的河套地区长期为界，所以牛女神话不仅仅是儿女情长，而且是两个民族融和的象征。①

说牛女神话是反封建，或者是反皇权，有点不太符合历史实际。因为牛女神话远在西汉以前，就已经定型，而其主旨讲的是两个部族之间的关系，不是讲同一部族中的统治者和被统治者之间的关系。说牛女神话是炎黄两个民族的融合，虽然说到了两个部族之间的关系，但说是"纺织部落"和"牛耕部落"之间的对立，也不符合历史实际。因为远古社会纺织和牛耕是每一个民族或部落所必须从事的不可或缺的事业，是共有的生存技能，不可能会出现专门的纺织部族。也许有些部族纺织技术比较先进一点，有些部族耕作技术先进一些，但这并不表明他或她就是纺织部族或是牛耕部族。那么，牛女神话究竟体现了什么样的意蕴呢？

我们先从织女谈起。织女虽然名为"织"女，表明她精通纺织技艺，但并不说明她就是纺织部族的人。织女作为所谓王母娘娘的第七个女儿，下嫁牛郎，后来又被王母娘娘发现，于是被坚决带走。这说明，织女是与西王母密切相关的，她应该是来自于西王母族的少女。此其一。

再谈牛郎。牛郎是一个失去双亲而与兄嫂在一起生活的少年。他放牛、农耕，这说明他所在的社会已经进入到农耕阶段；而兄嫂对他的排挤，又说明当时的社会夫妻婚制已经相当地严格和规范了。此其二。

再说织女嫁给牛郎事情。我们知道，西王母是生活在中原文化西部边疆的母系氏族，一直过着走婚的生活。由此，七仙女从天上下到湖中洗澡，暗喻着西王母族的少女结伴集体走婚，一旦与中原少男有了性的关系，她们马上就得回本部族。至于织女嫁给牛郎，可能是她贪恋中原农耕生活的闲适，或者是她留恋牛郎的情谊，总之不愿再回到本氏族内过那种相对比较辛劳的采集生活，或漫长等待的孤寂与相思之苦。而她的族人得知消息之后，或者考虑劳动力的缺失，或者顾及本部族的发

---

① 王晓渔：《"牛郎织女"的五种解读》，《小康》2005年第4期。

展,坚决不同意她这样做,所以把她抢回。牛郎极力阻止,乃至于用孩子作为要挟,但仍然没有追回;而所谓得到的每年可以相见一次的结果,实际上就是等着来年的走婚而已。

据此而言,牛女神话所折射的,是西王母的走婚制与中原地区的夫妻婚制之间的矛盾和冲突。由于经济和人类自身繁殖的需要,中原地区的婚姻制度,已经逐步由内婚制的血缘杂交过渡到低级的外婚制如先女子而后男子的走婚制,然后形成了高级的外婚制即夫妻婚制;而此时生活在西部边陲的西王母部族,却依然保持着女子走婚的制度。织女走婚中原,不愿再回本部族,说明夫妻婚制比走婚制更进步;而其被族人带回,说明先进的中原婚姻制度在其进程中尚遭遇原本通婚部族的阻挠。而所谓的每年七月七日的相会,则可以说是传统走婚制与新的夫妻婚制之间的一种妥协。

我们的推测,在云梦睡虎地秦简中得到了验证。1975年在湖北云梦县睡虎地11号秦墓出土了战国末至秦始皇三十年期间的竹简,有《日书》甲种166简,《日书》乙种257简。其中《日书》甲种有两简写到牵牛织女的情节。其155简云:"丁丑·己酉取妻,不吉。戊申·己酉,牵牛以取织女,不果,三弃。"第3简简背云:"戊申·己酉,牵牛以取织女而不果,不出三岁,弃若亡。"①这两片简显然是说,"乙酉"这日不是嫁娶的好日子,应该避讳。其因是在这个日子里,牵牛曾经娶织女为妻,但是在不到三年内,就多次闹离异,最终没有成功。至于为什么两人没有能够白头到老,原简文没有说明,推测其因,当是两人的文化差异太大。织女是走婚者,要求自由;牛郎是夫妻婚者,要求贞操。这样,传统与现实就发生了矛盾。传说中,将仍然处于走婚制阶段的西王母作为传统的代言者,批评她是夫妻婚制的破坏者。有学者则据此简,说"牵牛便抛弃了织女,如织女死去一般"。"这两条简文的内容对后世传说那种以牛郎织女为忠贞不贰爱情之神的神话真是一个莫大的讽刺"。② 实际上,也不是什么讽刺,只是传统走婚制与新的夫妻婚制更替

---

① 睡虎地秦墓竹简整理小组:《睡虎地秦墓竹简》,文物出版社2001年版,第206、208页。

② 王晖、王建科:《出土文字资料与古代神话原型新探》,《北京师范大学学报》2005年第1期。

中的矛盾而已。

由此说来，我们同意牛女原始故事发生在西汉水即今甘肃西和、礼县境内，因为此地与史书所记载的西王母所生活区域十分接近；但作为神话传说，它则产生于东汉水即南阳与襄阳之间。因为此地在先秦以前，正是中原先进的农耕文化与南方的采集文化相接触的边缘地带；加之此地山峻水秀，是孕育神话思维、激发奇思妙想的灵地。

## "司天之厉"：西王母的职责

《山海经》说西王母的职责"是司天之厉及五残"，晋郭璞注解说是"主知灾厉五刑残杀之气也"，即所谓的刑杀之神。而根据屈原的理解，"司天之厉"就是所谓的厉神。《惜诵》："吾使厉神占之兮，曰：'有志极而无旁。'终危独以离异兮，曰君可思而不可恃。"这里所谓的厉神，或以为是"殇鬼，无主之鬼"，或以为是"泰厉、公厉、族厉之神"。也有人考定为"涉渡之神"，指居于西海之津的"大神蓐收"。[①] 还有人说"这里占梦的厉神，却如同灵氛一样，只是指主持占卜的巫祝"，"他们可与鬼神相通，附神于占梦者"，"《惜诵》说是厉神，其实是指代厉神占梦的巫者"。[②] 因为现存或出土文献很少谈及厉神，所以这些论述当然全是推测而已。那么，"司天之厉"或"厉神"究竟是什么？或者说，西王母究竟扮演着什么样的角色呢？

尽管文献之中很少论及"厉"及"厉神"，但论及"黎"的倒是很多。由此我们推测，"厉"是否与"黎"相通用？若相通用，则可由"黎"的含义推知"厉"的意义。

从文献记载可知，"黎"有三种含义。

其一，"黎"是远古的人名。《山海经》卷16《大荒西经》："颛顼生老童，老童生重及黎。帝令重献上天，令黎邛下地。下地是生噎，处于西

---

[①] 孙雍长：《〈惜诵〉"厉神"考》，《中国文学研究》1987年第1期。
[②] 马世年：《厉神占梦与"惜诵"中两"曰"字的人称归属》，《云梦学刊》2005年第3期。

极,以行日月星辰之行次。"《世本》云:"老童娶于根水氏,谓之骄福,产重及黎……古者人神杂扰无别。颛顼乃命南正重司天以属神。"可见,黎是颛顼的孙子,他的职责就是专门观察日月星辰的运行,以此来规划人的行为的。

其二,"黎"是远古的部族,据《尚书注疏》卷18《传》所引说即蚩尤部族。"九黎之君号曰蚩尤。"该部族最主要的特征就是放纵欲望,不讲信义,互相侵扰,因此制定了较为严格的法律。又"《传》:平民化之,无不相寇贼,为鸱枭之义,以相夺攘。矫称上命,若固有之,乱之甚。苗民弗用灵,制以刑,惟作五虐之刑,曰:法。"

其三,"黎"是远古时期的地名。按《尚书注疏》此地名有二。卷5:"导弱水至于合黎。《传》:合黎,水名,在流沙之东。"卷9:"'西伯既戡黎'。《传》注解:'在上党东北。'疏:'黎国,汉之上党郡,壶关所治,黎亭是也。'《括地志》:'故黎城、黎侯国也,在潞州黎城县东北八十里。'王应麟曰:'商都朝歌,黎在上党壶关,乃河朔险要之地。黎亡而商震矣。周以商墟封卫,狄人迫逐,黎侯卫不能救而式微。旄邱之诗作,卫亦为狄所灭。卫之灭,犹商之亡也。秦拔上党而赵韩危,唐平泽潞而三镇服。形势岂可忽哉?'按《疏》'所治黎亭','所治'二字,疑衍。《地理志·上党郡壶关县》注引应劭曰:'黎,侯国也。'今黎亭是。《后书郡国志》曰:'壶关有臣召南黎亭,故黎国。'刘昭注曰:'文王戡黎即此。'然则黎亭是壶关县乡亭之名,非所治也。"可见,"黎"作为地名有两处,一处是弱水附近河流叫做"合黎"。一处是山西境内上党东北附近,商代属朝歌的屏障,为黎国;汉代属于上党郡所辖,为黎亭。

"黎"作为人名,虽然不是西王母,但其职责所系,可能与西王母的"司天之厉"相关,即都是观察日月星辰运行的。"黎"作为部族与西王母的关系就更密切,即明确指出西王母所谓的"司天之厉"就是掌管民事,"及五残"即刑事,也就是说西王母掌管民事附带刑事。"黎"作为地名,分为两处,推测正是西王母先后活动的区域,即先在山西境内活动,后在弱水附近活动。作为掌管民事的官员,西王母的形象有点威猛,这在汉砖画像中就有所体现。如图11-1郑州汉砖画像中,有一幅被称为"武士佩刀"或"神人"的画像,其实就是西王母的形象。"图中怪人蓬发锐齿,双目圆睁,双手持一剑,行走于大山之上。右书文字'大山上'。"所谓"大山上"当指的是西王母所生活的昆仑山。

图 11-1　郑州汉砖画像

从上述的分析可知,西王母所以生生拆散牛郎织女夫妻,其实不是她的罪过,而是她的职责。作为母系部族的首领,其重要的事项就是随着季节的变化,安排生产以供民众的衣食之需,安排走婚以使部族成员"香火"得以延续。所以西王母不允许走婚者一去不回。由此可见,新旧婚姻制度的矛盾冲突才是牛女神话的悲剧之所在。

# 耕与织:古代的生活方式

牛女神话体现着古代中国社会生活发展的基本样式,即农耕与纺织业的繁荣和发达。

从农耕来说,其主要的进步就是用牛来参与生产,从而减轻了耕耘和运输的压力。据文献记载,用牛参与生产,开始于周先公叔均。《山海经·海内经》:"后稷是播百谷。稷之孙曰叔均,始作牛耕。"《山海经·大荒西经》:"稷之弟曰台玺,生叔均。叔均是代其父及稷播百谷,始作耕。""这里所谓'耕',指牛耕。大约叔均以前是用人力,即所谓'刀耕火种'的办法,叔均始用牛耕,节省了人力,又相应的带动了工具的改造(由人用的耒变为畜拉的犁),提高了农耕的速度,推动了农业生产的发展。"①

在汉画像中,汉代的牛耕生产方式得以充分地体现。如陕北汉画像

---

① 赵逵夫:《汉水与西、礼两县的乞巧风俗》,《西北师大学报》2005 年第 6 期。

中,有二牛抬杠与单牛耕耘图。如图 11-2,11-3,绥德墓门左立柱画像的下层和王得元墓室东壁门左右立柱画像的三层。① 而 1983 年 4 月发掘出土的南阳县英庄墓西主室门楣背面汉石画像为牛郎左手牵牛,右手拿着一支木棒,面对着面前的牛;牛头上长着两只角,肥硕的腰身,跷起的大尾巴几乎拖到地面,左前腿抬起,似乎正接受牛郎的训诫,见图 11-4。南阳方城的墓门门楣汉石画像中,刻绘有阉割牛势的图像,见图 11-5。因为公牛被阉割之后,没有了性能力,其体力会增大。说明当时用牛技术已经相当发达。也许是过早地使用牛力,环绕南阳西北部的山脉被称作"伏牛山";迄今为止,南阳黄牛仍然以其"体格高大、雄壮结实"而著称于世。

图 11-2　绥德墓门左立柱画像

图 11-3　王得元墓室东壁门左右立柱画像

图 11-4　南阳县英庄墓汉石画像

从纺织业来说,主要的问题在于纺织业的发明及越来越精巧的技术。根据文献记载,纺织技术的发明是黄帝时期。《钦定授时通考》卷 72 引《蚕经》:"黄帝元妃西陵氏始蚕,盖黄帝制作衣裳因此始也。"《绎史》卷 5 引《黄帝内传》:"黄帝斩蚩尤,蚕神献丝,乃称织维之功。"《史记·五帝本纪第一》:"黄帝居轩辕之丘,而娶于西陵之女,是为嫘祖。"可见,黄帝的元妃西陵氏是纺织业的首创人,后来被尊为蚕神。至于西

---

① 《中国画像石全集》第 5 卷《陕西、山西汉画像石》图版第 107、76—77,山东美术出版社 2000 年版。

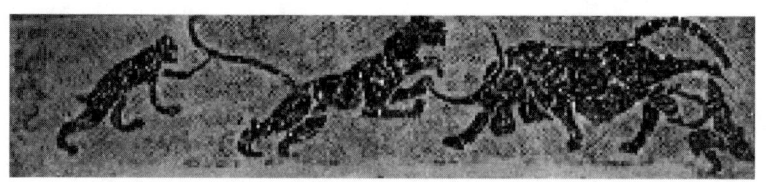

图 11-5　南阳方城墓汉石画像

陵氏是谁,史书无记载,推测也许就是西王母氏。理由在于,"黄帝与西王母同居昆仑山上,显示出二神的亲密关系"①;"一个男神与一个女神住在一起,岂有不成夫妻之理"②;"西陵氏就是在《山海经》和汉代传说中赫赫有名的那位女神——西王母的原型",西王母与嫘祖"本来只是同一个神的异名分化"③。更主要的是,汉代人也可能认为西王母就是纺织业的始祖。汉画像中的西王母戴胜,有学者就指出,"胜"就是纺机上的"卷线轴"。河南南阳、郑州出土的汉代画像砖中,常见西王母手持"工"字形的画像,此"工"字形的物什有人说是纺织工具"绕线板"。可见,正如牛天伟先生所说,"西王母与桑蚕纺织之间有着千丝万缕的联系,或者可以说,西王母也是一位先蚕神或纺织女神"。果真如此,织女作为西王母的女儿,自然精通纺织技巧。而她与牛郎之结合,正是远古先民理想的社会生活模式。

　　纺织技术之发明发展,对于人类的健康生活有着不可估量的价值。由此,纺织神成为古代原始宗教信仰的神祇之一。对这一神祇的崇拜,首先表现在对桑蚕的崇拜:因桑蚕是纺织业最基本的资料,所以信奉桑蚕成为纺织神崇拜的第一步。《礼说》卷 10 谈及蚕神时说:"与马同形,故与马同气,实为龙精。"就是说,蚕的形象与气质都与马同,都是龙的精神所化。因此所祭祀的"先蚕神",是以马的形象出现的;又因最先乘马者是黄帝,所以祭祀"先蚕神"也同时祭祀黄帝。"然则作乘马者,轩辕氏矣","以马蚕同祖,故先蚕,亦祀轩辕"。《王氏农书》卷 20 也说蚕神是与马、龙同源,其名为"天驷":"蚕神,天驷也。《天文》:辰为龙蚕。辰生,又与马同气,谓天驷即蚕神也。"四川汉砖画像中,有一幅画面,一

---

　　①　牛天伟:《汉晋画像石、砖中的"蚕马神像"考》,《中国汉画研究》第 1 卷,广西师范大学出版社 2004 年。
　　②　王景林:《西王母的演变》,《文史知识》1990 年第 1 期。
　　③　何新:《诸神的起源》,时事出版社 2002 年版,第 84—86 页。

马奔腾而下;马上骑一人,身材瘦弱,裸体,头梳双髻,脑后长发飘扬,背生羽毛,右手握马缰,左手前伸,执飘飞的丝物,见图 11-6。由上所述,此当为蚕神。牛天伟先生说骑马者"应为一女性神仙",不确。骑马者可视为黄帝,或者如《路史》所谓的"轩辕氏,古帝皇,非黄帝也",即发明纺织技术的古代帝皇。其次,表现在对纺织女神的崇拜。《礼书》卷30引

图 11-6　四川汉砖画像

《汉仪》:"祀以中牢羊、豕,祭蚕神,曰:菀窳妇人、寓氏公主,凡二神。"《王氏农书》卷20引淮南王《蚕经》也说:"黄帝元妃西陵氏始蚕。至汉,祀菀窳妇人、寓氏公主。蜀有蚕女马头娘","又有谓三姑为蚕母者,此皆后世之溢典也"。可见,汉代所祭祀的纺织女神有两个,即"菀窳妇人、寓氏公主",而地方所祭祀的则为"马头娘娘"、"三姑"。最后,表现在养蚕仪式活动中。《东汉会要》卷5:"三月,皇后帅公卿诸侯夫人蚕,祠先蚕,以少牢。《汉旧仪》曰:'春桑生,而皇后亲桑于苑中,蚕室养蚕千薄以上,祀以中牢羊、豕。……群臣妾从桑,还,献于茧馆,皆赐从桑者乐[丝]。皇后自行。'"

古代纺织技艺的发达,在楚文化中得到验证。目前考古发现的楚地纺织品已有几十起,主要集中在湖南长沙、河南信阳、湖北江陵等地。其种类繁多,有锦、绫、罗、纱、绢、缣、缟、纨以及织锦等。纺织品的质地纤细缜密,薄而轻柔;纺织品的色彩艳丽,图案精美。如有"丝绸宝库"之称的江陵马山1号墓发掘的"九道锦带包裹",工艺十分精美,见图11-7。又如以动物、植物为主题的龙凤刺绣品,色彩丰富,形象逼真,见图 11-8、11-9。

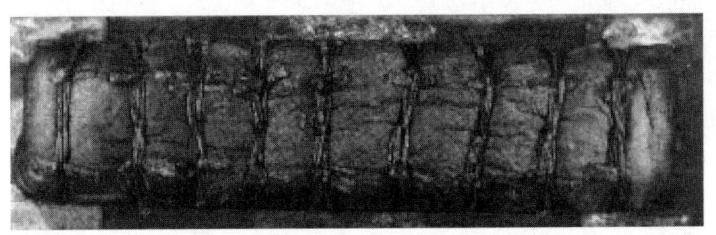

图 11-7　江陵马山1号墓发掘的"九道锦带包裹"

十分巧合的是,从楚文化纺织品的图案中,我们可以看到汉画图像

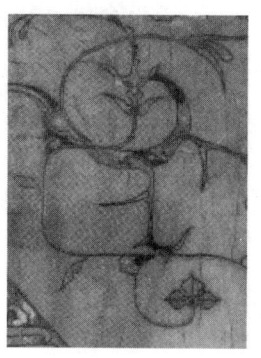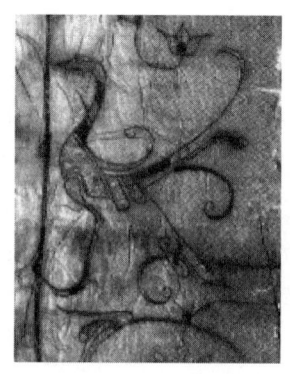

图 11-8、11-9　江陵马山 1 号墓发掘的龙凤刺绣

相似的地方。如楚地发掘的提花丝织品的几何纹样以菱形几何纹饰为主：如图 11-10，几何纹饰线条规整匀称，色彩层次清楚，立体感强，给人以对称、均称、平衡的形式美感。而汉画像中也有许多菱形几何图案：如图 11-11 为南阳市北关中原技校汉墓发掘出土的汉石画像——"二方连续菱形套环图案"，144cm×44cm。可见，楚文化与南阳汉画之间，应当有传承的关系。

图 11-10　楚地发掘的提花丝织品

图 11-11　南阳市汉墓汉石画像

综上所述，古代南阳的农耕生产方式，以牛耕为其进步的标志；而与之有着千丝万缕关系的楚地文化则以其发达精美的纺织技艺著称于世。这样，牛郎迎娶织女，正是传统耕织生活方式的最基本的内容，是

传统农耕社会的基本模式,也是此一模式下饮食男女的基本理想。正如学者所指出的:"联系到南阳一带的伏牛山,一直享誉海内外的大黄牛——南阳牛。南阳自秦汉以来一直十分发达的蚕桑丝绸业……以及紧邻南阳襄阳的郑交甫会汉水女神和穿天节的习俗,我们很自然地可以得出结论:襄阳、南阳等地汉水流域是牛郎织女、七夕节的主要发源地。"①

## 天象:人文的投影

农耕时代,粮食的收获要靠自然的成熟,所以人类必须顺从自然。由此致使远古先民必须观察自然,以确定四季的更替,选择恰当的时间播种、耕耘以及收获。《尚书·尧典》"历象日月星辰,敬授民时"所说的就是根据四季的变化,确定百姓做事的次序。所以,远古先民的天文学相对发达。据《汉书·天文志》记载,至迟在汉代就已经识别28个星宿共783个星星。最为可贵的是,其时已经提出识别星象的基本梗概和基本原则。星象的梗概就是以日月和金木水火土五大行星为主,根据月亮每月在天体运动中的规律,将其在黄道带上的行迹划分为二十八个月站,称为"二十八宿"。二十八宿被分为苍龙、白虎、朱雀、玄武四象,分别标志东西南北四方。而识别星象的基本原则就是天人合一。远古先民使用整体思维的形式,把人事活动与自然星象联为一体,在他们看来,星象的正常运行与否,与人事的活动密切相关。《史记正义·天官书》引张衡云:"文曜丽乎天,其动者有七,日月五星是也。日者,阳精之宗;月者,阴精之宗;五星,五行之精。众星列布,体生于地,精成于天,列居错峙,各有所属,在野象物,在朝象官,在人象事。其以神着有五列焉,是有三十五名:一居中央,谓之北斗;四布于方各七,为二十八舍;日月运行,历示吉凶也。"由此,灿烂杳渺的天象,成为身边人事的投影,是了解和洞察人类社会的镜鉴,当然也是政务处理的机要。《汉书

---

① 杜汉华、汪碧涛、余海鹏:《"牛郎织女""七夕节"源考》,《襄樊职业技术学院学报》2005年第5期。

·艺文志》:"天文者,序二十八宿,步五星日月,以纪吉凶之象,圣王所以参政也。"《汉书·天文志》则要求人君应以天象变化来自省:"是以明君睹之而寤,饬身正事,思其咎谢,则祸除而福至,自然之符也。"

星象既然标志着人事,那么,人就可以借助星象宣泄自己的意志。这表现在两个对立的方面:百姓惩戒君王,君王威慑百姓。前者于本论题无关,故不再赘言;后者事例很多,如依照"象天设都"的理念,殷商的都城称为"天邑商",周朝营建新都雒邑成为"天保";秦王朝以十月为岁首,"目的在于实现人世间的咸阳、渭水和阿房宫与上天的紫薇宫、银河、离宫(营室)对应";汉代开国以汉水比天上的银河,"彰显其优越感,并使之正统化"①。

至汉武帝时,因其追求长寿,企盼成仙,就把自己所居住的现实场景设想为天堂。元狩三年(公元前120年),汉武帝命人在上林苑(今陕西长安县)开凿昆明池。为酷似天河,便按"左牵牛右织女"的格式,在昆明池东西两岸设置两件大型花岗岩石像。牵牛像(高258厘米)位于东岸:其上身微微倾侧,五官清晰,短发,脸阔眉突;右手曲肘上举,左手贴于腹前,作握缰牵牛状;身着交襟长衣,腰间束带;眺望远方的目光和紧闭的双唇,表现了人物坚毅憨厚而执著的性格特征,见图11-12。织女像(高228厘米)立于昆明池西岸:人物脸形圆润,辫垂脑际,身着右衽长衣,抄手腹前,端然坐定;其双眉紧锁,嘴角下拉,满脸的愁苦与悲凄之情,似在诉说着被迫与牛郎分离的痛苦与无奈。这两尊石像风化状况比较严重,鼻、口部分曾经修补,左臂及后背剥蚀。因材质较粗,不宜进行精细的加工打磨,故刻法较为简朴,手法略显稚拙与粗糙,见图11-13。这两尊雕像,"是中国现存年代最早的一对大型石刻","是我国早期城市雕塑之一,在室外雕刻艺术发展史上,占有重要地位"②。

借助天象,不仅政治生活得以进行,而且神话也在丰富和发展。体现在汉石画像中,就是牛郎织女画像的出现。如图11-14出土于南阳市白滩的汉墓画像,画面右侧一牧童扬鞭牵牛,上有三星相连;左方七星内侧刻绘玉兔,左下方四星相连内刻绘躬身女子;中部刻绘六星,三星直线相连,三星呈直角三角状;下部为白虎,昂首翘尾,其头伸在三角

---

① 陈江风:《关于"七夕"文化的几个问题》,《南都学坛》2006年第2期。
② 郎天咏:《全彩中国雕塑艺术史》,宁夏人民出版社2002年版,第36、37页。

图 11-12、11-13　昆明池大型花岗岩牛女石像

内,背上为直线相连的三星。原画像题说,牧童"当为牵牛星座,又名河鼓二",躬身女子"为织女星座",所以题名此画像为"牛郎织女星座"①。但是也有学者不同意此一题名。他们说七星环绕的玉兔"是白虎星座中的毕宿",四星环绕的女子不是织女星而是"北官玄武中的女宿",因织女星与两小星组成"〉"形。其原因可能是"此画的作者把牛郎、织女与北官玄武中的牛、女两宿相混淆的结果"②,这样,此幅画像当命名为"牛宿、女宿与牛郎"。也有学者质疑说,牛郎织女之间"不是耿耿银河把牛、女隔开,却是一只张着血盆大口的斑斓猛虎!这样,要说它反映的是牛郎织女的故事,显然十分费解"。进而指出,"在汉画像中,西方白虎常以三星为标志","这里刻天象中的白虎以为驱妖避邪之物,目的是求得死人亡灵在天国的平安"。七星环绕的玉兔为月亮的象征。四星环绕的女子不是织女星,除形状和画像不同之外,根据月亮运行的轨迹是与太阳一致的黄道,而织女星在偏离黄道5°—60°的北天区,"月亮永远不能在织女附近运行。而此图玉兔恰在四连星附近"。又,牛女之间没有大星和银河存在,而是白虎,所以,"绝不可能是织女"。但也不是如学者所说的是"女宿"。"女宿"虽然是四星,但在天空中是"匚"形,不是"∏"形;牛宿、女宿之间有暗星没有大星和白虎;牛郎、牛宿与女宿

---

①　韩玉祥主编:《南阳汉代天文画像石研究》,民族出版社1995年版,第112页。

②　吴曾德、周到:《南阳天文画像石中的神话与天文》,《郑州大学学报》1978年第4期。

之间呈锐角三角形,这里成了直线。那么,它应该是何星宿呢?论者认为是"鬼宿"。原因一是"鬼星"由四星组成,二是处于黄道上,三是"鬼星中间有主祠祀丧死的星","故中间作跪状的女子,应是鬼宿中主丧死祠祀的积尸气"。虎头上的两棵大星不是"虚宿",而是"北河二、三(西名双子座 a. B),鬼宿和白虎之间的大星应是鬼宿与三宿之间的南河三(西名小犬座 a)","南河、北河夹着黄道,是月亮的必经之途","所以说,此图左半部分表现的是月亮走出'南天门',运行到鬼宿的天象";"本画像是含有寄托的以白虎为主体的辟邪祈福图","不能因看到画幅上有牵牛和女子,就认为'理应'牛郎和织女"。① 上述的观点看似颇有道理,但是显然过于偏颇,只考虑到天文因素,忽略了"天文是人文的投影"的神话传说因素。若从神话传说的角度看,七星环绕的玉兔是月亮的象征;四星环绕的女子就是织女,四星环绕像一个囚笼,拘禁着织女;而白虎则是西王母的象征,因传说西王母"虎齿"。这样,此幅汉画像表明,是西王母将牛郎织女隔开,使其不得相聚,这就与传说的牛郎织女神话相一致了。而四川的汉石牛女画像也是此种意境。如图11-15,画像的主题是龙虎穿璧,画像正中为一神人跪举着玉璧;左青龙右白虎,相对穿璧。而在画像的上方,倒过来看则是下方,雕刻的是牛郎织女,织女在右边,右手举着纺线的锤,左手向外伸开,衣袖飘扬;牛郎在中偏右,手牵着牛,正奔向织女。可以说,这完全是一幅写意的画像,与天文星象毫无关系。再看现代人所描绘的牛郎织女画像:织女和西王母站在画像的左上部,西王母强拉着织女离去;而右下边绘着牛郎,肩挑两个篮子,篮子里各坐着一个孩子,孩子正伸手向着织女呼叫,见图11-16。② 这显然是一幅生动的牛郎织女相离别的画像。由此推测,南阳白滩所出土的汉石牛女画像,当是牛女神话传说的生动体现,而不是真实的天文现象。

也有学者看出了汉画像中的牛女神话与真实的天文景象不相吻合,出现了"错位搭配"现象:"或河鼓与婺女(须女)、或河鼓与织女、或牵牛

---

① 陈江风:《南阳天文画像石考释》,韩玉祥主编:《南阳汉代天文画像石研究》,民族出版社1995年版。

② 杜全山:《连环漫画牛郎织女》,南阳市集邮协会牛郎织女鼓励研究会铅印本2007年,第50幅。

图 11-14　南阳市白滩汉墓画像

图 11-15　四川的汉石牛女画像

"眼看快要追上了，牛郎大喜过望。金哥、玉妹也伸手喊'妈妈'。"
图 11-16　现代人所描绘的牛郎织女画像

与织女"。分析其因，是由于牛女故事存在两个层面，"星宿的层面和基于星宿的话语的层面"，前者所展示的是牛女的"分离"，后者则体现的是牛女的"团聚"。前者的审美诉求只有"在客观上（视觉上）构成一种既相隔又相望的事实"，不管相隔的是白虎或是云汉纹饰，也不管是象征男女主角的"或河鼓与婺女（须女）、或河鼓与织女、或牵牛与织女"。

后者的内涵体现着"主观的理想和愿望",即"强烈的审美要求",也就是"人的思想和感情",亦即牛女的"相聚"。① 应该说,这种从叙事形式上来分析牛女神话在传播中出现的不同形式的提法,还是非常深刻的。

## 七月七:学会做女人

　　牛女夫妻被拆散之后,得到西王母的恩准,每年农历的七月七可以相会。由此,七月七就成为民俗中的重要节日,尤其是对于女子来说,尤为重要,因这天晚上,也就是当牛女会晤之时,百姓家的所有女子都可以学到织女的纺织技艺,即所谓的"乞巧节"。据明代的罗颀在《物原》和光绪年间《荆州府志·岁时·七夕事始》记载,七夕节肇始于楚怀王,"楚怀王初置七夕,妇女是日以彩缕穿七孔针,陈瓜果于庭,以乞巧"。汉代刘歆的《西京杂记》也有"汉彩女常以七月七日穿七孔针,于开襟楼,人俱习之"的记载。说明七夕乞巧早在先秦已经开始,汉代更为讲究。

　　那么,七月七乞巧,其原始的意蕴为何呢？

　　对此,学术界有不同的看法。有的从神秘数字探究七月七乞巧之意蕴,指出其在于生命的新生和不死。有学者指出,牛郎代表着阳,织女代表着阴,七夕之相会,"本来带有在宇宙的规模上阴阳结合的重要意义";"通过阴阳结合产生出新的生命力","在时间流逝中已经衰退的生命力,由于重新得到激励而再生,定期地反复如此再生从而确保其永生"。② 有学者认为,七夕原型来自于夏人的原始宗教和天文历法的结晶。夏历根据月亮的盈亏,将一月四分为七,余下的日子做月尾,以应女子的经期。一七、二七月亮由亏为盈,象征生命的复生力和先妣生命力;三七、四七月亮由盈至亏,象征生命的终结。由此,古人祭祀一七、二七,意在假借月亮女神的两种生命神力;又在七夕祭祀先媒神,意在

---

　　① 李立:《牛郎织女神话叙事结构的艺术转换与文学表现——由汉代"牛郎织女"画像石而引发的思考》,《古代文明》2007年创刊号。
　　② [日]小南一郎:《中国的神话传说与古小说》,孙昌武译,中华书局1993年版,第81、82页。

祈求活人长生；并在七七行葬礼，意在期盼死者复活。① 也有学者指出，七和传统的"天神崇拜的精神信仰有关"（因日、月、五星正好构成七），又和"制定历法的日用生活密切相连"（即月相四分为七）；七又是北斗星构成的星数，而"北斗是中国的鬼官"，可见，"'七'作为阳数、天数，都具有其神秘的色彩"。《周易》一书的"复"卦释辞中说："'反复其道，七日来复'，天行也"，"足以证明'七'的权威性和神圣性"②。

有的学者从农耕生活的角度探究七月七的意蕴。有学者指出，七夕牛郎与织女相会，是举行的"圣婚"，"这圣婚的根本目的是给宇宙以再生的活力。而在农耕社会的环境里，更具体地可看作是通过两个神的性结合以保证农作物丰收。祈愿农作物结出丰硕果实而由男女在农田里进行性行为的风俗遍及全世界，这在弗拉则（弗雷泽）的《金枝》里曾搜集过许多例证。构成七夕行事的基础是农耕礼仪"③。也有学者指出，"织女为七月之星"，"七夕和织女的关系表明她原本只是一个标志秋季开启、女工伊始的日子"，"七夕节乞巧风俗，显然就是源于其与人入秋夜绩、女红劳作之间的关联"。"牵牛为八月之星，被作为牺牲和祭献的标志"。"春夏之交，织女星和牵牛星先后双双升上中天，隔河相望，牛女七夕会银河的故事即由此而来；七夕穿针乞巧，不过是为了迎接即将到来的纺织季；乞巧之时陈设瓜枣，则是因为此时正是瓜枣成熟的季节"。可见，七夕"原本只是一个秋天的节日"，它不是"情人的节日"，而"是一个伤情的日子"。④

上述两种观点虽然对于七夕节日的意蕴作了相对深入的阐释，但是无论是从神秘的数字或是从农耕生活的角度论析，似乎都没有讲到七夕牛郎会织女的本质内涵，即没有论及两者婚姻关系的真实背景。在我们看来，七夕牛郎会织女的本质在于促使或教育女子（无论婚否）学会生活。学会生活就是学会做女人。学会做女人主要是学会做两件事：一件事是学会做家务特别是做衣服，"穿七孔针"；一件事是学会恋爱和性爱。显然，这是农耕社会男女自然的分工使然。随着社会生产

---

① 吴天明：《七夕五考》，《中南民族大学学报》2003年第3期。
② 陈江风：《关于"七夕"文化的几个问题》，《南都学坛》2006年第2期。
③ ［日］小南一郎：《中国的神话传说与古小说》，孙昌武译，中华书局1993年版，第87页。
④ 刘宗迪：《七夕故事考》，《民间文化论坛》2006年第6期。

的分工,男子更多地承担繁重的农耕,而女子则承担着相对繁琐具有韧性的家务,此即所谓的男主外女主内。七夕乞巧,正是女子学习传统文化教育的好机会。这种教育,对于已婚女子来说主要是学习做衣服,对于未婚的少女来说主要是学习性爱。所以有学者指出,"在男耕女织的农业社会中,穿针乞巧活动,具有两种生产的意义。穿针乞巧与女人日常耕织纺绩密切联系,是培养、锻炼、训练妇女生产技能的象征性活动。另外,穿针本身又将具有阴阳交媾的象征性动作寓于其中,是人类生殖行为的象征"①。也有学者指出,穿针也蕴含着性爱。"能够月下穿针表面上是表现的心灵手巧,但其中暗含的则是生殖崇拜的意蕴,穿针的成功意味着交合的成功。我们经常说的千里姻缘一线牵就是指的异地男女有缘结为夫妻,'穿针引线'、'牵线搭桥'也是指的把陌生男女撮合成为夫妻。"②

这就提出一个问题,为什么女子学习生活的事情会在七月七,而不是在其他的日子呢?

考虑到原始婚姻的进程,我们认为,七月七牛女的相会,是对于春季发情期婚交的补充(《周礼·媒氏》:"仲春之月,令会男女。于是时也,奔者不禁。若无故不用令者,罚之")。经过"仲春之月,奔者不禁"之后,女子自然地要受孕怀胎。但是怀胎与否,原始先民不像现在通过检验可以得知,只能够等到3~4个月之后才能知道。而3~4个月之后,正值瓜果成熟的季节,秋收在望。于是,远古先民便带着收获的喜悦再次欢聚,一边品尝瓜果,分享劳动收获的快乐;一边在星光灿烂的夜幕下悄然交媾,以期受孕怀胎。可见,七夕以瓜果祭祀女神,"反映出该祭祀意在向主瓜果的生殖神织女祈求多子多福,瓜瓞绵绵的文化意蕴。而瓜瓞绵绵本身在中国民俗中就是人类生殖的象征"③。由此,七夕虽然是女子的事情,但好色多情的男子一点也没有闲着。汉崔寔《四民月令》:"七月七日,曝经书,设酒脯时果,散香粉于筵上,祈请于河鼓、织女。言此二星神当会,守夜者咸怀私愿。"

---

① 陈江风:《关于"七夕"文化的几个问题》,《南都学坛》2006年第2期。
② 王天鹏:《七夕节的民俗文化阐释》,《中国石油大学学报(社会科学版)》2006年第5期。
③ 陈江风:《关于"七夕"文化的几个问题》,《南都学坛》2006年第2期。

## 星夜难眠:汉代官吏的苦衷

牛女神话传说产生于先秦,而在两汉却得以广泛传播,甚至得以踵事增华。原因何在?

有的学者分析说,两汉婚姻的特点是讲究奢靡和门第。"两汉时期嫁娶奢靡之风盛行","门第观念在当事人的择偶意识中占有举足轻重的地位"。因此,"牛郎娶织女,实际是娶天帝之女,于门户并不相配,于是,二者都要付出沉重的代价"。所以,牛女神话传说"便成为两汉时期世俗生活的真实写照"。① 在这里,说牛女故事是"两汉时期世俗生活的真实写照",忽略其神话传说和产生于先秦时代两个因素;把奢靡和讲究门第看做是两汉婚姻的特征,显然是不能够说明牛女神话传说在汉代兴盛的原因的。

在我们看来,牛女故事在汉代得以兴盛,主要的因素在于汉代官吏生活之独身。秦汉之际,各级官吏尤其是地方州、郡、县三级官吏的任职,都采取回避制度,即不在自己的家乡任职,而且在任职期间不允许携带家属。这样,官吏任职期间,都是过独身生活。《古烈女传》卷5记载,鲁地的秋胡子娶亲五天之后就离开新婚的爱妻到陈地任官,五年之后辞官。在回家乡的路边遇到一少妇正在采桑,秋胡子上前调戏,吹嘘自己是政府的官员,很有钱,希望采桑少妇跟随自己,遭到了少妇的严词拒绝。到家之后,秋胡子才知道刚才在路上所调戏的少妇正是自己的妻子。《古烈女传》描述此事,目的是赞颂秋胡子之妻的贞节。同样的,汉乐府长诗《孔雀东南飞》描述焦仲卿外出任府吏,其妻刘兰芝被婆婆赶出,她誓不再嫁,也是表现刘氏的贞节。但这两个事情都从侧面说明,汉代官吏任职期间没有妻子随行。在日出而作日落而息的农耕社会里,忙碌了一天之后,茫茫长夜,没有妻,没有娱乐,汉代的官吏是很孤寂的。尤其是在星光灿烂的夏夜,经过白天的燥热之后,清凉的晚风吹来,望着星光灿烂或月光朗照的夜空,他们油然生出无限的遐思。遐

---

① 侯佩锋:《"牛郎织女"神话与汉代婚姻》,《寻根》2005年第1期。

思所致,走向两途。其一是考究天象,探索自然的奥秘,反映在汉画像中,就是出现了一大批天文星象图像。如图 11-17、11-18 在南阳县高庙画像石墓出土的北室、中室墓顶石星象图,云气缭绕,群星闪烁。又如图 11-19 在南阳县蒲山阮堂出土的汉石画像,上部刻绘满月,月内有玉兔、蟾蜍;下部刻绘东宫苍龙星座,苍龙奔腾,星星连绵。其二是思念娇妻,期盼着幸福的相会,反映在文学中,就是出现了倾诉别离之苦的诗歌。如《古诗十九首》所写道的:"迢迢牵牛星,皎皎河汉女,纤纤擢素手,札札弄机杼。终日不成章,泣涕零如雨。河汉清且浅,相去复几许?盈盈一水间,脉脉不得语。"此诗意境清新,感情真挚,近于写实地把汉代官吏的相思之痛淋漓尽致地表现出来,成为千古绝唱。对于天象的探究,促成了汉代天文学的巨大成就;对于爱妻的思念,促成了汉代文学的繁荣。其间由于南阳地处南北东西之要塞,既支持前汉高祖政权,又孕育东汉光武中兴,出现了大批的官吏,所谓南阳帝乡多近臣。由此这里的单身成年男子比较多,天文学和文学的成就相对较大。最突出的代表就是张衡,他集天文学家与文学家于一身,既发明了浑天仪和地动仪,又创作了《同声歌》。理解了这些,即可知道牛女故事在南阳传播的文化环境因素。

因担任官职而不得不离开爱妻,所以传统的行政制度是导致夫妻分离的主要因素。就此而言,西王母,以及张衡《四愁诗》中的"梁父艰""湘水深""陇阪长""雪纷纷"都是传统制度的代表和象征。就此而言,可见牛女神话故事本身的传播就是对传统制度的反抗和控诉。所以,如果说牛女神话是"反封建"的,还是有一定道理的。

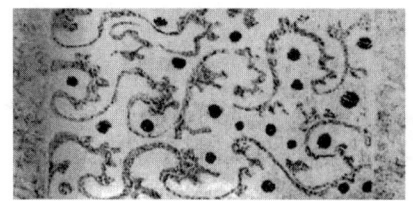 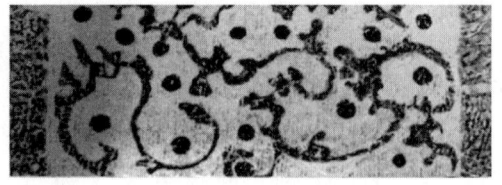

图 11-17、18　南阳县高庙画像石墓出土的北室、中室墓顶石星象图

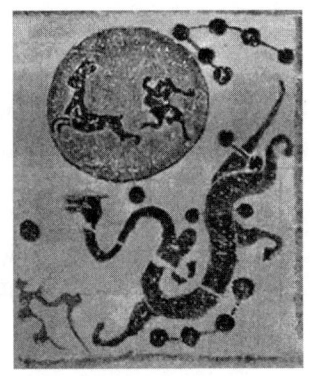

图 11-19　南阳县蒲山阮堂出土的汉石画像

# 十二、汉画的傩戏

先腊一日，大傩，谓之逐疫。其仪：选中黄门子弟年十岁以上，十二以下，百二十人为侲子。皆赤帻皂制，执大鼗。方相氏黄金四目，蒙熊皮，玄衣朱裳，执戈扬盾。十二兽有衣毛角。中黄门行之，冗从仆射将之，以逐恶鬼于禁中。夜漏上水，朝臣会，侍中、尚书、御史、谒者、虎贲、羽林郎将执事，皆赤帻陛卫，乘舆御前殿。黄门令奏曰："侲子备，请逐疫。"于是中黄门倡，侲子和，曰："甲作食凶，肺胃食虎，雄伯食魅，腾简食不祥，揽诸食咎，伯奇食梦，强梁、祖明共食磔死寄生，委随食观，错断食巨、穷奇、腾根共食蛊。凡使十二神追恶凶，赫女躯，拉女干，节解女肉，抽女肺肠。女不急去，后者为粮！"因作方相与十二兽儛。欢呼，周遍前后省三过，持炬火，送疫出端门；门外驺骑传炬出宫，司马阙门门外五营骑士传炬弃洛水中。百官官府各以木面兽能为傩人师讫，设桃梗、郁儡、苇茭毕，执事陛者罢。苇戟、桃杖以赐公、卿、将军、特侯、诸侯云。

（《后汉书·礼仪志》）

傩与傩戏作为远古先民生活的活化石，广泛地存在于现代各个区域的民族与民众生活之中。近年来，由于非物质文化遗产日益得到社会各界的重视,傩与傩戏也得到了学术界普遍的关注:学术界召开了许多大型的国际学术会议①,出版了大量的著作②。但是,关于汉画像中的傩与傩戏,相对关注的较少,研究性的论著就更少,只有在讲到傩与傩戏的缘起与仪式时才涉及一点。在这里,笔者依据原型分析的理论,对汉画像中的傩与傩戏予以探究,恰当与否,谨请专家指正。

## 打鬼逐疫:汉傩的主旨及其画像

据《后汉书·礼仪志》记载,傩是一场游戏,或说是仪式,其目的是驱逐鬼怪瘟疫。"谓之逐疫","逐恶鬼于禁中"。仪式活动的地点是整个宫廷,时间是腊日前天晚上。参加活动的人,有六个方面的人员组成。

一是侲子,120 人,从贵胄子弟中选出,年纪在 10～12 岁之间,"皆

---

① "1988 年 11 月中国傩学研究会成立,标志着傩学研究者有了自己合法的学术团体;傩学研究走上了有组织、有计划、有明确目标的新阶段。""从 20 世纪 80 年代到 21 世纪初,包括台湾、香港和中国内地三地,大约举办了 20 多次有关傩戏、傩文化的国际或地方性学术会议。其中由中国傩戏学研究会牵头举办的大型国际学术会议就有 8 次之多。这些学术会议都强调了实地考察,使中外学者通过视觉、听觉直接获得现场的感受与体验,从而通过生动的感性认识,达到学术研究的较高理论层次"(曲六乙、钱茀:《东方傩文化概论》,山西教育出版社 2006 年版,第 38、39 页)。

② 1990 年,中国台湾省清华大学社会学、人类学研究所王秋桂教授,申请到"蒋经国国际文化交流基金会"的学术赞助基金,组织海峡两岸和英美等中外学者实施"中国地方戏与仪式之研究"的考察研究计划,得到中央文化部的批准。文化部责成中国戏剧家协会、中国傩戏学研究会组成由曲六乙、薛若琳为正副秘书长的大陆学术顾问小组,配合计划的实施。截止到 2000 年底,由王桂秋主编,以"民俗曲艺丛书"名义,先后出版发行了 80 种出版物,其中包括地方戏剧本选辑、贵池傩戏剧本选辑、各地目连戏剧本选辑等等。这套丛书为研究中国傩学、傩文化史、民俗学、宗教学、文化人类学、民间文艺学、戏剧学等学科提供了相当宝贵的资料文库,也是今后中外学者继续研究、考察上述各学科所需第一手珍贵资料。又:据不完全统计,在 10 多次傩文化国际研讨会上,提交的论文约有 1000 余篇,已经出版的有关傩戏、傩文化、面具文化、巫文化,包括萨满文化的论文集、专辑、调查报告、面具艺术图集约有 200 多种(曲六乙、钱茀:《东方傩文化概论》,山西教育出版社 2006 年版)。

赤帻皂制,执大鼗",系红头巾穿黑衣,手持鼗鼓。这里的侲子就是善童,薛综曰:"侲之言善,善童幼子也。"

二是方相氏,戴着有四只金色的眼睛并且蒙上熊皮的假面具,即"黄金四目,蒙熊皮";身穿红上衣黑裙子,即"玄衣朱裳";手持戈盾,即"执戈扬盾"。

三是十二兽,由12个人装扮成象征着12个动物的神兽,有毛戴角,即"有衣毛角"。

四是宦官(中黄门)和将帅(仆射)。

五是满朝文武官员,"侍中、尚书、御史、谒者、虎贲、羽林郎将执事",他们都系红头巾,即"皆赤帻";戴用木做成的熊脸面具充当打鬼之巫师,即"以木面兽能(熊)为傩人"。

六是皇帝,乘车,有侍卫协从。

整个仪式由太监的主管即"黄门令"主持。

仪式分为五节:

第一节是赶鬼,即驱赶鬼疫出来。由宦官带路,将帅督促,满宫廷追打,"以逐恶鬼于禁中"。

第二节是吓鬼,即将鬼疫聚集于宫殿前的广场上,恫吓怒叱。半夜时分,皇帝驾临,黄门令奏报:"侲子备,请逐疫"!得到允许后,由宦官领诵,侲子合唱,唱词说12个神兽分别追杀吃掉10个鬼疫。具体说是甲作→殃、胇胃→虎、雄伯→魅、腾简→不祥、揽诸→咎、伯奇→梦、强梁和祖明→磔死寄生、委随→观、错断→巨、穷奇和腾根→蛊,这就是所谓的"凡使十二神追恶凶"。并吓唬说:"赫女躯,拉女干,节解女肉,抽女肺肠,女不急去,后者为粮"!

第三节是娱鬼,就是通过舞蹈庆祝打鬼的胜利。由方相氏领舞,十二神兽表演,欢呼雀跃,前后三遍。

第四节是送鬼,就是传递火炬。舞蹈结束时,将象征着鬼疫的火炬传递出来,从端门送出,门外由驺骑接着从司马宫阙门传出,再由守卫京师的骑士接着传出,投弃在洛水中。

第五节是防鬼,即用驱赶鬼疫的物什来防备鬼疫。仪式完毕后,宫廷卫队即"执事陛者"将"苇戟"(苇草做的绳子)、"桃杖"(桃木做的木偶门神)分赐给高级官员,"以赐公卿、将军、特侯、诸侯"。

总起来说,汉傩的主旨就是打鬼逐疫,其最主要的特征就是佩戴假面具。沿袭至今,傩戏中依然以佩戴面具为其主要特征:如图 12-1 为贵州傩堂戏中的龙王面具①,再如图 12-2 为现代傩戏中面具。②

由此来看汉画像,就可看出,汉画像中有很多的画面与傩有关。

大致说来,汉画像中的傩有三种情况。

一种是直接驱打鬼怪。如图 12-3 为 1957 年南阳市区出土汉石画像。

图 12-1　贵州傩堂戏中的龙王面具图

图 12-2　现代傩戏中面具

画面刻绘一人头戴假面,挥臂跨步力斗一兕;兕鲤尾,尾端分二岐,四蹄劲疾,低首耸肩挺锥状长角前刺,显出不可遏制的力量。③ 又如图 12-4,是 1957 年南阳市出土的汉石画像。画面刻绘一壮士,他头戴力士冠,上身赤裸,下身弓步,左推掌右握匕,搏击壮牛,牛狂奔逃避。④ 再如图 12-5,也是 1957 年南阳出土的汉石画像。画面左刻绘一怪兽,似为鬼魅;中一虎,弓背翘尾,张口吞噬鬼魅左腿,鬼魅作惊恐状;右刻翼马,奔腾而来;中间云纹缭绕。⑤ 再如图 12-6,为 1988 年南阳麒麟岗汉墓出土汉石画像。画面刻一力士,上身赤裸,下穿合裆裤,赤足徒手,左手将怪兽的头及前肢按伏于地,右手轮起作击打状;怪兽二目圆睁,后背

---

①　陆平:《"动机理论"与傩文化之本源》,《装饰》2006 年第 7 期。
②　白木:《我国历史悠远的傩文化》,《文史春秋》2006 年第 8 期。
③　《中国画像石全集》第 6 卷《河南汉画像石》图版第 209,河南美术出版社 2000 年版。
④　《中国画像石全集》第 6 卷《河南汉画像石》图版第 21,河南美术出版社 2000 年版。
⑤　《中国画像石全集》第 6 卷《河南汉画像石》图版第 214,河南美术出版社 2000 年版。

弓起,臀部上翘,作挣扎状。①

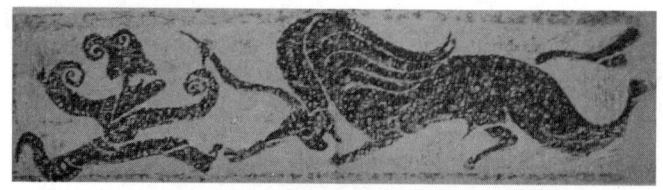

图 12-3　南阳市区出土汉石画像

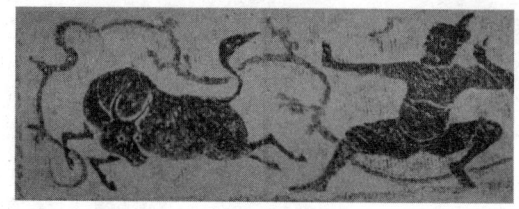

图 12-4　南阳市出土汉石画像

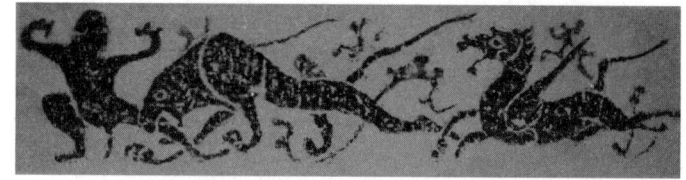

图 12-5　南阳出土的汉石画像

图 12-6　南阳麒麟岗汉墓出土汉石画像

第二种是间接的游戏驱逐鬼怪。如图 12-7,是 1974 年出土于四川郫县的 1 号石棺,石棺画面一侧为宴饮享乐图,此为其延续。共七人,均赤足,戴不同之假面,古代称这种人为"象人"。左起第一人假面似猴,右手执长柄兵器;第二人假面似猪,抱有罐形器;第三人正用力拖着

---

① 《中国画像石全集》第 6 卷《河南汉画像石》图版第 135,河南美术出版社 2000 年版。

第四人所坐的蛇虎之尾前行；第四人束五髻，胸前有一斧，斧下圆形物似为盾，坐在蛇虎身上；第五人右手执盾，左手执长，后顾；第六人双手握一物，末一人左手执棍，右手执一瓶状物前伸；其中第四人可能为"东海黄公"……画面下部为水戏。① 再如图12-8，征集于南阳县的汉石画像。画左第一人长袖作舞，第二人摇鼗鼓弄壶，第三人倒立；右起第一人击铙，第二、第四人吹排箫摇鼗，第三人吹埙，第五人鼓琴。

图12-7　四川郫县1号石棺

图12-8　征集于南阳县的汉石画像

　　第三种是借助于神像辟邪的。这种辟邪的画像多被安置在门扉上或立柱上，而且在汉画像中占据的比重很大。如图12-9是1964年南阳市东关出土的汉石画像。左神荼右郁垒，头梳双髻，下着短裤，面目丑陋，手掌外翻，执刀持戟而立。《类说》卷六引《荆楚岁时记》："岁旦绘二神贴户左右，左神荼右郁垒，俗谓之门神。"② 又如图12-10为南阳市东关菜园出土的汉石画像，画面刻绘的神兽，头上长角，身披长毛，瞋目张口，上肢举起，鼓腹利爪。又如图12-11为发现于南阳城南关工厂内的汉石画像（拓片曾被鲁迅收藏），画面刻一神怪，兽头人身，鸟爪长尾；一臂上举，一手抚胸前，鼓腹屈腿，长尾弯曲下垂。此神怪刻于墓中当有驱鬼辟邪之功用。再如图12-12为河南郑州画像砖，画面神人圆目瘦面，鬓发如霜，双耳竖立，头生一角，身穿长衣，束腰，衣襟上折露出右

---

　　① 《中国画像石全集》第7卷《四川汉画像石》图版第125，河南美术出版社2000年版。

　　② 《中国画像石全集》第6卷《河南汉画像石》图版第203、204，河南美术出版社2000年版。

腿,赤脚;一脚踏地,一脚抬起,肩扛斧,全身左相而立。

图 12-9　南阳市出土汉石画像　　图 12-10　南阳市东关菜园汉石画像

图 12-11　南阳城南关汉石画像　　图 12-12　河南郑州画像砖

汉石画像中,1954 年发掘的山东沂南汉墓中的前室北壁横额画像,被认为是最典型的大傩图,见图 12-13。这幅画像画框上边修饰锯齿纹、垂帐纹,下边修饰兽首、莲花的宽带三角纹和锯齿纹。画面左起为:翼龙持盾和棨戟,马首异兽和长冠展翅小禽,虎首上长五人首的神怪持刀、戟,虎首鱼身六足兽;神怪和双人首蛇身怪兽,倒立神怪和鸡首大鸟,展翅奇禽和持钩镰神怪,持刀蹲踞神怪和人首鸟身怪禽,人首鱼身单臂持戟神怪和独角兽,神怪和二交头小禽,朱雀和玄武,衔管神怪和四足独角奇禽,三头鸟和蹲踞神怪,二虎首异兽,持戟神怪和蝎尾甲虫,虎首衔蛇和蹲踞神怪,四人首连体神怪和持盾神怪,双人首鸟身奇禽,一虎人立持钩镰和棨戟。① 一些学者指出，这是大傩图，是"十二神兽逐凶图"。"这十二神兽虽蒙兽皮，戴假面，但却能直立，做人的姿态——而且做人的追捕捉拿之状，因此知道它们必即大傩时为'方相氏'所率领的十二神兽。更巧妙的是这些神兽又恰恰为数十二。也许有人说，这神兽只有十一个，不能说是十二个，但我以为那个作虎头衔蛇之形的怪物也是神兽，而且也就是《后汉书·礼仪志》所说的十二神兽之中的强梁"。这幅图像中还有被大傩所驱逐的凶恶，"强梁所食之蛇"，"还有四头无身的怪物、三头一身的鸟、一头一臂的怪人、人首蛇身和人首鸟身等等怪物。还有一个一直到现在还被我国人视为五毒之一的蝎子。这些神怪至少一部分相当于《后汉书·礼仪志》所说的为十二神兽所吃的诸凶恶"。②

图 12-13 山东沂南汉墓中的前室北壁横额画像

## 傩面具：性的觉醒与乱伦的借口

汉傩的目的是打鬼逐疫。《周礼·夏官·司马》说打鬼有两种形式，一种是所谓的"时傩"，就如上述的在"腊前一日"的傩；一种是所谓的丧傩，就是殡葬时进行的。"方相氏，掌蒙熊皮，黄金四目，玄衣朱裳，帅百隶而时傩，以索室殴疫；大丧，先（柩），及墓，入塘，以戈击四隅，殴方良（魍魉）。"而《汉旧仪》说是要驱逐颛顼夭折的儿子："颛顼氏有三子，生而亡去，为疫鬼。一居江水是为虐鬼，一居若水是为罔两蜮鬼，一居人

---

① 《中国画像石全集》第 1 卷《山东汉画像石》图版第 188，山东美术出版社 2000 年版。

② 孙作云：《评〈沂南古画像石墓发掘报告〉——兼论汉人的主要迷信思想》，《考古通讯》1957 年第 6 期。

宫室区隅沤庾,善惊人小儿。"

这里就提出一个问题:为什么要打鬼逐疫?换句话说,打鬼逐疫的本质是什么呢?

对此,古今学者有很多的猜测,可以说是公说公有理,婆说婆有理。

《月令章句》说傩是除阴扶阳:"日行北方之宿,北方大阴,恐为所抑,故命有司大傩,所以扶阳抑阴也。"卢植在《礼记注》中说了同样的话:"所以逐衰而迎新也。"既然是除阴扶阳,则有季节的差异。所以,《礼记·月令》又说,季春之月,"令国难(即傩),九门磔禳,以毕春气";中秋之月,"天子乃傩,以达秋气";季冬之月,"命有司大傩,旁磔,出土牛,以送寒气"。汉唐时期的笺注家们,把《礼记·月令》中的季春、仲秋、季冬之时傩,分别笺注成"国人傩"、"天子傩"、"大傩"三种。并解释说,国人傩即乡人傩,用于索宫中区隅幽暗之处的不祥,时间在正岁(正月);天子傩是用于治病以通达秋气,使人不壅闭,时间在仲秋;大傩是逐阴气以导阳气,时间在腊前一日。

《汉旧仪》说傩是农耕的仪式:"方相帅百隶及童女,以桃弧棘矢土鼓,鼓且射之,以赤九五谷播洒之。"方相氏率领着文武百官及善童,一边摇鼓,一边用桃木荆棘箭射土鼓,一边用红豆播撒大地。可见,这可能是期盼丰收的仪式。今天也有人说,傩是一种农耕稻作文化,是祈盼丰收的仪式。比如有学者指出,傩的本字作难,难字从莫从佳,莫是声,佳是形,佳者雀也,依此,傩应与雀类有关。雀类为候鸟的出现,正确地告诉了人们农事季节,因此人们便把这些对农事起作用的鸟视为神鸟,把它们当作"图腾"而加以崇拜,而傩则是对图腾祭祀的称谓。傩之所以作"驱逐疫鬼"解,是因为人们相信傩是威力无边的大神,遇有瘟疫,当然要请出这位大神来驱瘟逐疫。此外,由于傩崇拜的对象是与农事有关的鸟,因此傩理应是农耕时的图腾崇拜。他说根据史载:傩似与南方水稻文化有不解之缘。人类祖先在栽培水稻时,最初是依靠鸟兽来耕耘的。东汉袁康、吴平《越绝书》中载:"大越滨海之民,独以鸟田。"汉赵晔《吴越春秋》中载:"天美禹德,而劳其功,使百鸟还为民田。""人民山居,有鸟田之利。""安集鸟田之瑞。"后来,人口稠密了,耕地增加了,鸟兽减少了,人们才发明了耒爪以代替鸟耕,驯养了水牛以代替象耘。"百越民族,是称鸟为 nuo(傩),而不称鸟。"可见,"傩"是百越民族水稻农业新产生的语言,是越文化的产物而不是中原文化的产物。① 也有学者指出:"傩的本字写作'难',已带有'祭鸟'的含义。傩的内在文化精神嬗变的根本原因是人类生产方式的转变。稻作文化是人类仿生师鸟而来。"据《礼记·郊特牲》曰:"蜡(腊)之祭也,主先啬而祭司啬也。祭百种以报啬也。""可知蜡(腊)即是傩。傩祭即每年冬季对保佑了农事丰收的傩(鸟)神的一次盛大的报答仪式",而"古傩最终成为一种'驱疫逐鬼'的祛邪巫术,是人类在农业文明基本满足了食物的需要(生理需要)之后的一种对'安全'的需要,其构成形式是一种实现精神价值的创造性过程"②。

有学者认为傩与狩猎有关。其理由是将傩字拆开为"革"与"佳",而"革与剖兽皮有关,可以说它是狩猎生产的最后一道工序","佳可视为一种巨禽大鸟,也与狩猎有关"③。

上述的对于傩本质的解释,似乎都很有道理,但是都没有真正从傩行为的基本特征出发论述傩。如前所述,傩的最基本的特征就是戴面具。所以,把握傩的本质也应从面具着手。

根据文献记载,面具的出现,最早当追溯到洪水神话中伏羲女娲兄妹结婚时所使用的用来遮羞的"便面"。

唐人李冗的《独异志》说:

> 昔宇宙初开之时,只有女娲兄妹二人在昆仑山,而天下未有人民,议以为夫妻,又自羞耻。兄即与其妹上昆仑山,咒曰:'天若遣我兄妹二人为夫妻,而烟悉合;若不,使烟散。'于是烟即合。其妹即来就兄。乃结草为扇,以障其面。今时人取妇执扇,象其事也。

敦煌写卷《天地开辟以来帝王记(纪)》(残卷中共有三处提到伏羲女娲兄妹洪水后婚配再传人烟的故事,其中叙述这一故事最为详细的一处为伯4016号卷子)称:

---

① 张鹏:《傩文化,生在哪里? 走向何处? 傩文化起源纷争的背后》,《文化时报》2005年6月30日第3版。

② 陆平:《"动机理论"与傩文化之本源》,《装饰》2006年第7期。

③ 曲六乙、钱茀:《东方傩文化概论》,山西教育出版社2006年版,第51页。

……伏羲、女娲……人民死尽,兄妹二人,[衣龙]上天,得在(存)其命,见天下慌乱,唯金岗天神,教言可行阴阳,遂相羞耻,即入昆仑山藏身,伏羲在左巡行,女娲在右巡行。许相逢,则为夫妇。天遣和合,亦尔相知。伏羲用树叶覆面,女娲用芦花遮面,共为夫妻(今人交礼,戴昌妆花,因此而起)。怀娠日月充满,遂生一百二十子,各认一姓。六十子恭慈孝顺,见今天汉是也;六十子不孝义,走入蒙野之中,羌敌六巴蜀是也。故曰:得续人位(伦)……。

　　从这两条文献可以看出:1.洪水前后人类的婚姻制度发生了质的变化。洪水之前,人类所实施的是突破血缘婚交的外婚制,或许这种外婚制是不太自觉、不太明白的;洪水之后,人类为了自身的延续,实施了血缘婚交的内婚制,虽然这种血缘婚交是出于无奈的。

　　2.洪水的出现对于人类来说固然是一场灾难,但是由此激发了人类的性意识,使人类意识到自身的生产是男女性媾合的结晶。这比先前神话故事所讲的人的生产是女子吞食鸟卵或履大人足迹要符合实际。

　　3.人类虽然充分意识到血缘婚交的不合理性,为此感到"羞耻",但是毕竟给自己乱伦寻找到了两个借口:生育后代和佩戴面具。有此借口,血缘婚交就有了充足的理由。尤其是后者,通过佩戴面具,使那些性意识较强者有了更多的借口和机会。

　　4.傩的产生时间应该是在远古传说的伏羲女娲时代,之后历代相沿一直不断。距今约6000至4000年的阴山的部分岩画,其中的鬼面、骷髅奇形怪状的画面,就被认为是对巫术面具的摹画。又如半山彩绘人头陶器、绘有鱼面人像的彩陶盆、南方良渚文化兽面纹以及商周饕餮纹样,都被认为是辟邪的傩仪面具造型。如图12-14的古傩面具。① 1989年江西省新干县大洋洲的大型商墓出土的神人兽面形玉饰,也被认为

---

① 张鹏:《傩文化,生在哪里? 走向何处? 傩文化起源纷争的背后》,《文化时报》2005年6月30日第3版。

是傩面具。楚墓中所发现的帛画,也是傩面具的形式,如图 12-15。①应该说,这些面具都应是汉画伏羲女娲交尾图像所手执的"便面"之前身。

图 12-14　古傩面具

图 12-15　楚墓中所发现的帛画

根据《风俗通义》记载,南方少数民族的祖先就是中原高辛氏族内的血缘内婚之人:

> 昔高辛氏有犬戎之寇,帝患其侵暴,而征伐不克,乃访募天下,有能得犬戎之将吴将军头者,购黄金千镒,邑万家,又妻以少女。时帝有蓄狗,其毛五采,名曰槃瓠。下令之后,槃瓠遂衔人头造阙下。群臣怪而诊之,乃吴将军首也。帝大喜,而计槃瓠不可妻之以女,又无封爵之道,议欲有报而未知所宜。女闻之,以为皇帝下令,不可违信,因请行。帝不得已,乃以女配槃瓠。槃瓠得女,负而走入南山,止石室中。所处险绝,人迹不至。于是,女解去衣裳,为仆鉴之结,

---

①　玉饰由上下两部分组成,上部分为神人像,高 3.8 厘米;"下一部分的兽面,高 2.7 厘米,只有长方形阔口,内露上下两排六枚方齿,嘴角各有一对獠牙,上獠牙在外侧伸出,下唇呈外钩形,大口两侧各有一大圆圈,也已穿透,既是兽面的眼睛,又像是神人大耳下的耳环。我们认为这种神人和兽面的合体图像就是江西最早傩面具的图案,傩祭最早主持者方相氏正是戴着刻有这种'饕餮纹'的傩面具驱鬼的。""因此,新干商墓出土的神人兽面图像,表明远在公元前 11 世纪之前,赣鄱大地上便有了人傩祭活动"(万建中:《江西最早的傩面具与傩的始源》,《中国典籍与文化》1999 年第 2 期)。据此,那种说傩起源于殷商时代的说法显然是不准确的。"傩的渊源,最早可推到殷商时代"(刘锡诚:《傩仪象征新解》,《民族艺术》2002 年第 1 期)。"赣傩起源最早为殷商时期"(李雪萍、章军华:《论赣傩的起源与发展流程》,《东岳论丛》2006 年第 1 期)。

著独力之衣。帝悲思之,遣使寻求,辄遇风雨震晦,使者不得进。经三年,生子一十二人,六男六女。槃瓠死后,因自相夫妻,织绩木皮,染以草实,好五色衣服,制裁皆有尾形。其母后归,以状白帝。于是,使迎致诸子。衣裳班兰,语言侏离,好入山壑,不乐平旷。帝顺其意,赐以名山广泽。其后滋蔓,号曰蛮夷。外痴内黠,安土重旧。以先父有功,母帝之女,田作贾贩,无关梁符传、租税之赋。有邑君长,皆赐印绶,冠以獭皮,名渠帅曰精夫,相呼为姎徒。

上述的事件在《后汉书·南蛮西南夷传》、三国鱼豢的《魏略》和干宝《搜神记》中的叙述大致都相同。由此可见,那个所谓的槃瓠,实际上就是中原高辛氏族内人,借助于狗头面具自欺欺人,从而携走高辛氏女儿私奔。因为是乱伦,不敢居住在中原地区,所以只好到周边居住。汉画像中,嘉祥宋山有一幅汉石画像,其第一层左方谒见西王母者,有一个人头狗身怪物,有尾,蹲坐如犬;济宁城南张村汉石画像,有只长着两个人头的狗,和九头人面兽处于同一画面中。这两个怪物,被汉画学者考释为"槃瓠"。

远古时代,甚至在洪水之前,一些智者就借助于各种装饰打扮来炫耀自己,比如夸父利用蛇,西王母则是戴胜,从而赢得民众的信奉和支持,成为巫师或部族的首领。而随着性意识的觉醒和佩戴面具的借助,修饰和伪装就成为人们发泄和满足情欲的经常状态。所谓世为巫师,家为巫师,即人人都可以借助于所谓"敬神"实现血缘婚交。这样,人类的婚姻制度从血缘内婚制的杂交过渡到族外婚制的过程中,因为性意识的觉醒和面具的佩戴,则出现反复的趋向。于是,尧明令民众不得借助于假面祭祀的名义实施乱伦杂交之实。《尚书注疏》卷18:"乃命重、黎,绝地天通,罔有降格。"《传》解释说:"重,即羲。黎,即和。尧命羲和,世掌天地四时之官,使人神不扰,各得其序,是谓绝地天通。"这里所谓的"人神不扰,各得其序",表面是说民众不能随便以巫师的角色祭祀上天,实际则是禁止随时随地借助于祭祀乱伦交合,是对内婚制血缘乱交的限制。①

由此可见,傩的原始意蕴是借助于戴假面具乱伦狂欢。"傩"这一概念嬗变到了汉代,则有极其复杂的意蕴,一方面是借助于傩面实行乱伦交媾。如图 12-16、17 为徐州汉画馆所收藏的傩戏汉石画像的局部,画面分两层,下层刻画头戴兔耳帽的七个面具人,三人抚琴,一人带领两个小孩舞蹈,一人背驮一小孩;上层则刻画两个戴着面具的人蛇尾相向,其间还刻绘戴面具的四个人。另一幅汉石画像是两个戴着面具的人蛇尾相交,盘成两个环。显然,这里的蛇尾相交,与汉石画像的伏羲女娲人面蛇身蛇尾相交一样,表征着男女的交欢。

图 12-16、12-17　徐州汉画馆所收藏的傩戏汉石画像

另一方面,傩面驱逐鬼怪,则象征着对乱伦者的驱逐。考虑到汉代已经是非常文明的社会,所以大傩的宗旨应该由乱伦交欢演绎为驱逐和震慑乱伦者,表现出来就是对于乱伦主动者的惩戒,或惩戒男子,或惩戒女子。

---

① 有的学者指出:"所谓'绝地天通',实际是指有虞氏战胜了中原的苗蛮部族,将其分为两部分,不使相通";"所谓'绝地天通'不是一个神秘故事,而是具有相当真实性的历史事件,其本义就是将苗民分隔南北,永不相通"[叶林生:《"绝地天通"新考》,《中南民族大学学报(人文社会科学版)》2002 年第 22 卷第 5 期]。这种说法显然没有考虑到"绝地天通"是一个部族内部的事情,而不是两个部族之间的事情。

# 戏猿（熊）：对男子乱伦的惩戒

族内的血缘婚交被明令禁止，但是在实际生活中，总会有一些人会破坏禁令。这些人会借助于假面以行一己之私。尤其是男子，由于自身体力的强大，在生活中越来越占据主导地位，而且在性生活中也处于主导地位，所以乱伦的可能性就更大。在四川汉画像的傩戏场景中，就有几幅反映男子戴假面抢掠女子的情况。

图 12-18 为 1987 年四川富顺汉墓出土石棺侧面画像，画面中是准备抢掠的场景。右侧奔腾之白虎及其身后执钺的农夫，加上左边的象征耕田的网结纹饰，表明其背景是一个劳动的场面；而左三人为汉傩表演者（皆戴面具）：左一女子手提水壶，正向前走；中一人一边奔向女子，一边回首观察农夫的动静，而其身后一弓弩手正向他瞄准。①

图 12-18　四川富顺汉墓出土石棺侧面画像

图 12-19 为四川新津出土的石函侧面画像，画面是正在抢掠的场景。右侧对话的二人，表明其背景是生活场面。左三人也是汉傩表演：最左一人右手执雀羽，左手牵拉一女子向左奔去；女子一边挣扎，一边似乎在呼救；中一人左手执盖，右手执一物，面向左，似乎正准备去搭救被抢掠的女子。②

图 12-20 为四川新津崖墓石函画像，画面中是已经抢掠且被追杀场

---

① 《中国画像石全集》第 7 卷《四川汉画像石》图版第 184，河南美术出版社 2000 年版。

② 《中国画像石全集》第 7 卷《四川汉画像石》图版第 203，河南美术出版社 2000 年版。

景。左一猿猴将抢掠的女子背负在肩,仓皇逃向深山,女子的衣裳已经挣脱,长衣委地。后面二人正在追杀,前一人正以长矛进刺,后一人一手挥剑,一手执捕猿之网笼。①

图 12-19　四川新津出土石函侧面画像

图 12-20　四川新津崖墓石函画像

图 12-21 为四川新津崖墓石函画像,画面所描绘的是猿猴被杀的场景。中间一人手执长剑直刺猿猴的脑袋,猿猴赤裸上身,双手上举,惊恐地瞪圆眼睛;右一人一手挥剑,一手执捕猿之网笼;左侧山洞中端坐作观赏状的人,正是被猿猴抢掠走的女子。②

图 12-21　四川新津崖墓石函画像

---

① 《中国画像石全集》第 7 卷《四川汉画像石》图版第 199,河南美术出版社 2000 年版。

② 《中国画像石全集》第 7 卷《四川汉画像石》图版第 198,河南美术出版社 2000 年版。

如果我们将上述的画面加以综合,可以看到远古社会曾经有这样一个生活场面:一些狡黠的男子装扮成猿猴或其他的动物,伺机将自己所钟爱的同胞姊妹抢掠到深山中隐藏起来交媾生活,甚至生子育女;所以,每一部族内的男子,都要随时防范着那些装神弄鬼的同胞兄弟,并对于乱伦者给予严惩。这就是所谓的大傩打鬼驱邪的原始意蕴。

令人欣慰的是,有学者已经指出了这些画面不仅仅是打鬼的。但是说这些图像是"猨盗女"图,"很有可能表现了汉晋时期四川西部山区人猿杂处的状况下发生的怪异事件,反映了古代四川特定地域的生态环境和土著居民的生存状态"①,这就有点夸大了传说的成分,也过于强调地域文化的特征。实际上,猿猴的形象,包括其他诸如狗头、熊脸等形象,只是远古时期婚姻进程中血缘婚配反复出现的借口。晋张华《博物志》所记载的四川地区猿猴盗取女子的传说,只能说是逸闻趣事,或者就是远古血缘婚交的讳饰。这种事情不是只发生在四川地区,在其他地区也有所发现。②

图12-22 济宁市喻屯镇
出土的汉画像

如图12-22为1970年济宁市喻屯镇出土的汉画像,被命名为"神怪、蹴鞠画像",浅浮雕。画面分四层。由下而上看,第一层和第三层是生活场景:第一层三个人正在攀谈,第三层八个人在玩耍,四人环绕着椭圆球玩,三人托球,一人倒立用脚玩三球,另三人一人托球,两人在观看。第二层和第四层则是傩场景。第二层是一熊在一

---

① 唐长寿:《新津画像崖棺"猨盗女"图考》,《中国汉画研究》第2卷,广西师范大学出版社2006年版。

② "猿猴或人形奇异动物抢婚或食人的故事却是世界性的",但说是"'巨怪食人'型故事的一种变体(或改型)"(萧兵:《猿猴抢婚型故事的世界性传承——兼论其与"巨怪吃人"型故事的递嬗关系》,《淮阴师范学院学报》1998年第4期),只能说是就事论事,而没能揭示其原始的意蕴。

女子面前手舞足蹈,似乎在调戏女子,而女子抄手站立,不解地看着熊;第四层,熊情不自禁,将女子按倒在地,其他三人惊恐万分,一人则执戟刺向熊。① 据此推测,画中的熊应该是乱伦者或施暴者的象征,而刺向熊的戟则是本氏族内的青年人保护自己同胞姊妹的力量象征,也是后世维护婚姻秩序的正义之标志。

## 虎吃女魃:对女子乱伦的惩戒

在生活中不仅男子会主动乱伦,也有女子会主动乱伦。换句话说,借助于假面主动实施族内婚交的有男子,也有女子。由此,在汉画傩中,有对男子主动乱伦者的惩戒,同时也有对女子主动乱伦者的惩戒。南阳汉画像中就有几幅专门反映惩处女子乱伦的图像。

如图12-23为1972年唐河针织厂出土的汉墓左、右门楣汉石画像。左门楣汉石画像左起二兽相持而斗,中间一虎将鬼魅扑食于地,右有桃拨奔走。右门楣汉石画像刻绘四虎,中间一虎将鬼魅踏地欲食,左二虎右一虎张巨口奔来。② 这里的所谓鬼魅被称为女魃、旱魃。传说黄帝与蚩尤征战,蚩尤请来云雨神,水淹黄帝。黄帝的女儿就变成旱神,制服了云雨神。但是战胜了蚩尤之后,旱神没有能够及时返回天庭,结果走到哪里,哪里就大旱。汉画像中的虎食女魃,反映的就是驱逐旱神的情况。仅此而言,蚩尤和黄帝的女儿应该说都是巫师,蚩尤能呼风唤雨,黄帝的女儿则能祈请青天白日。

据此,从表面看,天气的变化对于远古人类的生活是非常重要的;若从深层看,这里显然不是说人与自然的关系,而是借助人与自然的关系讲述人与人之间的关系:男子与女子的关系。详细地说即当蚩尤带领着部下勇猛地与黄帝族人征杀时,黄帝的女儿则带领着娘子军,使用美人计,瓦解了蚩尤将士的斗志。战争结束之后,这支娘子军并没有因战

---

① 《中国画像石全集》第2卷《山东汉画像石》图版第10,山东美术出版社2000年版。

② 《中国画像石全集》第6卷《河南汉画像石》图版第3,河南美术出版社2000年版。

图 12-23　唐河针织厂出土汉墓左、右门楣汉石画像

争的结束而束缚自己的性欲,而是纵欲享乐,不拘常规,甚至诱惑自己的同胞兄弟。由此,黄帝的女儿由战争的英雄堕落为道德沦丧者,由吉神变为魔鬼。汉画像中正吞噬女魃的翼虎,当是妻的象征,而张着大嘴、奔扑而来的三个虎则是众多妾的象征。如此,此幅画像说的是一个家庭的妻妾正驱逐破坏家庭的同胞姊妹,而其意蕴则是对族外婚姻制度的维护和坚守,对主动乱伦女子的惩戒。

无疑,当妻妾驱逐同胞姊妹时,曾经与之有私情的男子扮演着非常尴尬的角色。基于对正常秩序的守护和族类发展的需要,他应该支持妻妾的驱逐行为;而出于私情(同胞之情和性爱之情)他又必须保护同胞姊妹不受欺凌。这种难堪的局面在汉画像中也有所体现。图 12-24,1972 年唐河针织厂出土的汉墓南主室南壁西端上部汉石画像,画面中刻一熊,人立;下部刻绘女魃,头梳圆髻,着裳,裸露上下肢体,伏地作挣扎状;上有二虎,右虎有双翼,欲吃女魃,左虎前扑,一爪踏着女魃左手,争欲食之。① 此幅画面的意思表明,当翼虎(正妻)和白虎(妾)吞噬女魃(姊妹)时,方相氏(即丈夫)伸出双臂,似乎要推开妻妾,保护姊妹。但是画中的他占据的面积很小,说明他的作用并不占主导地位,他推开妻妾的行为是犹豫的。

---

① 《中国画像石全集》第 6 卷《河南汉画像石》图版第 10,河南美术出版社 2000 年版。

图 12-24　唐河针织厂汉墓南主室南壁西端上部汉石画像

## 驱邪与祈福：传统民众文化的苦衷与智慧

　　由血缘婚交到禁止乱伦交媾，傩的意蕴之转变，体现着民众文化的苦衷：一方面他们渴望肆情任性地满足自己的欲望，一方面又期盼族类能够长久健康地发展，而生活实践又明白地告诉人们，私欲的满足与族类的发展是很难两全的。私欲的过度膨胀，无论是什么样的理由和借口，都将影响族类的发展；族类的任何进步，哪怕是点滴的积累，也都需要人们克服自己的私欲。但是，如果人们没有了私欲，也就没有了进取和奋斗，那么族类的发展也就成为空谈。这样，怎样才能既保持私欲的满足和膨胀，又能推动族类的进步和发展呢？远古人们的智慧尚未清楚地回答这一问题，只有依靠历史的发展来解答了。在这方面，原始和传统的民众文化体现了它的智慧：宽容和自省。

　　所谓宽容，就是对于明知对人们有害的事情和人物，采取接纳甚至崇敬的态度，使其变害为利，成为保护人们的神。如对于曾经佩戴面具以乱伦的方相氏，任其肆意妄行，不仅不予干涉，反而使之成为保护神。又如蚩尤，原本是祸害人民的大恶，但当其战败之后，人们就接纳了他，使他成为保护人们的门神之一。汉画像中有诸多的铺首衔环画像，据学者考证，铺首就是被逮捕羁押的蚩尤。

　　所谓自省，就是在生活中不断地检查考问自己，哪些事情做得对，哪些事情做得不对。孔子所讲的"慎独"和"三人行必有我师"，曾参所谓的"吾日三省吾身",说的都是经常反省检讨自己言行的事情。所以要反省,是因为古人在历史实践中深刻地意识到,人的认识是非常有限的,人们所孜孜以求的事情,很难说就能够真正推动历史的发展。所谓"福兮祸之所伏,祸兮福之所倚",应该说讲的就是这种情况。由此可知,鬼疫之所指,不是来自于外界,而是每个人内心深处的原欲,也就是每个人那些不适合族类发展的奢望;而所谓的"傩",就是在满足原欲的基础上自责,又在自责中满足;大傩打鬼逐疫,其原始内涵就是驱逐内心的原欲,清洗每个人心中的兽性。

宽容基于自省,自省导致宽容,而其旨归乃是历史,乃是人的发展。因为宽容的形式是放纵,是自由,是人的私欲的满足和实现,而其本质则是历史发展的原动力;自省的形式是对自身行为的怀疑,是对他人行为的尊重,是对现实的认可,而其本质则是在历史创造中自我修复和自我修正,是创造历史的能动性和主动性的显现,也是对历史和人的发展的尊重。

原始的傩戏就是原始人类在宽容和自省基础上的产物。当他们意识到血缘乱伦已经不适应历史的发展时,就严格地予以取缔;但是为了保持原欲不至于因此就彻底陨灭,所以就在适当的时机,如在腊日前一天晚上,在葬礼上,在祭祀天地的大礼上,人们可以借助面具,肆意交合,发泄自己的欲望。之后,人们就当恪守规范,不许出格。这样,原欲与理性,兽性与人性,情与礼,如此相悖甚至水火不容的两面却有机地结合在一起,形成了传统文化的基本特征,也成为数千年汉民族生生不息的内在动因。用传统的话语来说,这就是所谓的"天人合一"精神,亦即将人的自然本性与社会理性有机结合与统一起来。由此可见,傩是一个很神圣的行为。《论语·乡党》记载,孔子见到傩仪,很慎重地换上礼服迎接:"乡人傩,朝服而立于阼阶。"孔安国认为这是孔子担心驱逐鬼疫会惊动祖先,朱熹则说是对傩神的"诚敬"。在我们看来,这是孔夫子对民俗文化的洞悟,亦即对于原欲的合理满足与社会进步之关系的深刻理解。否则,对于一个不愿意谈论鬼怪的学者来说,没有必要如此夸张地又换衣服又走出家门。在立志变革风俗中认可风俗,这是儒家经典作家的智慧。

因此,在现存的傩戏中,既有纵容乱伦者的节目,也有驱逐乱伦者的节目。比如在越南永福省曲乐、异扭两个村庄,每年正月初六和正月二十六日举行的春节祭祀仪式就是纵容乱伦的。届时,要木刻 36 个傩生殖器,其中 18 个傩公,18 个傩娘。拜祭完淫神之后,男女各 18 名手持阴阳生殖器绕着村庄走一圈,边走边唱。男青年唱词:"哥有犁头,哥要给谁就给谁。"女青年唱词:"妹有酒瓮,妹给哥喝,哥与妹同睡。"无疑,这是纵容乱伦者的。① 而在赣傩戏中,则保留着驱逐乱伦者的遗痕,以宋末元初刘镗的《观傩》诗为证。演傩的时间为寒冬季节,地点在老百姓家中,演傩目的为驱邪辟祟,形式为傩戏。角色有:夜叉、蜮、罔象、羊面、猪面、黄狐精、绿绶髶翁、无常、紫云金章(判官)、牛头、马面、随从、小鬼、五方、白面使者、老妪、终南进士等。伴奏乐器有鼓与箫。表演时没有唱腔与口白,但情节分明且曲折,内容表现一大户人家中有一重病将死之妇,为蜮或黄狐精所惑,而被抓至地狱遭受拷审,后终南进士(钟馗)将所有妖魔赶跑,从而为重病之妇招魂归来。② 显然,这里所谓的"蜮或黄狐精",就是指乱伦者,所谓的"终南进士(钟馗)",就是指主持并维护外婚制的婚俗制度者。

由此而言,传说凶神恶煞的魔鬼并没有那么可怕,甚至变得可爱。汉画像中,驱鬼逐疫的画面有时显得滑稽可爱,原本于此。如图 12-25 为南阳方城城关镇汉墓东门下门楣画像,画面上一武士裸呈上身,戴尖顶帽,着合裆裤,腰佩长剑,徒手奋力将猛虎上下颚掰开,其身后一虎已作顺服状。③ 两只象征鬼怪的老虎笑容可掬,并没有给人可怕的感觉。

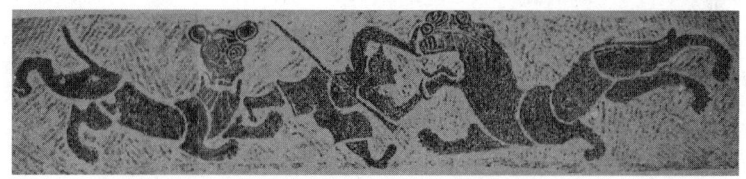

图 12-25　南阳方城城关镇汉墓东门下门楣画像

---

①　[越南]吴德胜:《越南民间信仰中的生殖崇拜》,《民族艺术》1997 年第 4 期。
②　李雪萍、章军华:《论赣傩的起源与发展流程》,《东岳论丛》2006 年第 1 期。
③　《中国画像石全集》第 6 卷《河南汉画像石》图版第 51,河南美术出版社 2000 年版。

# 参考文献

## 一、拓片

《南阳汉代画像石》，南阳汉代画像石编辑委员会，文物出版社1985年版。

《南阳汉代画像砖》，赵成甫主编，文物出版社1990年版。

《南阳汉代画像石墓》，韩玉祥、李陈广，河南美术出版社1998年版。

《方城汉画》，刘玉生，香港天马图书有限公司2003年版。

《南阳汉画像石》，王儒林、李陈广，河南美术出版社1989年版。

《南阳汉画早期拓片选集》，张新强、李陈广，中州古籍出版社1993年版。

《南阳汉代墓门艺术》，刘兴怀、闪修山，百家出版社1989年版。

《南阳两汉画像石》，王建中、闪修山，文物出版社1990年版。

《南阳汉代天文画像石研究》，韩玉祥，民族出版社1995年版。

《南阳汉画像石精粹》，韩玉祥，河南美术出版社2005年版。

《许昌汉砖石画像》，黄留春，河南美术出版社1994年版。

《河南汉代画像砖》，周到、吕品、汤文兴，上海人民美术出版社1985年版。

《武氏祠汉画像石》，朱锡禄，山东美术出版社1986年版。

《嘉祥汉代武氏墓群石刻》，孙青松、贺福顺，香港唯美出版公司2004年版。

《微山汉画像石精选》,马汉国,中原出版社1994年版。
《汉武梁祠画像考》,瞿中溶,北京图书馆出版社2004年版。
《临沂汉画像石》,临沂市博物馆,山东美术出版社2002年版。
《汉画像石选》,江继甚,上海书店出版社2000年版。
《安丘董家庄汉画像石墓》,安丘县文化局、博物馆,济南出版社1992年版。
《徐州汉画像石》,武利华,线装书局2001年版。
《淮北汉画像石初探》,高书林,天津人民美术出版社2002年版。
《淮北汉画像石》,高书林,天津人民美术出版社2002年版。
《四川汉代石棺画像集》,高文,人民美术出版社1997年版。
《四川汉代画像砖》,高文,上海人民出版社1987年版。
《巴蜀汉代画像集》,龚廷万、龚玉、戴嘉陵,文物出版社1998年版。
《中国巴蜀汉代画像砖大全》,高文、王锦生,国际港澳出版社2002年版。
《陕北汉代画像石》,李林、康兰英、赵力光,陕西人民出版社1995年版。
《绥德汉代画像石》,李贵龙、王建勤,陕西人民美术出版社2001年版。
《陕西神木大保当汉彩绘画像石》,韩伟、王炜林,重庆出版社2000年版。
《秦汉珍异——眉县秦汉瓦当图录》,刘怀君、王力军,三秦出版社2002年版。
《汉代农业画像砖石》,夏亨廉、林正同,中国农业出版社1996年版。
《中国画像石棺艺术》,高文、高成刚,山西人民美术出版社1996年版。
《中国画像石全集》1—8,河南美术出版社、山东美术出版社2000年版。
《中国画像砖全集》(1—3),中国画像砖全集编辑委员会,四川出版集团、四川美术出版社2006年版。
《中国汉画图典》,顾森,浙江摄影出版社1997年版。
《中国汉画像拓片精品集》,顾森,西北大学出版社2007年版。

《中国瓦当艺术》,傅嘉仪,上海书店出版社2002年版。

《秦汉瓦当》,傅嘉仪,陕西旅游出版社1999年版。

《长江流域古代美术(史前至东汉)》,张正明、邵学海,湖北教育出版社2002年版。

## 二、研究性论著

《汉代画像石研究》,南阳汉代画像石学术讨论会办公室,文物出版社1987年版。

《神画主神研究》,陈履生,紫禁城出版社1987年版。

《汉画——河南汉代画像研究》,周到、王晓,中州古籍出版社1996年版。

《汉代画像石通论》,王建中,紫禁城出版社2001年版。

《汉代画像石综合研究》,信立祥,文物出版社2000年版。

《汉画考释和研究》,李发林,中国文联出版社2000年版。

《汉画文学故事集》,李铁,中国青年出版社1989年版。

《汉画学术文集》,韩玉祥,河南美术出版社1996年版。

《汉代画像石砖研究——93·中国·南阳汉画国际学术研讨会论文集》,《中原文物》1996年增刊。

《汉画钱树货币文化——中国汉画及摇钱树货币文化学术讨论会论文集》,四川德阳1998年5月。

《中国汉画学会第七届年会论文选》,中国汉画学会北京2000年。

《中国汉画学会第九届年会论文集》,朱青生,中国社会出版社2004年版。

《汉画研究——中国汉画学会第十届年会论文集》,郑先兴,湖北人民出版社2006年版。

《中国汉画研究》(1—2卷),朱青生,广西师范大学出版社2006年版。

《汉画与古代神灵信仰习俗研究》,牛天伟,铅印本。

《美术考古与民俗研究》,孙作云,河南大学出版社2003年版。

《礼仪中的美术——巫鸿中国古代美术史文编》,[美]巫鸿,生活·读书·新知三联书店2005年版。

《武梁祠——中国古代画像艺术的思想性》,[美]巫鸿,生活·读书·新知三联书店2006年版。

《幽明两界——纪年汉代画像石研究》,杨爱国,陕西人民出版社2006年版。

《论汉代艺术中的西王母图像》,李淞,湖南教育出版社2000年版。

《汉画与民俗——汉画像研究的历史与方法》,陈江风,吉林人民出版社2002年版。

《古墓丹青——汉代墓室壁画的发现与研究》,贺西林,陕西人民出版社2001年版。

《走访汉代画像石》,杨爱国,三秦出版社2006年版。

《西南汉代画像与画像墓研究》,罗二虎,四川大学2002年博士学位论文。

《汉墓的考古学研究》,黄晓芬,岳麓书社2003年版。

《中原汉墓壁画的历史演变及其艺术成就》,宫万琳,首都师范大学2003年硕士学位论文。

《汉风楚韵化顽石——南阳汉画像石造型语言浅析》,杨絮飞,河南大学2004年硕士学位论文。

《汉画像石艺术的现代化转化之可行性——用"美术考古"的方法进行的汉画像石研究》,张强,中央美术学院2003年硕士学位论文。

《洛阳汉墓壁画绘作风格辨析》,杜少虎,中央艺术研究院2003年硕士学位论文。

《汉代画像石墓中的"祥瑞"研究》,王涛,吉林大学2003年硕士学位论文。

《汉墓神画研究——神话与神话艺术精神的考察与分析》,李立,上海古籍出版社2004年版。

《汉画像石宗教思想研究》,汪小洋,南京艺术学院2004年博士学位论文。

《试论汉代铜镜的纹饰》,车正萍,中央民族大学2004年硕士学位论文。

《黄河下游的汉画像石艺术》,张从军,齐鲁书社2004年版。

《解读山东微山沟南村汉墓画像石丧葬图》,[越南]陈安世,中央美术学院2004年硕士学位论文。

《汉代空心砖画像初步研究》,梁英梅,四川大学2004年硕士学位论文。

《汉画像的象征世界》,朱存明,人民文学出版社2005年版。

《河南汉代画像砖艺术》,董睿,郑州大学2005年硕士学位论文。

《汉代画像石上伏羲女娲图像特征研究》,刘渊,四川大学2005年硕士学位论文。

《山东沂南北寨汉墓画像石刻造型艺术研究》,任世忠,西南师范大学2005年硕士学位论文。

《山东沂南北寨汉画像石墓个案研究——汉代礼仪美术实践之考察》,刘捷,中央美术学院2005年硕士学位论文。

《山东汉画像石乐舞图像研究》,杜蕾,中国艺术研究院2005年硕士学位论文。

《汉画像石与齐鲁风俗》,王凤娟,山东师范大学2005年硕士学位论文。

《南阳汉画像所反映的汉代体育文化》,邓霞,河南大学2006年硕士学位论文。

### 三、相关研究论著

《汉代物质文化资料图说》,孙机,文物出版社1990年版。

《神话考古》,陆思贤,文物出版社1995年版。

《中国古代神话传说研究》,孙作云,河南大学出版社2003年版。

《文化嬗变与汉代自然神话演变》,李立,汕头大学出版社2000年版。

《华夏文化源流考》,王增永,中国社会科学出版社2005年版。

《古史的考古学研究》,俞伟超,文物出版社2002年版。

《山海经神话系统》,杜而未,台湾学生书局1984年版。

《山海经的文化寻踪——"想象地理学"与东西文化碰触》,叶舒宪、萧兵、郑在书,湖北人民出版社2004年版。

《神祇与英雄——中国古代神话的母题》,陈建宪,生活·读书·新知三联书店1994年版。

《中国古代房内考——中国古代的性与社会》,[荷]高罗佩,李零、郭晓慧译,上海人民出版社1990年版。

《中国神话研究初探》,茅盾,上海古籍出版社2005年版。

《中国的神话传说与古小说》，[日]小南一郎，孙昌武译，中华书局1993年版。

《女神的失落》，龚维英，河南大学出版社1993年版。

《中国神话哲学》，叶舒宪，中国社会科学出版社1992年版。

《高唐神女与维纳斯》，叶舒宪，陕西人民出版社2005年版。

《英雄与太阳——中国上古史诗的原型重构》，叶舒宪，陕西人民出版社2005年版。

《太阳崇拜与太阳神话——一种原始文化的世界性透视》，高福进，上海人民出版社2002年版。

《楚国神话原型研究》，张军，文津出版社1994年版。

《世界岩画的文化阐释》，盖山林，北京图书馆出版社2001年版。

《盖山林文集》，盖山林，黑龙江教育出版社1995年版。

《青海岩画——史前艺术中二元对立思维及其观念的研究》，汤惠生、张文华，科学出版社2001年版。

《神话·祭祀与长江文明》，安田喜宪，文物出版社2002年版。

《中国文化的精英——太阳英雄神话比较研究》，萧兵，上海文艺出版社1989年版。

《楚辞与神话》，萧兵，江苏古籍出版社1987年版。

《中国生育信仰》，宋兆麟，上海文艺出版社1999年版。

《民间神话》，程建君，海燕出版社1997年版。

《闻一多学术文钞·神话研究》，巴蜀书社2002年版。

《神话与中国社会》，田兆元，上海人民出版社1998年版。

《岭云关雪——民族神话学论集》，王孝廉，学苑出版社2002年版。

《诸神的起源》，何新，北京三联书店1986年版。

《谈龙说凤——龙凤的动物学原型》，何新，北京三联书店1986年版。

《凤图腾》，庞进，中国和平出版社2006年版。

《敦煌艺术美学——以壁画艺术为中心》，易存国，上海人民出版社2005年版。

## 四、理论性论著

《神话——原型批评》，叶舒宪编，陕西师范大学出版社1987年版。

《金枝——巫术与宗教之研究》,[英]弗雷泽,徐育新等译,大众文艺出版社1998年版。

《野性的思维》,[法]列维－施特劳斯,李幼蒸译,商务印书馆1992年版。

《原始思维》,[法]列维－布留尔,丁由译,商务印书馆1997年版。

《荣格文集》,冯川编,改革出版社1997年版。

《人·艺术和文学中的精神》,[瑞士]荣格,卢晓晨译,工人出版社1988年版。

# 缘:汉画像与我

奉献在读者诸君面前的这部小书《汉画像的社会学研究》,是我用近三年的时间精心撰写的。三年时间虽然不长,但是是一个读学位规定的周期,相当于我又攻读了个学位。所以其间虽遭遇风风雨雨,但我的生活过得很充实。而书稿的完成和出版,使我就像怀抱着自己新生婴儿的母亲,既有怀胎十月的痛楚且幸福的记忆,又满怀莫大的欣慰和希冀。

我本来是做史学理论及史学史研究的,那是属于学术史和理论性的研究领域;而汉画像的研究则属于艺术学、艺术史学或美术考古和实证的研究领域,从所熟悉的研究领域转入一个陌生的新研究领域,对我来说,纯属一种机缘巧合。

初识汉画像,应该是在我上小学四五年级之时。那时方阅人世,竟然酷爱读书。因家乡闭塞偏僻,没有图书馆,所能做的就是与几位要好的同学交换阅读。当时读到了郭沫若的"历史人物"和考古研究的论著,其中就有关于马王堆汉墓帛画的论文,只可惜当时似懂非懂。读大学时,专攻历史学专业,同年级考古学专业的同学的班主任之中就有著名的汉画像研究专家吴曾德先生,只是我那时自卑羞怯,竟无缘向名师请教。更值得怀念的是,1995年秋,我们成立了"汉文化研究室",并为此召开了由南阳汉画像研究专家参加的座谈会,会上得到李陈广兄赠送的《南阳天文汉画像石研究》一书,会后我曾以"白沙"的署名在《南都学坛》上发表了相关的综述文章。虽然此后我还没有想到研究汉画像,但是这些经历,使汉画像已经烙印在我的内心深处,成为今天研究的"宿缘"。

2004年8月,我一边享受刚刚获得博士学位的喜悦,一边品味着暑期的酷热与悠闲。这时,受时任校长助理、科研处处长刘明阁先生和期刊部主任刘太祥先生的邀请,我开始做申报"河南省人文社会科学重点研究基地"的工作,并筹建"南阳师范学院汉文化研究中心"。经过大半年的努力,到2005春,基地申报成功,汉文化研究中心成为师院亮点工程。根据诸位同仁的学术研究旨趣和南阳区域文化的优势,我们厘定汉文化作为中心的切入点,并拟定了三个研究方向:以研究社会政治、经济和思想为主要内容的汉代文化、以研究汉画像为主要内容的汉代艺术和以研究文学及民俗为主要内容的汉代文学与民俗。后来接受时任师范学院副院长陈江风先生的建议,又特设了以研究传统智慧文化为主要内容的诸葛亮研究方向。按照我们的设想,以中心为平台,凝聚学校文科相关的教师,积极展开以汉文化为中心内容的综合性研究,争取发表有影响的高水平的扎扎实实的学术论著,争取更多的国家和省部级的人文社会科学规划资助项目。我们计划在3年之内出版相应的学术专著1~3种,5年之内出版6~9种。为推进计划的落实,我们还提出每年专设一个研究方向作为重点以宣传发动,激励校内外同仁参与研究,比如2005年以主办"世界名商祭拜诸葛亮·诸葛文化论坛"为契机,将诸葛亮研究作为重点;2006年以承办中国汉画学会第十届年会为契机,将汉画像研究作为重点;2007年,以承办秦汉史学会年会为契机,将汉代文化史作为重点(只可惜由于学校全力迎接教育部的普通高校本科教学工作水平评估,辞让了此次会议的承办权)。特别荣幸的是我们的研究中心得到中国汉画学会的允可,承办了中国汉画学会第十届年会,主办了卧龙文化书院的以汉画像研究为核心内容的数十次学术讲座,又在全校范围内成功完成了"黄佩贤汉画征文奖"和"崔鉴平汉画征文奖"。在做这些繁琐的组织管理工作时,我也在调整自己的研究思路,力争与中心的研究同步。我原来做汉代思想史的研究,现在为充分地利用本地文化资源,拓展自己的研究视野,就与诸位专家同仁密切交流,抽暇阅读汉画像,遂有了一些想法,于是撰写了这些文字。这就是我的汉画像研究的"业缘"。

因为工作关系,我与国内一些著名的汉画像研究专家或多或少都有了一些交往，如中国汉画学会会长顾森先生、时任南阳师院副院长现供职于郑州轻工业学院的陈江风先生、北京大学汉画艺术研究所的朱青生先生、徐州师范大学中文系的朱存明先生、东北师范大学亚洲文明研究院的李立先生等等，诸位专家学者的远见卓识给了我诸多的启发。特别要感谢的是山东省博物馆的杨爱国先生，在短短的交谈中，他果断地制止了我在汉画像研究中的统计分析的做法，使我少走了很多的弯路；也要感谢牛天伟先生，他慷慨地为我提供图片资料，与我切磋讨论相关的观点，而且还来中心做了多次讲座；还要感谢南阳师院图书馆的宋江武、赵明臻、李秀娥、向荣诸位领导，他们为我的研究所提供了很多资料；感谢汉文化研究中心的金爱秀、蒋波、余峰各位同仁在工作、资料和生活方面对我的帮助；感谢南阳师范学院的党政领导为我的研究所提供的宽松自由的人文环境。我的汉画像研究得以顺利进行，正是来自于各个方面的贤德人士所构建的良好的"人缘"。

早在1920~1930年代，南阳汉画像就得到了董作宾、孙文清等南阳籍学者的重视，更得到鲁迅先生的青睐。南阳汉画馆是最早建立的专门收藏、保护和研究汉画像石的专业性博物馆，也是全国同类展馆中藏品最多的博物馆。我大学毕业到师院教书之后，与南阳汉画馆近在咫尺，常常陪同外地朋友前去观赏品味。2004年夏，正值本人获得博士学位之际，我荣幸地受南阳汉画馆馆长韩玉祥先生的邀请，参加了南阳汉画馆举办的庆祝雅典奥运会采用南阳汉画像作为图标的座谈会；翌年，又参加了庆祝建馆70周年座谈会。而师院领导在重视教学科研中也充分意识到文物的科研价值，曾先后接受了吴金榜、崔鉴平两位南阳著名收藏家的捐赠，相继建了"金榜文物馆"和"汉代雕刻艺术馆"，其中收藏了南阳散存汉画像石、砖百余块。同时，师院图书馆为彰显地方文化的特色，在馆内专门建设了"楚汉文化特藏室"，在汉文化研究中心也专门建设有资料室，收集包括南阳在内的全国各地汉画像石、砖拓片书籍，以及相关的研究论著。这些极为丰富的实物资料和文献资料，使我的汉画像研究有了事半功倍的效果。这是我汉画像研究的"资缘"。

在完成博士学位论文期间，为缓解学习的压力，也为了给今后探究古史辨学派做些准备，我开始搜集和阅读神话学方面的研究论著。由此，对于20世纪中国神话学有了一些基本的了解，对于原型分析的理论更是情有独钟。当我在反复阅读汉画像时，自然地生出两个联想：将汉画像与神话联系起来（其实很多的画面本身就是神话的图画再现），用神话学的研究理论比如心理学的精神分析来研究汉画像；将远古文明与汉画像联系起来，以"远古婚姻进程"为线索，系统地探究汉画像的原始意蕴。按照这样的想法，我尝试着写了《汉画神树的原型分析》、《汉画螺女的原型分析》和《汉画弓弩的原型分析》等文章之后，感觉非常有意思，同时，在 2005 年和 2007 年先后申报河南省教育厅人文社会科学基金资助项目《汉画与汉代社会》和河南省社会科学基金资助项目《南阳汉画与汉代社会》获得成功，这就更增强了我研究汉画像的信心。这样，我的汉画像研究，与 20 世纪的神话学理论，奇妙地有了"学缘"关系。在我的研究视域中，汉画像研究，原本就是"看图说话"的近乎研究初级阶段的事情，似乎是人文之初到汉代文明进程的实录，又似乎是中华文明的源头，其中有极为浓厚的知识和学术含量，是探究民族文化的宝藏。而这本小册子，应该说是我挖掘民族文化精华的第一桶金，我期盼着第二桶和第三桶金的挖掘，更希望众多的专家同仁与我合作，共同开发，使汉画像的研究更加活跃繁荣。

  本文稿的出版得到河南大学出版社的鼎力支持，并幸运地得到著名秦汉史专家朱绍侯先生的审阅和雅正，谨向他们表示诚挚的谢意。

郑先兴 2007 年 6 月 22 日